Elementos de Direito do Trabalho

GUSTAVO HENRIQUE PASCHOAL

Mestre em Direito Constitucional pela Instituição Toledo de Ensino — Bauru/SP. Especialista em Direito e Processo do Trabalho pelo Univem — Centro Universitário Eurípides de Marília/SP. Professor de Graduação e Pós-Graduação da Faculdade Estácio de Sá de Ourinhos. Procurador do Município de Ourinhos/SP.

Elementos de Direito do Trabalho

LTr

LTr
EDITORA LTDA.

© Todos os direitos reservados

Rua Jaguaribe, 571
CEP 01224-001
São Paulo, SP — Brasil
Fone (11) 2167-1101
www.ltr.com.br
Maio, 2015

Produção Gráfica e Editoração Eletrônica: R. P. TIEZZI
Projeto de Capa: FABIO GIGLIO
Impressão: PIMENTA GRÁFICA E EDITORA

Versão impressa — LTr 5252.8 — ISBN: 978-85-361-8417-3
Versão digital — LTr 8701.0 — ISBN: 978-85-361-8407-4

Dados Internacionais de Catalogação na Publicação (CIP)
(Câmara Brasileira do Livro, SP, Brasil)

Paschoal, Gustavo Henrique

Elementos de direito do trabalho / Gustavo Henrique Paschoal. — São Paulo : LTr, 2015.

Bibliografia

1. Direito do trabalho 2. Direito processual do trabalho I. Título.

15-02734   CDU-34:331(81)

Índice para catálogo sistemático:
1. Brasil : Direito do trabalho   34:331(81)

Agradeço, em primeiro lugar, ao Espírito Santo de Deus, que está sempre à minha frente, mesmo que, muitas vezes, eu não seja capaz de reconhecer sua presença.

À minha família, pelo apoio incondicional: sem o esforço dos meus pais, que lutam incessantemente por mim, até hoje, eu jamais teria conseguido chegar aonde cheguei. Muito obrigado!

À minha esposa, Priscila, presença de Deus na minha vida: sua força é o meu sustento e sua fé é a pilastra que equilibra a minha vida!

À minha pequena Beatriz, que é a maior bênção que eu poderia ter recebido: seu sorriso me motiva, todos os dias, a continuar lutando, ainda que sejam grandes o cansaço e o desânimo.

Um agradecimento especial à Faculdade Estácio de Sá de Ourinhos, que viabilizou a realização deste trabalho concedendo-me a primeira oportunidade profissional. Obrigado por acreditar em mim!

Agradeço, ainda, aos meus amigos da Procuradoria do Município de Ourinhos pela colaboração.

*Gostaria de dedicar este livro, com muita saudade, a dois
homens que me ensinaram o valor do trabalho
na construção do caráter de uma pessoa.
Trabalho duro, digno e honesto,
tendo sempre à frente o respeito ao ser humano.
Deixaram para mim algo que o
dinheiro jamais poderá comprar: um
legado de honestidade, caráter e vontade de vencer.*

Obrigado, Alberto Paschoal e Raymundo Barrueco!

Sumário

Apresentação 17

Prefácio 21

Capítulo 1 — Noções Introdutórias 23

1.1. Histórico 23

    1.1.1. Período pré-industrial 23

    1.1.2. Revolução industrial 24

    1.1.3. Doutrina social da igreja, marxismo e estado social 25

    1.1.4. Primeiras leis trabalhistas 25

1.2. Direito do trabalho no Brasil 26

1.3. Estado liberal e a crise do direito do trabalho 26

1.4. Sistemas modernos de produção 27

Capítulo 2 — Fontes do Direito do Trabalho 28

2.1. Introdução 28

2.2. Classificação das fontes 28

    2.2.1. Fontes formais 28

    2.2.2. Fontes materiais 29

Capítulo 3 — Princípios do Direito do Trabalho 31

3.1. Noções iniciais 31
3.2. Princípios constitucionais gerais 31
3.3. Princípios específicos 32
    3.3.1. Espécies 32
    3.3.2. Princípio da proteção integral 32
    3.3.3. Princípio da primazia da realidade 34
    3.3.4. Princípio da imperatividade das normas trabalhistas 34
    3.3.5. Princípio da inalterabilidade contratual lesiva 35
    3.3.6. Princípio da irredutibilidade salarial 36
    3.3.7. Princípio da continuidade da relação de emprego 36
3.4. Princípios controvertidos 36
    3.4.1. Princípio *in dubio pro operario* 36
    3.4.2. Princípio do maior rendimento 37

Capítulo 4 — Interpretação e Aplicação do Direito do Trabalho 38

4.1. Interpretação 38
    4.1.1. Tipologias de interpretação 38
        4.1.1.1. Segundo a origem da interpretação 38
        4.1.1.2. Segundo os resultados da interpretação 39
        4.1.1.3. Segundo os métodos de interpretação 39
4.2. Aplicação 39
    4.2.1. Aplicação do direito do trabalho no tempo 39
        4.2.1.1. Princípio da aderência contratual 40
    4.2.2. Aplicação do direito do trabalho no espaço 40
4.3. Integração 41

Capítulo 5 — Direito Individual do Trabalho 42

5.1. Elementos de formação da relação de emprego 42
    5.1.1. Natureza jurídica da relação de emprego 43

Capítulo 6 — Espécies de Trabalhadores 45

6.1. Trabalhador autônomo 45

    6.1.1. Representação comercial 45

    6.1.2. Agência ou distribuição 46

6.2. Trabalhador avulso 47

6.3. Trabalhador eventual 48

6.4. Trabalhador voluntário 49

6.5. Estágio 49

6.6. Trabalhador temporário 52

Capítulo 7 — Empregados Especiais 54

7.1. Empregado doméstico — Lei n. 5.859/72 54

7.2. Empregado rural — Lei n. 5.889/73 56

7.3. Empregado em domicílio 57

7.4. Empregado aprendiz 57

7.5. Mãe social — Lei n. 7.644/87 59

7.6. Índio — Lei n. 6.001/73 60

7.7. Cargos de confiança 61

7.8. Diretor empregado 61

7.9. Motorista profissional 61

Capítulo 8 — Empregador 64

8.1. Conceito 64

8.2. Características 65

    8.2.1. Despersonalização 65

    8.2.2. Assunção dos riscos 65

8.3. Grupo econômico ou de empresas 65

8.4. Sucessão de empregadores 67

8.5. Consórcio de empregadores 70

8.6. Poderes do empregador 71

8.7. Cartórios não oficializados 73

Capítulo 9 — Terceirização Trabalhista 74

9.1. Conceito e elementos 74

9.2. Subempreitada 80

Capítulo 10 — Formação do Contrato de Trabalho 83

10.1. Conceito e elementos 83

    10.1.1. Características 83

    10.1.2. Elementos essenciais 84

        10.1.2.1. Capacidade das partes 84

        10.1.2.2. Licitude do objeto 85

        10.1.2.3. Forma regular ou não proibida 85

        10.1.2.4. Higidez da manifestação de vontade 86

    10.1.3. Elementos naturais 86

10.2. Nulidades 86

10.3. Espécies de contrato 87

    10.3.1. Individuais, plúrimos e de equipe 87

    10.3.2. Contratos por prazo indeterminado 87

    10.3.3. Contratos por prazo determinado 87

Capítulo 11 — Alterações do Contrato de Trabalho 91

11.1. Noções iniciais 91

11.2. Alteração de função 92

11.3. Alteração de salário 93

11.4. Alteração de jornada 94

11.5. Alteração de horário 94
11.6. Alteração da localidade 95

Capítulo 12 — Suspensão e Interrupção do Contrato de Trabalho 97

Capítulo 13 — Cessação do Contrato de Trabalho 99

13.1. Noções iniciais 99
13.2. Extinção do contrato de trabalho por iniciativa do empregador 99
    13.2.1. Dispensa imotivada ou sem justa causa 99
    13.2.2. Dispensa por justa causa 101
13.3. Extinção do contrato de trabalho por iniciativa do empregado 112
    13.3.1. Pedido de demissão 112
    13.3.2. Dispensa indireta 112
    13.3.3. Culpa recíproca 113
    13.3.4. Aposentadoria voluntária 113
13.4. Extinção do contrato de trabalho por motivos alheios à vontade das partes 114
    13.4.1. Aposentadoria por invalidez 114
    13.4.2. Morte do empregado 114
    13.4.3. *Factum principis* 114

Capítulo 14 — Aviso-Prévio 115

14.1. Noções iniciais 115
14.2. Espécies de aviso 117
14.3. Cabimento do aviso-prévio e efeitos da não concessão 118

Capítulo 15 — Estabilidade Provisória no Emprego 120

15.1. Dirigente sindical 120

15.2. Cipeiro 122

15.3. Acidente de trabalho 123

15.4. Gestante 123

15.5. Representante do conselho curador do FGTS 125

15.6. Representante no Conselho Nacional da Previdência Social — CNPS..125

15.7. Empregados eleitos diretores de sociedades cooperativas 126

15.8. Membros da comissão de conciliação prévia 126

15.9. Empregado portador do vírus da AIDS ou de outra doença grave 126

Capítulo 16 — Remuneração e Salário 127

16.1. Distinções entre remuneração e salário 127

16.2. Formas de estipulação 128

16.3. Características do salário 128

16.4. Composição da remuneração 129

    16.4.1. Abono 130

    16.4.2. Adicionais 130

    16.4.3. Comissões 137

    16.4.4. Gratificações 139

    16.4.5. Gratificação de Natal — décimo terceiro salário 139

    16.4.6. Gorjetas 140

    16.4.7. Prêmios 141

    16.4.8. Parcelas não salariais 142

16.5. Salário-utilidade ou salário *in natura* 142

16.6. Sistema de garantias salariais 144

    16.6.1. Proteções jurídicas quanto ao valor do salário 144

    16.6.2. Proteções jurídicas contra abusos do empregador 146

    16.6.3. Proteções jurídicas contra discriminações na relação de emprego 150

    16.6.4. Proteções jurídicas contra credores do empregador 157

    16.6.5. Proteções jurídicas contra credores do empregado 158

Capítulo 17 — Duração do Trabalho 161

17.1. Jornada 161

    17.1.1. Horas *in itinere* 162

    17.1.2. Critérios especiais de fixação de jornada 165

    17.1.3. Classificação da jornada de trabalho 166

17.2. Períodos de repouso 172

    17.2.1. Intervalos 172

    17.2.2. Férias 176

Capítulo 18 — Decadência e Prescrição no Direito do Trabalho 182

18.1. Decadência 182

18.2. Prescrição 184

    18.2.1. Causas impeditivas e suspensivas 184

    18.2.2. Causas interruptivas 185

    18.2.3. Prazos prescricionais 186

    18.2.4. Contagem dos prazos prescricionais 189

    18.2.5. Prescrição de ofício 190

    18.2.6. Prescrição intercorrente 191

Capítulo 19 — Saúde e Segurança do Trabalhador 193

19.1. Meio ambiente e meio ambiente do trabalho 193

19.2. Trabalho em condições perigosas 196

19.3. Trabalho em condições insalubres 197

19.4. Acidentes do trabalho e responsabilidade do empregador 198

Capítulo 20 — Direito Coletivo do Trabalho 203

20.1. Direito coletivo e sindical — breves apontamentos históricos 203

20.2. O direito sindical nas constituições brasileiras 207

20.3. Princípios constitucionais relativos à atividade sindical 208

20.4. Estrutura sindical brasileira 210

20.5. Negociação coletiva 214

    20.5.1. Formas de composição 214

    20.5.2. Convenção coletiva de trabalho e acordo coletivo de trabalho .. 214

20.6. Direito de greve 217

Referências Bibliográficas 221

APRESENTAÇÃO

A vocação e a devoção do Professor Gustavo Henrique Paschoal ao Direito do Trabalho pode ser percebida em toda a obra.

A elaboração de uma obra jurídica demanda conhecimento e experiência, mas para que difunde o conhecimento jurídico é necessário, ainda, que tenha uma abordagem precisa e de fácil compreensão dos assuntos tratados. Estudioso do Direito do Trabalho, o Autor deixa transparecer o total desapego à retórica pura, com o intuito de compartilhar o conhecimento adquirido e o fruto de suas reflexões.

Nitidamente, a obra reflete a qualidade do Autor como docente e como Advogado, tendo por base suas elogiadas aulas nos cursos de graduação e pós-graduação, conferindo ao leitor a oportunidade de conhecer, de forma técnica, clara e precisa, os institutos jurídico-trabalhistas.

Nitidamente vocacionada a atender às necessidades de estudantes e daqueles que almejam uma boa preparação para concursos públicos, a obra apresenta-se, ainda, como excelente opção para consulta por profissionais do Direito. Realmente, a obra encontra-se perfilhada com a melhor doutrina, esquematizada de forma a permitir consulta rápida e, em relação a diversos temas relevantes e controversos, traz o entendimento esposado por nossos Tribunais.

Enfim, se, no dizer de Thomas Carlyle, "os livros são amigos que nunca nos decepcionam", com certeza esta obra confirma tal convicção.

Estou certo de que esta obra será referência para todos, desde aqueles que estão iniciando os estudos do Direito do Trabalho até os mais experientes profissionais do Direito.

Parabenizo o Autor pelo fruto de seu trabalho e a sua Editora por contribuir na difusão do conhecimento jurídico em mais uma obra de qualidade.

Vinícius Alexandre Coelho
Bacharel em Direito pela Faculdade de Direito da Universidade do Norte Pioneiro — UENP/PR. Mestre em Direito Constitucional pela Instituição Toledo de Ensino — ITE/Bauru. Professor de graduação e pós-graduação em direito da Faculdade Estácio de Sá de Ourinhos/SP. Coordenador do Curso de graduação em Direito da Faculdade Estácio de Sá de Ourinhos/SP. Procurador Federal lotado no Escritório de Representação da Procuradoria Regional Federal da 3ª Região em Ourinhos.

"Meu filho, se você aceitar as minhas palavras e conservar os meus preceitos, dando ouvidos à sabedoria e inclinando o coração para o entendimento; se você invocar a inteligência e chamar o entendimento; se você procurar a sabedoria como dinheiro e a buscar como tesouro, então entenderá o temor de Javé e alcançará o conhecimento de Deus."

Provérbios 2:1-5

PREFÁCIO

Foi com grande felicidade acadêmica que recebi o convite para prefaciar o livro *Elementos de Direito do Trabalho*, de autoria do competente Professor Gustavo Henrique Paschoal. O livro constitui-se em importante fonte de estudo e pesquisa, direcionada tanto aos que iniciam os estudos da ciência laboral como aos que militam na área, sendo capaz de ampliar os horizontes dos estudiosos do Direito do Trabalho.

O livro é fruto de anos de trabalho e pesquisa do autor que, desde sua graduação em Direito, optou por esmiuçar as entranhas do Direito do Trabalho e vem enriquecido com sua experiência no magistério no ensino superior e com a prática da advocacia — privada e pública — na área trabalhista. As vivências, acadêmica e advocatícia, do autor permitem uma cuidadosa combinação entre teoria e prática, evitando o senso comum encontrado na maioria dos textos similares, sem deixar-se levar pela desmesurada valorização da parte prática em detrimento da teórica.

Em relação à importância do estudo realizado, não é preciso dizer muito, bastando ao leitor correr os olhos sobre o tema escolhido e o sumário indicativo de seu desenvolvimento.

O autor, em um texto correto, simples e ao mesmo tempo preciso e bem fundamentado, discorre sobre os primórdios laborais, citando as fontes do Direito do Trabalho e os princípios que orientam a Ciência, sem se esquecer de demonstrar o modo correto de interpretar e aplicar as normas trabalhistas. Expõe, de forma didática, sobre o Direito Individual do Trabalho e todos os temas que lhes são pertinentes e fecha a obra com ensinamentos sobre o Direito Coletivo do Trabalho.

Ao concluir esta breve apresentação, felicito ao autor pelos resultados obtidos, que serão de grande utilidade para os operadores do direito em geral, apresentando-se como importante ferramenta de estudo não só àqueles que desejam iniciar-se na área, mas também aos que nela militam e aos que desejam preparar-se para concursos públicos e Exame de Ordem.

Renato Bernardi
Bacharel em Direito pela Instituição Toledo de Ensino — ITE-Bauru, Mestre em Direito Constitucional pela Instituição Toledo de Ensino — ITE-Bauru e Doutor em Direito do Estado pela Pontifícia Universidade Católica de São Paulo — PUC-SP. Professor efetivo do curso de Pós-Graduação stricto sensu — Mestrado — e do curso de Graduação da Faculdade de Direito do Centro de Ciências Sociais Aplicadas da Universidade Estadual do Norte do Paraná — UENP, Campus de Jacarezinho. Coordenador e Professor dos cursos de pós-graduação lato sensu — Especialização — do PROJURIS/FIO. Procurador do Estado de São Paulo desde 1994.

CAPÍTULO

Noções Introdutórias

1

1.1. Histórico

1.1.1. Período pré-industrial

Como se sabe, o grande marco histórico para a caracterização do direito do trabalho foi a Revolução Industrial, iniciada pelos ingleses no século XVIII. Antes disso, porém, podemos falar em três sistemas de produção:

(a) escravidão:

Segundo Segadas Vianna (2003:27), o homem "sempre trabalhou; primeiro para obter seus alimentos, já que não tinha outras necessidades em face do primitivismo de sua vida. Depois, quando começou a surtir o imperativo de se defender dos animais ferozes e de outros homens, iniciou-se na fabricação de armas e instrumentos de defesa".

Carlos Roberto de Oliveira (2006:30-31), sobre a caracterização geral do escravo, leciona que "ser escravo significa que um homem é propriedade jurídica de outro homem. Como propriedade, o escravo é obrigado a trabalhar para o seu dono, produzindo riqueza e prestando serviços gerais. Como produtor de riqueza, trabalha no campo, nas minas, no artesanato. Como prestador de serviços, trabalha nas atividades domésticas, na fiscalização da produção, como criado de legionários, como preceptor, como escritor, como médico, como agente de negócios".

Segadas Vianna (2003:27) ainda esclarece que, após vencer seus inimigos, os homens primitivos conscientizaram-se de que era mais vantajoso, em vez de liquidá-los, escravizá-los para aproveitar a mão de obra. Surgia, assim, o modo de produção *escravista* ou *escravagista*, que perdurou na Europa até meados do século XIX, quando eclodiu a Revolução Francesa; no Brasil, teve fim apenas no final do século XIX, com a publicação da Lei Áurea (1888).

(b) servidão:

A servidão foi uma das características mais marcantes da época feudal, a qual perdurou durante toda a Idade Média (século V ao século XV). Os servos tinham situação muito semelhante à dos escravos. Viviam nas terras dos chamados *senhores feudais*, a quem pertencia tudo o quanto produziam os servos.

Trabalhavam em troca de comida e proteção, estando sujeitos à vontade do suserano, que podia, a qualquer tempo, mandá-los para a guerra, emprestá-los a outros feudos e cobrar-lhes impostos sobre tudo, desde os instrumentos de trabalho até o casamento. Desapareceu com o sistema feudal, por volta do século XV (cf. VIANNA, 2003:29-30; OLIVEIRA, 2006:47-63).

(c) corporações de ofício:

Amauri Mascaro Nascimento (*Iniciação ao direito do trabalho*, 2007b:44) leciona que, ainda na Idade Média, surgiram as chamadas corporações de ofício, que eram grupos de pessoas ligadas pela identidade de profissões, que se uniam para garantir melhores condições de vida e de trabalho. Era formada pelos mestres, que eram proprietários da oficina, e que comandavam as corporações; os companheiros, que eram trabalhadores livres e que ganhavam salário dos mestres; e os aprendizes, menores que recebiam ensinamentos dos mestres.

Segadas Vianna (2003:30) escreve que as corporações se desenvolveram principalmente na França (*maîtrises*), na Espanha (*gremios*) e na Alemanha (*Zumften*), podendo ser encontradas, em menor escala, em outros países, como a Inglaterra. Comenta, por fim, que o sistema de corporações não passava de uma forma mais branda de escravização do trabalhador, pois os mestres ficavam com a quase totalidade dos rendimentos.

As corporações perduraram até por volta do século XVIII, quando eclodiu, na Inglaterra, a chamada Revolução Industrial.

1.1.2. Revolução industrial

Até então, não se falava em direito do trabalho, pois os sistemas de produção medievais tratavam o trabalhador como objeto de uma relação jurídica, e não como sujeito de direitos. O grande marco histórico do surgimento do direito do trabalho foi a Revolução Industrial.

A Revolução Industrial, que teve início na Inglaterra por volta do século XVIII, marcou a transição do trabalho artesanal, de pequena produção, para o trabalho organizado, de produção em larga escala, principalmente após a invenção da máquina a vapor. Assim, com a produção em larga escala, cresceram a indústria e o comércio, e os escravos, os servos e as corporações foram substituídos pelo trabalhador assalariado.

Carlos Roberto de Oliveira (2006:71) escreve que "a manufatura-padrão na transição é a têxtil. É nesse setor de produção que ocorrem as transformações mais significativas. A produção baseada na cooperação desaparece quando se instalam as manufaturas nas cidades europeias, e são elas que responderão pela separação entre capital e trabalho, acelerando a divisão de trabalho complexa das grandes indústrias".

Nesse período, também, em razão do grande número de trabalhadores substituídos por máquinas, e as péssimas condições de trabalho nas fábricas, tiveram início os movimentos operários, lutando pela melhora nos salários e nas condições de trabalho, principalmente no que se referia à jornada e à higiene e segurança.

1.1.3. Doutrina social da igreja, marxismo e estado social

Outros fatores que contribuíram para o surgimento das primeiras normatizações laborais foram: a doutrina social da igreja, consubstanciada pela Encíclica *Rerum Novarum* (1891), na qual o Papa Leão XIII faz severas críticas ao capitalismo, pregando a justiça social; e o marxismo, que teve no Manifesto Comunista de Carl Marx e Friedrich Engels (1848) seu ápice, pregava o chamado socialismo utópico, uma sociedade sem classes, onde todos seriam realmente iguais.

Por fim, cita-se também a crise e fim do Estado liberal e o surgimento do Estado intervencionista. Segadas Vianna (2003:39) ensina que "em nome da solidariedade substitui-se a igualdade pura pela igualdade jurídica, como regra de direito que impõe o interesse geral sobre o particular sem que, entretanto, se anule o indivíduo". Surge o chamado *welfare state*, ou Estado do bem-estar social.

1.1.4. Primeiras leis trabalhistas

A Constituição do México, de 1917, foi a primeira do mundo a dispor sobre direito do trabalho, seguida pela Constituição alemã de Weimar, de

1919. Ambas pregaram a melhoria das condições de trabalho, fixando salário mínimo, jornada de trabalho regular, proteção à mulher e ao menor, dentre outros importantes avanços sociais.

A *Carta del Lavoro* da Itália, de 1927, base de sistemas políticos corporativistas, como o da Espanha, o de Portugal e o do Brasil, consubstanciou a total intervenção do Estado nas relações privadas, sendo a lei a principal, senão única, fonte de concessão de direitos aos trabalhadores.

1.2. Direito do trabalho no Brasil

O direito do trabalho no Brasil ganhou impulso no início do século XX, quando o Brasil, signatário do Tratado de *Versailles* (1919), comprometeu-se a observar normas trabalhistas para se tornar membro da OIT (1920). Outro ponto importante foi o surto industrial após a Primeira Guerra Mundial (1914-1918), que impulsionou o surgimento de indústrias e o aumento do número de trabalhadores urbanos assalariados.

Por fim, há que se citar a política protecionista de Getúlio Vargas que, em 1943, promoveu a reunião de todas as leis que havia em matéria de trabalho e promulgou, pelo Decreto-Lei n. 5.452, de 1º de maio de 1943, a Consolidação das Leis do Trabalho (CLT).

Todas as Constituições brasileiras, a partir da de 1934, consagraram em seus textos direitos trabalhistas, especialmente a de 1988, que consagrou os arts. 6º, 7º, 8º, 9º, 10 e 11 aos chamados *direitos sociais*.

1.3. Estado liberal e a crise do direito do trabalho

O Estado intervencionista foi decisivo para a reconstrução da Europa, arrasada ao final da Segunda Guerra Mundial (1939-1945). No entanto, com a evolução da iniciativa privada, o *welfare state* tornou-se uma estrutura pesada demais, que já não acompanhava o desenvolvimento das relações sociais.

Assim, era necessária uma nova estrutura estatal, que privilegiasse a iniciativa privada, intervindo o mínimo possível nas relações jurídicas. Surge a teoria do *Estado mínimo* e, em consequência, um retorno ao liberalismo pré--industrial: o neoliberalismo.

A crise do petróleo de 1973 também foi fator determinante para a derrocada do Estado interventor.

Com o Estado neoliberal surgiram as ideias de flexibilização e desregulamentação do direito do trabalho, pois as garantias trabalhistas criadas pelo

Estado interventor foram eleitas como fator de emperramento da evolução econômica.

Flexibilizar é permitir uma possibilidade maior de negociação entre empregadores e empregados, no que se refere a direitos trabalhistas garantidos pela legislação vigente. É a prevalência do negociado sobre o legislado. Já desregulamentar é retirar normas protetivas do ordenamento jurídico.

1.4. Sistemas modernos de produção

(a) Fordismo: foi aplicado pela primeira vez, em 1913, na Ford Motors, por Henry Ford. Tem como premissas a produção em massa, alta divisão do trabalho e organização dos processos de produção.

(b) Pós-Fordismo: investimento em novas tecnologias de produção, como a biotecnologia, mas, sobretudo, a microeletrônica e a tecnologia da informação e, além disso, as relações e práticas trabalhistas são mais flexíveis.

(c) Toyotismo: sistema japonês de produção, baseado numa forma mais flexível de organização do trabalho, composta por automação, *Just-in-time*, trabalho em equipe, administração por estresse, flexibilização da mão de obra, gestão de qualidade e subcontratação.

FORDISMO	TOYOTISMO
Gerência especializada	Descentralização
Controle de processo produtivo	Subcontratações
Planejamento	Produção de acordo com a demanda
Concentração do trabalho na unidade fabril	Polivalência do trabalhador
Produção de mercado (alta escala)	*Kanban*
Controle estatal	*Just-in-time*

CAPÍTULO

FONTES DO DIREITO DO TRABALHO

2

2.1. Introdução

Mauricio Godinho Delgado (2007:138) escreve que a palavra "fontes" comporta relativa variedade conceitual. "Além da acepção estrita de nascente, o verbete é utilizado no sentido metafórico, traduzindo a ideia de início, princípio, origem, causa. Nesta acepção metafórica, fonte seria a causa donde provêm efeitos, tanto físicos quanto morais".

Georges Scelle (*apud* MARANHÃO, 2003:148) ensina que "as regras de direito saem do húmus social, de onde se originam, como as águas saem do solo: espontaneamente, naturalmente".

Para Du Pasquier (*apud* MARANHÃO, 2003:148) "remontar à fonte de um rio é procurar o local onde suas águas brotam da terra. Do mesmo modo, investigar qual a fonte de uma regra jurídica é buscar o ponto em que ela surgiu das profundezas da vida social para aparecer à superfície do direito".

2.2. Classificação das fontes

2.2.1. Fontes formais

Mauricio Godinho Delgado (2007:141) leciona que são fontes formais "os meios de revelação e de transparência da norma jurídica"; escreve ainda que são "os mecanismos exteriores e estilizados pelos quais as normas ingressam, instauram-se e cristalizam-se na ordem jurídica".

As fontes formais dividem-se, ainda, em autônomas e heterônomas.

(a) fontes formais autônomas: caracterizam-se pela imediata participação dos destinatários das regras produzidas (DELGADO, 2007:143). São elas: convenção coletiva de trabalho, acordo coletivo de trabalho, usos e costumes, laudo arbitral, regulamento de empresa.

(b) fontes formais heterônomas: regras cuja produção não se caracteriza pela imediata participação dos destinatários principais das mesmas regras jurídicas. De acordo com Mauricio Godinho Delgado (2007:143) "são, em geral, as regras de direta origem estatal, como a Constituição, as leis, as medidas provisórias, decretos e outros diplomas produzidos no âmbito do aparelho do Estado". São exemplos: Constituição Federal, emendas à Constituição, leis complementares, leis ordinárias, leis delegadas, medidas provisórias, tratados e convenções internacionais, regulamentos, portarias, avisos, instruções, circulares, sentença normativa.

2.2.2. Fontes materiais

Pode-se falar em fontes materiais econômicas, sociológicas, políticas e filosóficas (ou político-filosóficas). Alice Monteiro de Barros (2007:100) conceitua fontes materiais como "substratos fáticos, que imprimem conteúdo à norma. Como fatores culturais, essas fontes pertencem mais ao campo da sociologia jurídica e da filosofia do Direito do que à Ciência Jurídica".

(a) econômicas: estão, em geral, atadas à existência e evolução do sistema capitalista. Trata-se da Revolução Industrial (século XVIII), e suas consequências na estruturação e propagação do sistema econômico capitalista, da forma de produção adotada por esse sistema, baseada no modelo chamado *grande indústria*, em oposição às velhas fórmulas produtivas, tais como o artesanato e a manufatura (DELGADO, 2007:139).

(b) sociológicas: consoante Mauricio Godinho Delgado (2007:139), "dizem respeito aos distintos processos de agregação de trabalhadores assalariados, em função do sistema econômico, nas empresas, cidades e regiões do mundo ocidental contemporâneo". São os fatores sociais que interferiram na formação do direito do trabalho.

(c) políticas: guardam relação com os movimentos sociais organizados pelos trabalhadores, de nítido caráter reivindicatório, como o movimento sindical, no plano das empresas e mercado econômico, e os partidos e movimentos políticos operários, reformistas ou de esquerda, atirando mais amplamente no plano da sociedade civil e do Estado (cf. DELGADO, 2007:140).

(d) filosóficas: correspondem às ideias e correntes de pensamento que, articuladamente entre si ou não, influíram na construção e mudança do Direito do Trabalho (cf. DELGADO, 2007:140), p. ex., liberalismo, intervencionismo, marxismo etc.

CAPÍTULO 3

PRINCÍPIOS DO DIREITO DO TRABALHO

3.1. Noções iniciais

Para Mauricio Godinho Delgado (2007:184), princípio traduz, de maneira geral, "a noção de proposições fundamentais que se formam na consciência das pessoas e grupos sociais, a partir de certa realidade, e que, após formadas, direcionam-se à compreensão, reprodução ou recriação dessa realidade".

Em relação à natureza jurídica dos princípios, José Antonio Ramos Pascua (*apud* NASCIMENTO. *Iniciação ao direito do trabalho,* 2007b:111) afirmou que, "em suma, os princípios jurídicos, ainda que plasmados nas normas e instituições jurídico-positivas e coerentes com as mesmas, têm sua raiz (e seu desenvolvimento) no âmbito das valorações ético-políticas; quer dizer, são partículas do ambiente moral de cada sociedade. Por essa razão, quando o operador jurídico faz uso dos mesmos, o Direito se autointegra e se heterointegra ao mesmo tempo. Autointegra-se porque aplica elementos implícitos no Direito positivo e se heterointegra porque a correta aplicação de tais elementos presentes em germe no Direito não seria possível sem indagar-se seu autêntico sentido, coisa que exige reconstruir o conjunto do qual fazem parte: o conjunto de valorações ético-políticas imperantes na sociedade de que se trata".

3.2. Princípios constitucionais gerais

A CF traz, em seu bojo, princípios gerais aplicáveis ao direito do trabalho, dos quais podemos citar: a dignidade da pessoa humana (art. 1º, III), os valores sociais do trabalho (art. 1º, IV), valorização do trabalho humano e justiça social (art. 170, *caput*), função social da propriedade (art. 170, III) e a busca do pleno emprego (art. 170, VIII).

3.3. Princípios específicos

3.3.1. Espécies

(a) omnivalentes: aplicáveis a todos os ramos da ciência jurídica, p. ex., princípios gerais de direito.

(b) plurivalentes: aplicáveis a diversos ramos do direito, p. ex., princípios do direito civil.

(c) monovalentes: específicos a um ramo da ciência do direito, p. ex., princípios gerais do direito do trabalho.

3.3.2. Princípio da proteção integral

O *princípio da proteção integral do trabalhador* é a regra matriz de todo o ordenamento juslaboral. Nas palavras de Américo Plá Rodriguez (1996:28): "O princípio de proteção se refere ao critério fundamental que orienta o Direito do Trabalho pois este, ao invés de inspirar-se num propósito de igualdade, responde ao objetivo de estabelecer um amparo preferencial a uma das partes: o trabalhador. Enquanto no direito comum uma constante preocupação parece assegurar a igualdade jurídica entre os contratantes, no Direito do Trabalho a preocupação central parece ser a de proteger uma das partes com o objetivo de, mediante essa proteção, alcançar-se uma igualdade substancial e verdadeira entre as partes".

Dentro do ponto de vista exposto por Robert Alexy (2008), o direito do trabalho enxergou a necessidade de tratar desigualmente os desiguais, justificando tal procedimento o abismo existente entre o capital e o trabalho.

Destarte, o direito do trabalho, por meio de rígidas medidas protetivas, busca, de maneira artificial, colocar trabalhadores e detentores do capital em posições paritárias, para que as disputas sejam resolvidas com paridade de armas.

O princípio da proteção interfere diretamente na aplicação das normas trabalhistas, tanto é que, dele, decorrem outros princípios importantes.

O primeiro é o da norma mais favorável. Assim, havendo conflito de normas trabalhistas no tempo ou no espaço, ao contrário do direito comum, no qual o aplicador vale-se das regras de hierarquia, cronologia e especialidade, no direito do trabalho a regra é a aplicação da norma que for mais benéfica ao trabalhador, não havendo exceções.

Para verificação da norma mais benéfica, existem duas teorias: pela teoria da acumulação criam-se normas jurídicas próprias e provisórias, aplicando-se, ao caso concreto, somente as partes favoráveis das normas conflitantes. Já pela teoria do conglobamento, a norma não pode ser fracionada, de forma que a questão de ser ou não favorável deve ser analisada de forma global, sendo inviável criar uma norma provisória formada pelas partes favoráveis das normas em conflito[1].

Exemplificativamente, pode-se citar a CF, art. 7º, inc. XVI, que prevê adicional de hora extra mínimo de 50% sobre o valor da hora normal de trabalho; havendo instrumento coletivo que preveja adicional maior, este prevalecerá, ainda que contrariando disposição constitucional, visto que mais favorável.

Outro princípio relevante é o da condição mais benéfica. Nesse caso, refere-se o princípio à situação concreta de prestação de serviços pelo trabalhador. Por exemplo, o trabalhador que presta serviços em condições insalubres, percebendo o competente adicional; se o empregador o retirar do ambiente insalubre, cortando-lhe o adicional, essa decisão prevalecerá, pois, a despeito da diminuição dos rendimentos, a condição de trabalho salubre é mais favorável ao trabalhador. É o que prevê a Súmula n. 265 do TST. Serve, ainda, como exemplo, a Súmula n. 51 do TST[2].

---

(1) **Hora noturna reduzida. Art. 73, § 1º, da CLT. Substituição pelo adicional noturno de 37,14%. Acordo coletivo. Possibilidade.** É possível, por meio de acordo coletivo de trabalho, fixar duração normal para a hora noturna, em substituição à hora ficta prevista no art. 73, § 1º, da CLT, em razão da elevação do adicional noturno de 20% para 37,14%. No caso, não há falar em subtração pura e simples de direito legalmente previsto, mas, tão somente, em flexibilização do seu conteúdo, sem traduzir prejuízo ao empregado. Trata-se da aplicação da teoria do conglobamento, segundo a qual a redução de determinado direito é compensada pela concessão de outras vantagens, de modo a garantir o equilíbrio entre as partes. Com esse entendimento, a SBDI-I, em sua composição plena, por unanimidade, conheceu dos embargos, por divergência jurisprudencial, e, no mérito, por maioria, deu-lhes provimento para restabelecer a decisão do Regional. Vencidos os Ministros Lelio Bentes Corrêa, José Roberto Freire Pimenta, Delaíde Miranda Arantes e Alexandre Agra Belmonte. TST-E-ED-RR-31600-45.2007.5.04.0232, SBDI-I, rel. Min. Aloysio Corrêa da Veiga, 23.5.2013 (Informativo n. 48 do TST).

(2) NORMA REGULAMENTAR. VANTAGENS E OPÇÃO PELO NOVO REGULAMENTO. ART. 468 DA CLT (incorporada à Orientação Jurisprudencial n. 163 da SBDI-1) — Res. n. 129, DJ 20, 22 e 25.4.2005.
I — As cláusulas regulamentares, que revoguem ou alterem vantagens deferidas anteriormente, só atingirão os trabalhadores admitidos após a revogação ou alteração do regulamento. (ex-Súmula n. 51 — RA 41, DJ 14.6.1973)
II — Havendo a coexistência de dois regulamentos da empresa, a opção do empregado por um deles tem efeito jurídico de renúncia às regras do sistema do outro. (ex-OJ n. 163 da SBDI-1 — inserida em 26.3.1999)

3.3.3. Princípio da primazia da realidade

Também decorrente do princípio da proteção, impõe ao aplicador do direito que reconheça, quando da análise do caso concreto, a vontade real das partes envolvidas e não somente o que por elas foi expresso. O CC tem instituto semelhante, quando trata dos contratos: "Art. 112. Nas declarações de vontade se atenderá mais à intenção nelas consubstanciada do que ao sentido literal da linguagem".

Américo Plá Rodriguez (1996:217) leciona que "o princípio da primazia da realidade significa que, em caso de discordância entre o que ocorre na prática e o que emerge dos documentos e acordos, deve dar preferência ao primeiro, isto é, ao que sucede no terreno dos fatos".

Nessa esteira, o TRT da 15ª Região já reconheceu vínculo empregatício até mesmo de estrangeiros em condição irregular no país:

VÍNCULO EMPREGATÍCIO. ESTRANGEIRO EM SITUAÇÃO IRREGULAR. RECONHECIMENTO. POSSIBILIDADE. Presentes os requisitos dos arts. 2º e 3º da CLT, e não se destinando o trabalho a fins ilícitos, é possível o reconhecimento da existência da relação de emprego com empregado estrangeiro em situação irregular. (Recurso Ordinário — Processo n. 00170-2003-053-15-00-9 — Recorrente: KPMG Auditores Independentes — Recorrido: David John Beggan — Origem: 4ª Vara do Trabalho de Campinas — Relator Ricardo Laraia)

Desta forma, para o direito do trabalho não importa quem é o trabalhador, de onde veio ou em quais condições ele se encontra prestando serviços. Presentes na relação jurídico-laboral os elementos dos arts. 2º e 3º da CLT, tem o trabalhador direito ao recebimento de todos os haveres remuneratórios previstos em leis, normas coletivas, contratos de trabalho ou regulamentos empresariais, sem nenhuma exceção.

3.3.4. Princípio da imperatividade das normas trabalhistas

As normas trabalhistas são, em sua grande maioria, imperativas, ou seja, obrigatórias, não podendo ter sua aplicação afastada pela vontade das partes. Da imperatividade decorre a irrenunciabilidade dos direitos trabalhistas[3].

Luciano Martinez (2012:90), acerca do tema, escreve que "o princípio da indisponibilidade dos direitos ou da irrenunciabilidade de direitos baseia-se

---

[3] O art. 472, § 2º, da CLT traz uma exceção ao princípio da irrenunciabilidade: "Nos contratos por prazo determinado, o tempo de afastamento, se assim acordarem as partes interessadas, não será computado na contagem do prazo para a respectiva terminação".

no mandamento nuclear protetivo segundo o qual não é dado ao empregado dispor (renunciar ou transacionar) de direito trabalhista, sendo, por conta disso, nulo qualquer ato jurídico praticado contra essa disposição. Tal proteção, que, em última análise, visa a proteger o trabalhador de suas próprias fraquezas, está materializada em uma série de dispositivos da CLT, entre os quais se destaca o seu art. 9º. Essa atuação legal impede que o vulnerável, sob a miragem do que lhe seria supostamente vantajoso, disponha dos direitos mínimos que à custa de muitas lutas históricas lhe foram assegurados nos termos da lei".

(a) renúncia: é a desistência, por parte do trabalhador, de direitos certos e legalmente garantidos, desde que não ocorra prejuízo para o trabalhador.

I — antecipada: ocorre no momento da celebração do contrato, sendo considerada nula pela doutrina e pela jurisprudência (CLT, arts. 9º e 444);

II — na vigência do contrato: admitida por alguns autores, desde que não haja prejuízo para o trabalhador (CLT, art. 468);

III — durante ou após o término do contrato: não há mais coação econômica, mas os direitos continuam irrenunciáveis, salvo ausência de prejuízo para o empregado, p. ex., Súmula n. 276 do TST:

AVISO-PRÉVIO. RENÚNCIA PELO EMPREGADO (mantida) — Res. n. 121, DJ 19, 20 e 21.11.2003. O direito ao aviso-prévio é irrenunciável pelo empregado. O pedido de dispensa de cumprimento não exime o empregador de pagar o respectivo valor, salvo comprovação de haver o prestador dos serviços obtido novo emprego.

(b) transação: "é o ato bilateral (ou plurilateral) pelo qual se acertam direitos e obrigações entre as partes acordantes, mediante concessões recíprocas (despojamento recíproco), envolvendo questões fáticas ou jurídicas duvidosas (*res dubia*)" (DELGADO, 2007:216).

(c) composição: ato bilateral ou plurilateral de reconhecimento de direitos e assunção de obrigações pelas partes.

(d) conciliação: acordo entre as partes conflitantes diante da interferência de autoridade jurisdicional.

3.3.5. Princípio da inalterabilidade contratual lesiva

O contrato de trabalho não pode sofrer alterações que tragam qualquer espécie de prejuízo para o trabalhador, princípio consubstanciado no art. 468 da CLT. Dessa forma, o contrato de trabalho pode sofrer alterações, desde que haja mútuo consentimento e não acarrete prejuízo para o trabalhador (p. ex., cláusula *rebus sic stantibus*).

3.3.6. Princípio da irredutibilidade salarial

Por sua natureza alimentar, o salário deve ser protegido, de maneira que a CF, em seu art. 7º, VI, garantiu a irredutibilidade do salário, salvo negociação coletiva, revogando o art. 503 da CLT. Igualmente, o art. 649 do CPC garante a impenhorabilidade do salário, exceto para pagamento de prestação alimentícia.

Na linha da irredutibilidade salarial, a CLT consagra ainda o <u>princípio da intangibilidade salarial</u>, objetivado no art. 462, o qual veda que sejam realizados descontos no salário do empregado, com exceção dos adiantamentos salariais, dos previstos em lei, em normas coletivas ou resultantes de danos causados dolosamente pelo trabalhador. Outros descontos são possíveis, mas dependem de concordância expressa do empregado.

3.3.7. Princípio da continuidade da relação de emprego

Informa tal princípio que é de interesse do Direito do Trabalho a permanência do vínculo empregatício, com a integração do trabalhador na estrutura e dinâmica empresariais (cf. DELGADO, 2007:209)[4].

3.4. Princípios controvertidos

Os princípios citados a seguir entram na relação daqueles que têm sua utilidade prática questionada pela doutrina, tendo em vista que acabaram superados por outros princípios com conteúdo semelhante.

3.4.1. Princípio *in dubio pro operario*

De acordo com esse princípio, também chamado *in dubio pro misero*, ao aplicar normas conflitantes, deve atentar para aquela mais favorável ao trabalhador, bem como na apreciação das provas. Assim, o princípio em questão tornou-se inútil, principalmente porque suplantado pelo princípio da norma mais favorável e, em segundo lugar por ferir os princípios do juiz natural e do ônus da prova (CF, art. 5º, LIII e CLT, art. 818).

---

(4) SÚMULA N. 212 DO TST. DESPEDIMENTO. ÔNUS DA PROVA (mantida) — Res. n. 121, DJ 19, 20 e 21.11.2003. O ônus de provar o término do contrato de trabalho, quando negados a prestação de serviço e o despedimento, é do empregador, pois o princípio da continuidade da relação de emprego constitui presunção favorável ao empregado.

3.4.2. Princípio do maior rendimento

Segundo Pérez Botija (DELGADO, 2007:215), informa o princípio que "o trabalhador estaria na obrigação de desenvolver suas energias normais em prol da empresa, prestando serviços regularmente, disciplinar e funcionalmente". Tal princípio, contudo, fora suplantado pelo princípio geral da lealdade e da boa-fé, inerente a qualquer espécie de contrato (CC, art. 422).

CAPÍTULO 4

INTERPRETAÇÃO E APLICAÇÃO DO DIREITO DO TRABALHO

4.1. Interpretação

Segundo Délio Maranhão (2003:189), interpretar a lei é "atribuir-lhe um significado, medindo-lhe a exata extensão e a possibilidade de sua aplicação a um caso concreto. Consiste, portanto, em determinar-lhe o sentido, chamado, também, pensamento, espírito ou vontade da lei".

4.1.1. Tipologias de interpretação

4.1.1.1. Segundo a origem da interpretação

Analisando-se a origem do processo de interpretação, poder-se-á classificá-la em três espécies:

(a) <u>autêntica</u>: produzida pelo mesmo órgão que construiu a norma jurídica;

(b) <u>jurisprudencial</u>: produzida pelos tribunais a partir da reiteração de decisões similares tomadas em face de casos semelhantes;

(c) <u>doutrinária</u>: produzida pelos juristas, pesquisadores e estudiosos do Direito, na leitura dos diversos dispositivos integrantes da ordem jurídica (DELGADO, 2007:233).

4.1.1.2. Segundo os resultados da interpretação

(a) declarativa: pelo esforço interpretativo, conclui-se que a letra da norma traduz fielmente seu conteúdo, ou seja, a vontade do criador do texto normativo é completamente exaurida nas palavras que o compõem;

(b) extensiva: amplia o sentido da norma, tendo em vista que a letra da norma não traduz inteiramente a vontade do legislador (*dixit minus quam voluit*);

(c) restritiva: cabe ao intérprete restringir o alcance da norma, pois o legislador disse mais do que pretendia (*dixit plus quam voluit*).

4.1.1.3. Segundo os métodos de interpretação

(a) gramatical: busca interpretar a norma a partir do exame literal das palavras que compõem o texto normativo;

(b) lógico: busca, socorrendo-se das técnicas da lógica formal, pesquisar a *ratio legis*, o pensamento contido na norma, ainda que exteriorizado em forma linguística inadequada;

(c) sistemático: interpretação da norma por meio da harmonização dessa com o conjunto do sistema jurídico;

(d) teleológico: subordina o processo interpretativo ao império dos fins objetivados pela norma;

(e) histórico: interpreta-se a norma de acordo com as necessidades e intenções jurídicas presentes no instante da elaboração da norma.

4.2. Aplicação

4.2.1. Aplicação do direito do trabalho no tempo

As normas trabalhistas regem-se por dois princípios da eficácia temporal: a irretroatividade (CF, art. 5º, XXXVI) e o efeito imediato (CF, art. 5º, § 1º). Assim, novas normas de cunho trabalhista atingem os novos contratos ainda em curso, respeitados o ato jurídico perfeito, o direito adquirido e a coisa julgada.

4.2.1.1. Princípio da aderência contratual

Ao contrário das normas jurídicas, que aderem aos contratos de trabalho de forma relativa, aplicando-se-lhes os princípios da irretroatividade e do efeito imediato, as cláusulas contratuais e os preceitos constantes de regulamento de empresa aderem ao contrato de forma absoluta, conforme art. 468 da CLT e Súmulas ns. 51, I e 288, ambas do TST.

> SÚMULA N. 51 DO TST. NORMA REGULAMENTAR. VANTAGENS E OPÇÃO PELO NOVO REGULAMENTO. ART. 468 DA CLT (incorporada à Orientação Jurisprudencial n. 163 da SBDI-1) — Res. n. 129, DJ 20, 22 e 25.4.2005. I — As cláusulas regulamentares, que revoguem ou alterem vantagens deferidas anteriormente, só atingirão os trabalhadores admitidos após a revogação ou alteração do regulamento. (ex-Súmula n. 51 — RA 41/1973, DJ 14.6.1973). II — Havendo a coexistência de dois regulamentos da empresa, a opção do empregado por um deles tem efeito jurídico de renúncia às regras do sistema do outro. (ex-OJ n. 163 da SBDI-1 — inserida em 26.3.1999)

> SÚMULA N. 288 DO TST. COMPLEMENTAÇÃO DOS PROVENTOS DA APOSENTADORIA (mantida) — Res. n. 121, DJ 19, 20 e 21.11.2003. A complementação dos proventos da aposentadoria é regida pelas normas em vigor na data da admissão do empregado, observando-se as alterações posteriores desde que mais favoráveis ao beneficiário do direito.

No que se refere aos instrumentos normativos negociados coletivamente, existem três teorias:

(a) aderência irrestrita: sustenta que as normas negociadas de forma coletiva incorporam-se *ad eternum* aos contratos de trabalho;

(b) aderência limitada pelo prazo: as normas constantes de instrumentos coletivos aderem aos contratos apenas durante o prazo de vigência;

(c) aderência limitada por revogação: as normas coletivas aderem aos contratos até que sejam revogadas, expressa ou tacitamente, por outra norma coletiva.

4.2.2. Aplicação do direito do trabalho no espaço

Em conformidade com a Súmula n. 207 do TST, aplicava-se no Brasil o critério *lex loci executionis*, ou seja, a norma a ser aplicada na resolução de conflitos trabalhistas era a do local da execução dos serviços.

> Súmula n. 207 do TST. CONFLITOS DE LEIS TRABALHISTAS NO ESPAÇO. PRINCÍPIO DA *LEX LOCI EXECUTIONIS* (Res. n. 13, DJ 11.7.1985). A relação jurídica trabalhista é regida pelas leis vigentes no país da prestação de serviço e não por aquelas do local da contratação.

A Lei n. 7.064/82 autorizava a aplicação aos empregados de empresas de engenharia contratados para trabalhar no exterior da lei do local da execução do contrato, salvo quando a lei brasileira fosse mais favorável (art. 3º, II).

A Lei n. 11.962/09 alterou a redação do art. 1º da Lei n. 7.064/82 e estendeu o direito que era apenas dos engenheiros a todos os trabalhadores contratados para trabalhar no exterior.

REDAÇÃO ANTIGA — Art. 1º Esta Lei regula a situação de trabalhadores contratados no Brasil, ou transferidos por empresas prestadoras de serviços de engenharia, inclusive consultoria, projetos e obras, montagens, gerenciamento e congêneres, para prestar serviços no exterior.

REDAÇÃO NOVA — Art. 1º Esta Lei regula a situação de trabalhadores contratados no Brasil ou transferidos por seus empregadores para prestar serviço no exterior. (Redação da pela Lei n. 11.962, de 2009).

Assim, a legislação do local da execução dos serviços somente será aplicada quando for mais favorável que a legislação brasileira, posicionamento que levou ao cancelamento da Súmula n. 207 do TST pela Resolução n. 181/12.

4.3. Integração

O art. 8º da CLT reza que, no processo de colmatação de lacunas, o intérprete do direito poderá se utilizar da jurisprudência, da analogia, da equidade, dos princípios gerais do direito, dos princípios gerais do direito do trabalho, dos usos e costumes e do direito comparado.

Capítulo 5

Direito Individual do Trabalho

5.1. Elementos de formação da relação de emprego

A relação de emprego é uma das espécies do gênero relação de trabalho. Enquanto esta é genérica, envolvendo toda espécie de pactuação de prestação de labor, p. ex., autônomo, avulso, estágio etc., aquela envolve uma situação específica: a do empregado.

Em conformidade com o art. 3º da CLT, a relação de emprego caracteriza-se por:

(a) pessoa física — só a pessoa física ou natural pode ser empregada (CC, art. 1º), não se caracterizando vínculo empregatício entre pessoas jurídicas.

(b) pessoalidade — o caráter da prestação de serviço *intuitu personae* é elemento vinculado ao primeiro, mas de característica distinta. Refere-se à infungibilidade do prestador de serviços, ou seja, a pessoa física contratada para prestar determinados serviços deve fazê-lo pessoalmente, sem possibilidade de transferência de responsabilidade.

(c) não eventualidade — trata-se da característica da permanência da relação laboral, de forma que a prestação de serviços não deve ser esporádica, mas protrair-se no tempo. A moderna doutrina (p. ex. DELGADO, 2007:296) entende como válida a chamada *teoria dos fins do empreendimento*. De acordo com esta teoria, será eventual o trabalhador chamado a realizar tarefa não inserida nos fins normais da empresa, tarefas que, por essa mesma razão, serão esporádicas e de estreita duração. A teoria é defendida também por Délio Maranhão e Amauri Mascaro Nascimento[5].

(d) onerosidade — Amauri Mascaro Nascimento (*Iniciação ao direito do trabalho*, 2007b:165) escreve que "empregado é um trabalhador assalariado, portanto, alguém que, pelo serviço que presta, recebe uma retribuição. Caso os serviços sejam executados gratuitamente pela sua própria natureza, não se configurará a relação de emprego".

Importante ressaltar que não descaracteriza o vínculo empregatício o simples não pagamento da remuneração devida ao trabalhador, mas é preciso que não exista, por parte do trabalhador, expectativa de recebimento de contraprestação pelo trabalho realizado.

(e) subordinação — Mauricio Godinho Delgado (2007:302) corresponde ao "polo antitético e combinado do poder de direção existente no contexto da relação de emprego. Consiste, assim, na situação jurídica derivada do contrato de trabalho, pelo qual o empregado compromete-se a acolher o poder de direção empresarial no modo de realização de sua prestação de serviços".

A CLT chama a subordinação de dependência, como se lê na redação do art. 3º. Modernamente, a expressão dependência não tem encontrado respaldo na doutrina e na jurisprudência.

Sobre o tema existem três teorias: (i) dependência econômica: a subordinação é justificada pela dependência econômica que o empregado possui em relação ao empregador; (ii) dependência técnica: o empregado obedece às ordens do empregador porque este detém maior conhecimento técnico; (iii) dependência jurídica: o prestador de serviço deixa de autodeterminar seu trabalho e transfere para o tomador dos serviços o poder de direção, regulado pela norma jurídica. Ao aceitar a subordinação, o prestador de serviços recebe a proteção da lei e transfere ao tomador os riscos da atividade econômica.

A teoria da subordinação enquanto dependência jurídica tem encontrado maior amparo doutrinário e jurisprudencial, tendo em vista que as outras teorias não conseguem explicar todas as situações, p. ex., o trabalhador que tem dois empregos e os empregados altamente qualificados.

5.1.1. Natureza jurídica da relação de emprego

(a) teorias contratualistas — para os defensores dessa teoria, a relação de emprego teria natureza contratual, pois presentes os requisitos legais para a

---

(5) VÍNCULO EMPREGATÍCIO. NÃO COMPROVAÇÃO. FAXINA UMA VEZ POR SEMANA. EVENTUALIDADE. Admitida apenas a prestação de serviços de faxina uma vez por semana, conforme a necessidade do estabelecimento comercial, e mediante o pagamento de diária previamente combinada e à míngua de prova de subordinação, não há falar-se em reconhecimento de vínculo empregatício (TRT 15ª Região — RO n. 0001068-43.2010.5.15.0017 — Recorrente: Renata Decinque Celi — Recorrido: Renascer Construções Elétricas Ltda. — Origem: 1ª Vara do Trabalho de São José do Rio Preto — Juiz Sentenciante: Renato Ferreira Franco — Relator: Luiz Roberto Nunes).

celebração dos negócios jurídicos: agentes capazes, objeto lícito e possível e manifestação de vontade livre e desimpedida.

I — <u>teorias contratualistas tradicionais</u>: tentam enquadrar a relação de emprego em um dos contratos típicos do direito civil, surgindo a *teoria do arrendamento* (PLANIOL; JOSSERAND), *teoria da compra e venda* (CARNELUTTI), *teoria do mandato* (TROPLONG; DURATON; MARCADE), *teoria da sociedade* (CHATELAIN; MICHEL VILLEY);

II — <u>teoria contratualista moderna</u>: entende ser a relação de emprego um contrato, mas um contrato atípico, ou seja, com características próprias, não se enquadrando nas relações contratuais típicas do direito civil;

III — <u>teorias acontratualistas</u>: para essa corrente a relação de trabalho seria institucional, uma vez que não permite a livre manifestação de vontade das partes, pois inteiramente regulada por normas imperativas estatais. Assim, a relação de emprego não deriva da manifestação de vontade das partes, mas do cumprimento dos requisitos previstos nos arts. 2º e 3º da CLT.

CAPÍTULO 6

ESPÉCIES DE TRABALHADORES

6.1. Trabalhador autônomo

O trabalhador autônomo não transfere o poder de direção de seu trabalho para o empregador, não havendo, pois, subordinação. As relações de trabalho autônomo são regidas pelas leis civis comuns, p. ex., empreitada, representante comercial, agência e distribuição etc.

6.1.1. Representação comercial

Fábio Ulhoa Coelho (2005:435) escreve que representação comercial "é o contrato pelo qual uma das partes (representante comercial autônomo) se obriga a obter pedidos de compra e venda de mercadorias fabricadas ou comercializadas pela outra parte (representado). [...] Trata-se, juridicamente considerada, de uma atividade autônoma", que é regulada pela Lei n. 4.886/65.

Em conformidade com o art. 1º da Lei n. 4.886/65, "Exerce a representação comercial autônoma a pessoa jurídica ou a pessoa física, sem relação de emprego, que desempenha, em caráter não eventual por conta de uma ou mais pessoas, a mediação para a realização de negócios mercantis, agenciando propostas ou pedidos, para, transmiti-los aos representados, praticando ou não atos relacionados com a execução dos negócios".

Para o representante comercial é obrigatório o registro nos Conselhos Regionais (art. 2º). O <u>Conselho Federal dos Representantes Comerciais</u> — CONFERE — é a entidade máxima do Sistema CONFERE/CORES que regula e normatiza os Conselhos Regionais nos Estados da Federação, com a atribuição institucional de fiscalizar o exercício da atividade de representação comercial. A entidade foi instalada no dia 10 de março de 1966, em decorrência de um movimento da categoria pelo reconhecimento da profissão. Participaram do evento delegados das CORES de diversos Estados, que também aprovaram a nova sede do CONFERE no antigo Estado da Guanabara.

A profissão está regulamentada pela Lei n. 4.886/65, aprovada no Congresso Nacional e sancionada pelo presidente Humberto Castelo Branco, a qual recebeu significativas alterações introduzidas pela Lei n. 8.420, de 8 de maio de 1992, sancionada pelo presidente Fernando Collor de Mello (Disponível em: <http://www.confere.org.br/quemsomos.html>. Acesso em: 12.7.2012).

Sem a autorização expressa do representado, o representante não poderá conceder abatimentos, descontos ou dilações, nem agir em desacordo com as instruções do contratante (art. 29).

O representante adquire direito às comissões quando do pagamento dos pedidos ou propostas (art. 32).

<u>Cláusula *del credere*</u> (art. 43) — é vedada nos contratos de representação comercial. Por essa cláusula, o vendedor responde solidariamente com o comprador, diante do empregador ou representado, pelo pagamento das mercadorias vendidas. A doutrina admite tal cláusula nos contratos de emprego de vendedores, desde que haja um acréscimo nas comissões para garantir o pagamento das vendas não solvidas, p. ex., *quebra de caixa*[6].

6.1.2. Agência ou distribuição

O art. 710 do CC define agência como um contrato pelo qual "uma pessoa assume, em caráter não eventual e sem vínculos de dependência, a obrigação de promover, à conta de outra, mediante retribuição, a realização de certos negócios".

---

(6) DEVOLUÇÃO. DESCONTOS SALARIAIS A TÍTULO DE QUEBRA DE CAIXA. Viola o princípio da intangibilidade salarial, contido no art. 462 da CLT, o desconto efetuado a título de ressarcimento de diferenças apuradas em terminal de autoatendimento, em face da inexistência de cláusula que autorize tais deduções, em contrato individual ou coletivo de trabalho (Processo TRT/15ª Região n. 0125800-69.2009.5.15.0102 — Recurso Ordinário — Tramitação Preferencial (Lei n. 10.741/03 — Estatuto do Idoso) — 1º Recorrente: Banco do Brasil S.A. — 2º Recorrente: Augmar Alfredo Casemiro da Rocha — Origem: 2ª Vara do Trabalho de Taubaté — Juiz Sentenciante: Andreia de Oliveira — Relator: José Pitas).

Caracterizar-se-á contrato de distribuição quando o agente tiver à sua disposição a coisa a ser negociada.

6.2. Trabalhador avulso

Amauri Mascaro Nascimento (*Iniciação ao direito do trabalho*, 2007b:169) ensina que "da necessidade de carga e descarga de mercadorias no porto surgiu uma categoria própria de trabalhadores que exercem a sua atividade segundo características peculiares. São os estivadores, assim denominados aqueles que fazem esse serviço nos porões dos navios, os conferentes, consertadores de cargas e descargas e assemelhados. Esses trabalhadores não contratavam diretamente o serviço. Faziam-no por meio dos próprios sindicatos. Quando uma empresa de navegação necessitava de mão de obra, solicitava-a ao sindicato dos trabalhadores".

Características do trabalho avulso:

(a) intermediação do sindicato ou do Órgão Gestor de Mão de Obra (OGMO);

(b) curta duração dos serviços prestados;

(c) remuneração paga em forma de rateio.

A CF, no art. 7º, XXXIV, reconheceu aos trabalhadores avulsos os mesmos direitos dos trabalhadores com vínculo empregatício[7].

A Lei do Trabalho Portuário (Lei n. 8.630/93) criou o chamado Órgão Gestor de Mão de Obra (OGMO), que substituiu os sindicatos na intermediação do trabalho avulso (art. 25), sendo responsável pelo pagamento dos trabalhadores e pelos recolhimentos fundiários e previdenciários[8].

---

(7) TRABALHADOR AVULSO. IGUALDADE DE DIREITOS TRABALHISTAS. A Constituição Federal, em seu art. 7º, inciso XXXIV, garantiu igualdade de direitos entre o trabalhador com vínculo de emprego permanente e o trabalhador avulso. Portanto, a inexistência de vínculo de emprego não prejudica os direitos trabalhistas do reclamante, ainda que avulso, pois este tem assegurado constitucionalmente todos os direitos dos trabalhadores comuns (Processo TRT 15ª Região n. 0000803-87.2011.5.15.0055 — Recorrente: Roberto Bispo de Souza — Recorrido: Sindicato dos Trabalhadores na Movimentação de Mercadorias em Geral de Barra Bonita e Região — Origem: 2ª Vara do Trabalho de Jaú — SP — Juiz sentenciante: Paulo Bueno Cordeiro de Almeida Prado Bauer — Relator: Luiz Roberto Nunes).
(8) TRABALHADOR AVULSO. INTERMEDIAÇÃO DO SINDICATO PROFISSIONAL. VÍNCULO DE EMPREGO INEXISTENTE. Em razão da peculiaridade dos serviços prestados, não forma vínculo de emprego com a tomadora de serviços o trabalhador avulso que, mediante intermediação do Sindicato profissional, se compromete a prestar serviços a diversas empresas. Recurso conhecido e não provido (Processo TRT/15ª Região n. 15312/00-ROS-2 — Recurso Ordinário — Procedimento Sumaríssimo — Recorrente: Reginaldo Vicente da Silva — 1º Recorrido: Pepsico do Brasil Ltda. — 2º Recorrido: Sindicato dos Trabalhadores na Movimentação de Mercadorias e de Cargas Secas e Molhadas e Produtos em Geral de Sorocaba e Região — Origem: Vara do Trabalho de Itu — Relator: Lorival Ferreira dos Santos).

A Lei n. 8.630/93 pôs fim ao monopólio dos trabalhadores avulsos sobre o trabalho portuário, permitindo que as empresas contratem empregados (art. 26).

6.3. Trabalhador eventual

Para caracterização do trabalho eventual existem quatro teorias[9]:

(a) teoria do evento: o trabalhador é contratado para atender a um serviço esporádico, decorrente de um evento episódico verificado na empresa;

(b) teoria da descontinuidade: vincula-se, do ponto de vista temporal, de modo fracionado ao tomador, teoria rejeitada pela CLT, mas adotada pela Lei do Trabalho Doméstico;

(c) teoria dos fins da empresa: o trabalhador é contratado para realizar tarefas estranhas aos fins da empresa, as quais, por tal razão, tendem a ser esporádicas e curtas;

(d) teoria da fixação jurídica: trabalhador que, pela dinâmica de relacionamento com o mercado de trabalho, não se fixa especificamente a um ou outro tomador de serviços.

Segundo Mauricio Godinho Delgado (2007:340), as características do trabalho eventual são:

• Descontinuidade da prestação do trabalho, entendida como a não permanência em uma organização com ânimo definitivo;

---

(9) VÍNCULO DE EMPREGO. TRABALHADOR DIARISTA. DOMÉSTICO. INTERMITÊNCIA E DESCONTINUIDADE. TRABALHO EM 2 DIAS POR SEMANA. NÃO CARACTERIZAÇÃO. Se a atividade desenvolvida pela demandante, em prol da reclamada, caracteriza-se pela intermitência e descontinuidade, configura-se a mera prestação autônoma de serviços, sendo impossível o reconhecimento do liame perseguido. O simples fato de se estipular determinados dias da semana, para a realização dos serviços de limpeza de uma residência, em nada altera tal convicção, na medida em que se faz necessário um planejamento de atividades, ainda que em âmbito estritamente familiar (Processo TRT 15ª Região n. 0164000-34-2009-5-15-0042 — Recurso Ordinário — Procedimento Sumaríssimo — 6ª Turma — 11ª Câmara — Recorrente: Zoraide Dias de Oliveira (Reclamante) — Recorrida: Aparecida Neusa de Vedorato Andrade (Reclamada) — Origem: 2ª Vara do Trabalho de Ribeirão Preto (Juiz Sentenciante: Walney Quadros Costa) — Relatora: Olga Aida Joaquim Gomieri).
VÍNCULO EMPREGATÍCIO. ÔNUS DA PROVA. TRABALHO EVENTUAL. A reclamada, ao admitir a prestação de serviços pelo reclamante na condição de trabalhador eventual, inverte o ônus da prova, atraindo para si a obrigação de provar fato impeditivo do direito do autor, conforme inteligência dos arts. 818 da CLT e 333, inciso II, do CPC, ônus do qual não se desincumbiu. Recurso da reclamada ao qual se nega provimento (Processo TRT-15ª Região n. 00862-2008-041-15-00-1 — Recorrente: Itapê Ferrovias Ltda. Epp — 1º Recorrido: Tiago Felipe de Lima — 2ª Recorrida: All — América Latina Logística do Brasil S.A. — Origem: Vara do Trabalho de Itapetininga — Juiz Sentenciante: Valdir Rinaldi Silva — Relator: Manuel Soares Ferreira Carradita).

• Não fixação jurídica a uma única fonte de trabalho, com pluralidade variável de tomadores de serviços;

• Curta duração do trabalho prestado;

• Natureza do trabalho concernente a evento certo, determinado e episódico quanto à regular dinâmica do empreendimento do tomador de serviços;

• Em consequência, a natureza do trabalho não seria também correspondente ao padrão dos fins normais do empreendimento.

6.4. Trabalhador voluntário

Mauricio Godinho Delgado (2007:343) escreve que trabalho voluntário "é aquele prestado com ânimo e causa benevolentes".

O trabalhador voluntário não é empregado, pois falta a expectativa de recebimento de contraprestação pelo serviço prestado.

O art. 3º da Lei n. 9.608/98 permite que o trabalhador voluntário seja ressarcido das despesas que tiver na execução dos serviços, desde que devidamente comprovadas.

6.5. Estágio

A relação de estágio é regulada pela Lei n. 11.788/08. Em conformidade com o art. 1º da mencionada legislação, estágio é "ato educativo escolar supervisionado, desenvolvido no ambiente de trabalho, que visa à preparação para o trabalho produtivo de educandos que estejam frequentando o ensino regular em instituições de educação superior, de educação profissional, de ensino médio, da educação especial e dos anos finais do ensino fundamental, na modalidade profissional da educação de jovens e adultos".

Em conformidade com o art. 2º da mencionada lei, o estágio pode ser obrigatório ou voluntário. Estágio obrigatório é aquele definido como tal no projeto do curso, cuja carga horária é requisito para aprovação e obtenção de diploma (§ 1º). Estágio não obrigatório é aquele desenvolvido como atividade opcional, acrescida à carga horária regular e obrigatória (§ 2º).

O estágio não cria vínculo empregatício entre estagiário e unidade concedente de estágio, desde que observados os seguintes requisitos (art. 3º):
I — matrícula e frequência regular do educando em curso de educação supe-

rior, de educação profissional, de ensino médio, da educação especial e nos anos finais do ensino fundamental, na modalidade profissional da educação de jovens e adultos e atestados pela instituição de ensino; II — celebração de termo de compromisso entre o educando, a parte concedente do estágio e a instituição de ensino; III — compatibilidade entre as atividades desenvolvidas no estágio e aquelas previstas no termo de compromisso.

O descumprimento de qualquer dos requisitos indicados nos incisos do art. 3º ou de qualquer obrigação contida no termo de compromisso caracteriza vínculo de emprego do educando com a parte concedente do estágio para todos os fins da legislação trabalhista e previdenciária (art. 3º, § 2º).

PARTE CONCEDENTE — art. 9º — As pessoas jurídicas de direito privado e os órgãos da administração pública direta, autárquica e fundacional de qualquer dos Poderes da União, dos Estados, do Distrito Federal e dos Municípios, bem como profissionais liberais de nível superior devidamente registrados em seus respectivos conselhos de fiscalização profissional, podem oferecer estágio, observadas as seguintes obrigações:

I — celebrar termo de compromisso com a instituição de ensino e o educando, zelando por seu cumprimento;

II — ofertar instalações que tenham condições de proporcionar ao educando atividades de aprendizagem social, profissional e cultural;

III — indicar funcionário de seu quadro de pessoal, com formação ou experiência profissional na área de conhecimento desenvolvida no curso do estagiário, para orientar e supervisionar até 10 (dez) estagiários simultaneamente;

IV — contratar em favor do estagiário seguro contra acidentes pessoais, cuja apólice seja compatível com valores de mercado, conforme fique estabelecido no termo de compromisso;

V — por ocasião do desligamento do estagiário, entregar termo de realização do estágio com indicação resumida das atividades desenvolvidas, dos períodos e da avaliação de desempenho;

VI — manter à disposição da fiscalização documentos que comprovem a relação de estágio;

VII — enviar à instituição de ensino, com periodicidade mínima de 6 (seis) meses, relatório de atividades, com vista obrigatória ao estagiário.

JORNADA DE ESTÁGIO — A jornada do estagiário, de acordo com o art. 10, será de (i) 4 (quatro) horas diárias e 20 (vinte) horas semanais, no caso de estudantes de educação especial e dos anos finais do ensino fundamental, na modalidade profissional de educação de jovens e adultos; (ii) 6 (seis) horas diárias e 30 (trinta) horas semanais, no caso de estudantes do ensino superior, da educação profissional de nível médio e do ensino médio regular[10].

A duração do estágio, na mesma parte concedente, não poderá exceder 2 (dois) anos, exceto quando se tratar de estagiário portador de deficiência (art. 11).

BOLSA-AUXÍLIO — O estagiário <u>poderá receber bolsa</u> ou outra forma de contraprestação que venha a ser acordada, sendo <u>compulsória a sua concessão, bem como a do auxílio-transporte</u>, na hipótese de <u>estágio não obrigatório</u> (art. 12).

A eventual concessão de benefícios relacionados a transporte, alimentação e saúde, entre outros, não caracteriza vínculo empregatício (art. 12, § 1º).

Poderá o educando inscrever-se e contribuir como segurado facultativo do Regime Geral de Previdência Social (art. 12, § 2º).

FÉRIAS — É assegurado ao estagiário, sempre que o estágio tenha duração igual ou superior a 1 (um) ano, período de recesso de 30 (trinta) dias, a ser gozado preferencialmente durante suas férias escolares (art. 13).

O recesso de que trata esse artigo deverá ser remunerado quando o estagiário receber bolsa ou outra forma de contraprestação (art. 13, § 1º). Os dias de recesso previstos nesse artigo serão concedidos de maneira proporcional, nos casos de o estágio ter duração inferior a 1 (um) ano (art. 13, § 2º).

PROPORÇÃO DE ESTAGIÁRIOS — O número máximo de estagiários em relação ao quadro de pessoal das entidades concedentes de estágio deverá atender às seguintes proporções (art. 17):

I — de 1 (um) a 5 (cinco) empregados: 1 (um) estagiário;

II — de 6 (seis) a 10 (dez) empregados: até 2 (dois) estagiários;

III — de 11 (onze) a 25 (vinte e cinco) empregados: até 5 (cinco) estagiários;

IV — acima de 25 (vinte e cinco) empregados: até 20% (vinte por cento) de estagiários.

Para efeito dessa Lei, considera-se quadro de pessoal o conjunto de trabalhadores empregados existentes no estabelecimento do estágio (art. 17, § 1º).

---

(10) Importante salientar que o **art. 10, § 1º, da Lei do Estágio** traz hipótese que autoriza que a jornada de trabalho do estagiário seja de 40 horas semanais: "O estágio relativo a cursos que alternam teoria e prática, nos períodos em que não estão programadas aulas presenciais, poderá ter jornada de até 40 horas semanais, desde que isso esteja previsto no projeto pedagógico do curso e da instituição de ensino".

Na hipótese de a parte concedente contar com várias filiais ou estabelecimentos, os quantitativos previstos nos incisos desse artigo serão aplicados a cada um deles (art. 17, § 2º).

Quando o cálculo do percentual disposto no inciso IV do *caput* desse artigo resultar em fração, poderá ser arredondado para o número inteiro imediatamente superior (art. 17, § 3º).

Não se aplica o disposto no *caput* desse artigo aos estágios de nível superior e de nível médio profissional (art. 17, § 4º).

RESERVA DE VAGAS DE ESTÁGIO — Fica assegurado às pessoas portadoras de deficiência o percentual de 10% (dez por cento) das vagas oferecidas pela parte concedente do estágio (art. 17, § 5º).

6.6. Trabalhador temporário

O trabalho temporário é regido pela Lei n. 6.019/74. Em conformidade com o art. 2º da mencionada lei, o trabalhador temporário pode ser contratado em caso de necessidade transitória de substituição de empregado ou em caso de acréscimo extraordinário de serviços. O contrato entre o trabalhador temporário e a tomadora de serviços deve ser intermediado pela chamada empresa de trabalho temporário.

A relação jurídica havida entre o trabalhador temporário e a tomadora dos serviços é civil. Já entre a empresa de trabalho temporário e o trabalhador, a relação é de emprego.

Relação civil
EMPRESA DE TRABALHO ⟷ TOMADORA
TEMPORÁRIO

Relação de trabalho
TOMADORA ⟷ PRESTADOR

Relação de emprego
EMPRESA DE TRABALHO ⟷ PRESTADOR
TEMPORÁRIO

O art. 10 da lei estabelece que o contrato de trabalho em relação a um mesmo prestador não pode ser superior a 3 meses, salvo autorização expressa do Ministério do Trabalho e Emprego.

O poder de direção e de organização do trabalho cabe à tomadora, mas o poder disciplinar cabe à empresa de trabalho temporário.

É vedada qualquer cláusula que proíba, ao final do contrato, a contratação do prestador pela tomadora, de forma direta (art. 11, parágrafo único).

O contrato de trabalho temporário será <u>sempre escrito</u>, e tal condição será anotada na CTPS do trabalhador.

CAPÍTULO

Empregados Especiais

7

7.1. Empregado doméstico — Lei n. 5.859/72

Em conformidade com o art. 1º da Lei n. 5.859/72, considera-se como doméstico o empregado que presta serviços de natureza contínua e de finalidade não lucrativa à pessoa ou à família, no âmbito residencial destas.

Para caracterização do trabalho doméstico, além dos requisitos gerais de qualquer relação empregatícia (pessoalidade, prestação pessoal dos serviços, onerosidade, subordinação e não eventualidade), são necessários requisitos específicos, quais sejam:

(a) <u>finalidade não lucrativa dos serviços</u>: consoante Mauricio Godinho Delgado (2007:370), os serviços prestados "não podem constituir fator de produção para aquele (pessoa ou família) que deles se utiliza, embora tenham qualidade econômica para o obreiro. Portanto, se na residência há regular pensionato para não familiares ou sistema de fornecimento de alimentação para terceiros, a faxineira, no primeiro caso, e a cozinheira, no segundo caso, já não serão domésticas, mas empregados comuns";

(b) <u>prestação laboral a pessoa ou família</u>: somente a pessoa, ou grupo de pessoas naturais, pode ser empregador doméstico, vedada tal relação com pessoas jurídicas;

(c) <u>âmbito residencial de prestação laborativa</u>: sobre esse aspecto, Amauri Mascaro Nascimento (2007:176-177) ensina que a expressão âmbito residencial "deve abranger todo local onde há o desenvolvimento da vida do lar, incluindo as suas extensões, como chácara recreativa".

O art. 2º-A veda ao empregador doméstico efetuar descontos no salário do empregado por fornecimento de alimentação, vestuário, higiene ou moradia.

O art. 3º concede ao empregado doméstico férias de 30 dias corridos, acrescidos do terço constitucional.

O art. 4º-A garante estabilidade provisória no emprego à doméstica gestante desde a confirmação da gravidez até 5 meses após o parto.

A *CF, no art. 7º, parágrafo único,* com redação dada pela EC n. 72/13, estendeu aos domésticos os seguintes direitos:

(i) salário mínimo;

(ii) irredutibilidade salarial;

(iii) garantia de salário nunca inferior ao mínimo;

(iv) 13º salário;

(v) proteção ao salário;

(vi) jornada máxima de 8 horas diárias e 44 horas semanais;

(vii) repouso semanal remunerado;

(viii) adicional de horas extras de, no mínimo, 50% sobre o valor da hora normal;

(ix) férias + 1/3;

(x) licença-gestante de 120 dias;

(xi) licença-paternidade;

(xii) aviso-prévio proporcional;

(xiii) redução dos riscos inerentes ao trabalho;

(xiv) aposentadoria;

(xv) reconhecimento das convenções e acordos coletivos de trabalho;

(xvi) proibição de diferença de salários, de exercício de funções e de critério de admissão por motivo de sexo, idade, cor ou estado civil;

(xvii) proibição de qualquer discriminação no tocante a salário e critérios de admissão do trabalhador portador de deficiência;

(xviii) proibição de trabalho noturno, perigoso ou insalubre a menores de dezoito e de qualquer trabalho a menores de dezesseis anos, salvo na condição de aprendiz, a partir de quatorze anos;

(xix) relação de emprego protegida contra despedida arbitrária ou sem justa causa, nos termos de lei complementar, que preverá indenização compensatória, dentre outros direitos;

(xx) seguro-desemprego;

(xxi) FGTS;

(xxii) adicional noturno;

(xxiii) salário-família;

(xxiv) assistência gratuita aos filhos e dependentes desde o nascimento até 5 (cinco) anos de idade em creches e pré-escolas;

(xxv) seguro contra acidentes de trabalho.

Importante ressaltar que várias alterações trazidas pela EC n. 72/13 ainda necessitam de regulamentação, como é o caso do FGTS, que antes era facultativo e passou a ser obrigatório. Entretanto, os empregadores já podem se adequar à nova realidade e cadastrar seus empregados domésticos no regime do FGTS, recolhendo, até que venha nova norma, os mesmos 8% previstos na Lei n. 8.036/90, a qual se refere aos demais trabalhadores com vínculo empregatício.

Outra alteração relevante foi a tipificação da jornada de trabalho dos domésticos, que ficou limitada a 8 horas diárias e 44 horas semanais, tendo em vista a extensão da regra prevista no inc. XIII do art. 7º da CF. Com isso, torna-se possível ao doméstico averiguar a realização de horas extras, bem como de jornada noturna, o que lhes dá direito ao adicional de horas extras (inc. XVI).

7.2. Empregado rural — Lei n. 5.889/73

De acordo com o art. 2º da Lei n. 5.889/73, empregado rural "é toda pessoa física que, em propriedade rural ou prédio rústico, presta serviços de natureza não eventual a empregador rural, sob a dependência deste e mediante salário".

Mauricio Godinho Delgado (2007:385) escreve que "rurícola será o empregado vinculado ao empregador rural. O que importa à sua classificação como rurícola ou urbano é o próprio posicionamento de seu empregador: sendo rural este, rurícola será considerado o obreiro, independentemente de seus métodos de trabalho e dos fins da atividade em que se envolve".

> OJ n. 419 SDI-1/TST — ENQUADRAMENTO. EMPREGADO QUE EXERCE ATIVIDADE EM EMPRESA AGROINDUSTRIAL. DEFINIÇÃO PELA ATIVIDADE PREPONDERANTE DA EMPRESA (DEJT divulgado em 28 e 29.6.2012 e 2.7.2012). Considera-se rurícola empregado que, a despeito da atividade exercida, presta serviços a empregador agroindustrial (art. 3º, § 1º, da Lei n. 5.889, de 8.6.1973), visto que, neste caso, é a atividade preponderante da empresa que determina o enquadramento.

Considera-se empregador, rural, para os efeitos dessa Lei, a pessoa física ou jurídica, proprietário ou não, que explore atividade agroeconômica, em caráter permanente ou temporário, diretamente ou por meio de prepostos e com auxílio de empregados (art. 3º).

GRUPO ECONÔMICO RURAL — art. 3º, § 2º — Sempre que uma ou mais empresas, embora tendo cada uma delas personalidade jurídica própria, estiverem sob direção, controle ou administração de outra, ou ainda quando, mesmo guardando cada uma sua autonomia, integrem grupo econômico ou financeiro rural, serão responsáveis solidariamente nas obrigações decorrentes da relação de emprego.

A CF estendeu aos trabalhadores rurais todos os direitos concedidos aos urbanos (art. 7º, *caput*). Permaneceram, contudo, algumas diferenças, como o intervalo intrajornada, para o qual poderão ser observados os usos e costumes do local da prestação de serviço (art. 5º) e o adicional noturno, que será de 25%.

O contrato de trabalho rural pode ser indeterminado ou determinado. Os contratos por prazo determinado são chamados de contratos de safra (art. 14, parágrafo único).

A Lei n. 5.889/73 não se aplica apenas aos empregados rurais, mas a todos os que prestam serviços de cunho rurícola, sob qualquer regime (art. 17).

7.3. *Empregado em domicílio*

O empregado em domicílio encontra sua conceituação no art. 6º da CLT: "não se distingue entre o trabalho realizado no estabelecimento do empregador e o executado no domicílio do empregado, desde que esteja caracterizada a relação de emprego".

> (a) parassubordinação ou teletrabalho: segundo Amauri Mascaro Nascimento (*Iniciação ao direito do trabalho,* 2007b), "é aquele prestado a distância, desenvolvendo-se com o uso da tecnologia moderna, com o que é possível trabalhar longe do estabelecimento do empregador e na própria residência".

7.4. *Empregado aprendiz*

A situação jurídica do empregado aprendiz é regulada pelo art. 403 da CLT, em redação dada pela Lei n. 10.097/00 e pelos arts. 428 e seguintes da CLT, com redação dada pela Lei n. 10.097/00 e alterada pela Lei n. 11.180/05.

Em conformidade com o art. 403 da CLT, é proibida qualquer espécie de trabalho a menores de 16 anos, salvo na condição de aprendiz, a partir dos 14 anos.

O Brasil é signatário de diversas Convenções da OIT sobre o tema:

(a) Convenção n. 6 da OIT. Trata das condições de trabalho dos menores na indústria, tendo como pontos principais a proibição de trabalho insalubre, perigoso ou noturno para os menores de dezoito anos. Entrou em vigor no plano internacional em 13 de junho de 1921, sendo ratificada pelo Brasil em 26 de abril de 1934, entrando em vigor em 26 de abril de 1935.

(b) Convenção n. 16 da OIT. Determina a proibição de trabalho de menores de dezoito anos a bordo de embarcações marítimas sem a realização de exame médico que comprove a aptidão do menor ao trabalho, salvo se a embarcação pertencer aos familiares do menor. Entrou em vigor no plano internacional em 20 de novembro de 1922, sendo ratificada pelo Brasil em 8 de junho de 1936, entrando em vigor em 8 de junho de 1937.

(c) Convenção n. 138 da OIT. Estabelece idade mínima para admissão no emprego. Entrou em vigor no plano internacional em 6 de junho de 1973, sendo ratificada pelo Brasil em 28 de junho de 2001, entrando em vigor em 28 de junho de 2002.

(d) Convenção n. 182 da OIT. Estabelece a proibição das piores formas de trabalho infantil e impõe ações imediatas para a erradicação delas. Entrou em vigor no plano internacional em 17 de junho de 1999, sendo ratificada pelo Brasil em 2 de fevereiro de 2000, entrando em vigor em 2 de fevereiro de 2000.

O art. 428, *caput*, da CLT, com a alteração dada pela Lei n. 11.180/05, conceitua contrato de aprendizagem como "um contrato de trabalho especial, ajustado por escrito e por prazo determinado, em que o empregador se compromete a assegurar ao maior de 14 e menor de 24 anos inscrito em programa de aprendizagem formação técnico-profissional metódica, compatível com seu desenvolvimento físico, moral e psicológico, e o aprendiz, a executar com zelo e diligência as tarefas necessárias a essa formação".

(i) CLT, art. 428, § 1º:

• A validade do contrato de aprendizagem pressupõe anotação na CTPS;

• Frequência do aprendiz à escola, caso não haja concluído o ensino médio;

• Inscrição em programa de aprendizagem desenvolvido sob a orientação de entidade qualificada em formação técnico-profissional metódica.

(ii) CLT, art. 428, § 3º: o contrato de aprendizagem não poderá ser superior a 2 anos, salvo se o aprendiz for pessoa com deficiência.

(iii) CLT, art. 432: a jornada do aprendiz será de 6 horas, proibida a realização de horas e compensação de jornada, podendo ser ampliada para 8 horas para os aprendizes que já tiverem completado o ensino fundamental, desde que já estejam computadas as horas destinadas à carga horária teórica (§ 1º).

(iv) CLT, art. 433:

• O contrato de aprendizagem extinguir-se-á chegado seu termo ou quando o aprendiz completar 24 anos, salvo se o aprendiz for pessoa com deficiência;

• Extinguir-se-á antecipadamente por desempenho insuficiente ou inadaptação do aprendiz, falta disciplinar grave, ausência injustificada à escola que implique em perda do ano letivo, ou a pedido do aprendiz.

7.5. Mãe social — Lei n. 7.644/87

As instituições sem finalidade lucrativa, ou de utilidade pública de assistência ao menor abandonado, e que funcionem pelo sistema de casas-lares, utilizarão mães sociais visando a propiciar ao menor as condições familiares ideais ao seu desenvolvimento e reintegração social (art. 1º).

Considera-se mãe social, para efeito dessa Lei, aquela que, dedicando-se à assistência ao menor abandonado, exerça o encargo em nível social, dentro do sistema de casas-lares (art. 2º).

Entende-se como casa-lar a unidade residencial sob responsabilidade de mãe social, que abrigue até 10 (dez) menores (art. 3º).

São atribuições da mãe social (art. 4º): I — propiciar o surgimento de condições próprias de uma família, orientando e assistindo os menores colocados sob seus cuidados; II — administrar o lar, realizando e organizando as tarefas a ele pertinentes; III — dedicar-se, com exclusividade, aos menores e à casa-lar que lhes for confiado.

A mãe social, enquanto no desempenho de suas atribuições, deverá residir, com os menores que lhe forem confiados, na casa-lar que lhe for destinada (art. 4º, parágrafo único).

A mãe social é empregada da casa-lar onde presta serviços, sendo assegurados os seguintes direitos (art. 5º):

• Salário mínimo;

• Anotação em CTPS;

• Repouso semanal remunerado;

• Férias anuais remuneradas de 30 dias;

• Benefícios previdenciários;

• 13º salário;

• FGTS.

Para admissão da mãe social são necessários os seguintes requisitos (art. 9º):

- Idade mínima de 25 anos;
- Boa sanidade física e mental;
- Curso de primeiro grau ou equivalente;
- Aprovação em treinamento e estágio;
- Boa conduta social;
- Aprovação em teste psicológico específico.

A instituição manterá mães sociais para substituir as efetivas durante seus períodos de afastamento do serviço. A mãe social substituta, quando não estiver em efetivo serviço de substituição, deverá residir na aldeia assistencial e cumprir tarefas determinadas pelo empregador. A mãe social, quando no exercício da substituição, terá direito à retribuição percebida pela titular e ficará sujeita ao mesmo horário de trabalho (art. 10).

Extinto o contrato de trabalho, a mãe social deverá retirar-se da casa--lar que ocupava, cabendo à entidade empregadora providenciar a imediata substituição (art. 13).

7.6. Índio — Lei n. 6.001/73

Em conformidade com a Lei n. 6.001/73, os índios dividem-se em três categorias: isolados, em vias de integração e integrados.

Os índios integrados são considerados absolutamente capazes, podendo ser livremente contratados como empregados. O art. 231 da CF faz apenas a ressalva de que devem ser respeitados os costumes e as tradições dos indígenas.

Os indígenas não integrados e os em vias de integração ficam sob a tutela integral da FUNAI[11].

---

(11) MANDADO DE SEGURANÇA — ÍNDIOS — FUNAI E TUTELA — Considerando o fato incontroverso de que houve reclamatórias envolvendo indígenas sem que a União — FUNAI — tenha integrado a lide, e ainda diante do fato de que por imposição legal — Arts. 231 e 232 da Carta Magna, e especificamente pelo Estatuto do Índio (Lei n. 6.001/73) — Art. 8º — os silvícolas são tutelados, incorreu em violação a evidente direito líquido e certo, o despacho do Juízo de Primeiro Grau que negou o requerimento da Impetrante FUNAI. Ademais, justifica-se a concessão da segurança pelo motivo adicional de que a empresa-litisconsorte atuou em área indígena, em operação mineradora, sem a autorização do Congresso Nacional, o que é vedado em face do disposto pelo § 3º do art. 231, também da Constituição Federal (TRT 8ª Região — MS n. 3514/2001 — Impetrante (S): Fundação Nacional do Índio — Funai — Autoridade Coatora: Exmo. Sr. Juiz Titular da Mm. Vara do Trabalho de Altamira-PA — Litisconsortes: Southern Anaconda Mineração Ltda., Manoel Messias Lopes Curuaia, Risonei Alisson Pereira da Silva, José Nazareno Lopes Curuaia, João Luiz da Silva Nascimento, Givanildo Lopes Curuaia, Luiz Jorge Lopes Curuaia, Firmino Nogueira Curuaia, João Lopes Curuaia, Lúcia da Silva Curuaia, Marilene Carvalho Pereira, Joaquim Lopes Curuaia — Relator: José Augusto Figueiredo Affonso).

7.7. Cargos de confiança

Os empregados que exercem cargos de confiança são considerados a *longa manus* do empregador, possuindo, assim, uma parcela dos poderes do empregador.

Possuem algumas especificidades em relação aos empregados comuns. Em primeiro lugar, não possuem controle de jornada (CLT, art. 62, II); podem ser transferidos a qualquer tempo, sem anuência, desde que haja real necessidade (CLT, art. 469, § 1º); e podem ser revertidos ao cargo de origem, não se considerando como lesiva tal alteração (CLT, art. 468, parágrafo único).

A subordinação é inversamente proporcional ao poder de gestão do empregado, ou seja, quanto maior o poder de mando, menor a subordinação.

7.8. Diretor empregado

De acordo com Amauri Mascaro Nascimento (*Iniciação ao direito do trabalho*, 2007b:182) diretor empregado "é aquele que não foi eleito pela assembleia para o cargo estatutário de direção ou que, mesmo eleito, pela sua posição hierárquica na empresa, é subordinado a ordens de serviço emanadas de superiores hierárquicos".

A teoria clássica prega que o diretor de S/A contratado fora do quadro da empresa não pode ser empregado, pois as funções para as quais foi contratado são incompatíveis com as funções de empregado. A teoria moderna, por sua vez, coloca que o diretor recrutado externamente é empregado, pois ele está subordinado ao Conselho de Administração.

Em relação ao empregado eleito diretor, diz a Súmula n. 269 do TST: *"DIRETOR ELEITO. CÔMPUTO DO PERÍODO COMO TEMPO DE SERVIÇO (mantida) — Res. n. 121, DJ 19, 20 e 21.11.2003. O empregado eleito para ocupar cargo de diretor tem o respectivo contrato de trabalho suspenso, não se computando o tempo de serviço desse período, salvo se permanecer a subordinação jurídica inerente à relação de emprego".*

> SÓCIO-EMPREGADO — a princípio há uma incompatibilidade entre a figura do sócio e a figura do empregado, admitindo-se o reconhecimento da concomitância entre as espécies em caso de fraude, na forma do art. 9º da CLT.

7.9. Motorista profissional

A Lei n. 12.619/12 regulamentou a profissão de motorista, acrescentando à CLT os arts. 235-A a 235-H, e tratou de alguns assuntos importantes, como jornada de trabalho, períodos de repouso e garantias salariais.

O art. 235-B estabelece serem deveres do motorista profissional: (i) estar atento às condições de segurança do veículo; (ii) conduzir o veículo com perícia, prudência, zelo e com observância aos princípios de direção defensiva; (iii) respeitar a legislação de trânsito e, em especial, as normas relativas ao tempo de direção e de descanso; (iv) zelar pela carga transportada e pelo veículo; (v) colocar-se à disposição dos órgãos públicos de fiscalização na via pública; (vi) submeter-se a teste e a programa de controle de uso de droga e de bebida alcoólica, instituído pelo empregador, com ampla ciência do empregado.

Note-se que a lei efetivou o direito de o empregador realizar testes de dosagem alcoólica nos trabalhadores, bem como de uso de substâncias entorpecentes, o que era bastante controvertido na doutrina e na jurisprudência. O parágrafo único do art. 235-B, inclusive, considera infração disciplinar quando o empregado, sem justo motivo, recusa-se a realizar os mencionados testes.

O art. 235-C adota para os motoristas profissionais a jornada máxima constitucional de trabalho, facultando, entretanto, a adoção de jornadas menores por instrumentos coletivos. Adota, ainda, de maneira expressa, a *teoria do tempo à disposição do empregador* (§ 2º), nos mesmos moldes do art. 4º da CLT.

A jornada normal de trabalho do motorista profissional poderá ser acrescida de até 2 horas diárias (art. 235-C, § 1º), devendo ser pagas com acréscimo de adicional de horas extras (§ 4º), ou compensadas, desde que tal condição esteja prevista em instrumento coletivo (§ 6º).

O art. 235-C, § 3º, assegura ao motorista profissional intervalo intrajornada mínimo de 1 hora, além de dois intervalos interjornadas: 11 horas a cada 24 horas consecutivas de trabalho, e 35 horas consecutivas por semana.

O art. 235-C, § 5º, garante ao motorista profissional o recebimento de adicional noturno nos termos do art. 73 da CLT, de maneira que as horas por ele trabalhadas entre as 22:00 horas de um dia e as 5:00 horas do dia seguinte serão adicionadas de 20% sobre o valor da hora normal.

O art. 235-C, § 8º, cria jornada especial chamada de tempo de espera, referente aos períodos em que o motorista permanece aguardando para carga e descarga do veículo ou para fiscalização da mercadoria, afirmando, contudo, que tal período *não será considerado como extraordinário*, ainda que ultrapasse a jornada normal de trabalho.

O § 9º, entretanto, determina a indenização do período de espera ao trabalhador, pagas tais horas acrescidas de 30% sobre o valor da hora normal de trabalho. *Duvidosa a constitucionalidade do dispositivo*. Primeiramente porque todo período de trabalho que ultrapasse a jornada normal é extraordinário, independentemente do *nomen juris* que receba da lei. Segundo, porque o art. 7º, inc. XVI, da CF exige adicional mínimo de 50% para jornada extraordinária, a qual foi "mascarada" sob o título de tempo de espera e mereceu adicional de 30%, contrariando claramente o Texto Constitucional[12].

Considera-se, ainda, tempo de espera se o motorista ficar com o veículo parado, fora da base, por tempo superior à jornada de trabalho e o empregador exigir que ele permaneça junto ao veículo (art. 235-E, § 4º), além dos períodos em que ele permanecer parado em operações de carga e descarga ou em fiscalizações fiscais ou aduaneiras, e tal período ultrapassar a jornada normal de trabalho (art. 235-E, § 5º).

O art. 235-D traz o conceito de *viagens de longa distância*, considerando-se assim aquelas em que o motorista permaneça fora da base do empregador e de sua residência por mais de 24 horas consecutivas. Nesse tipo de viagem, a lei assegura ao trabalhador alguns direitos:

(a) intervalo mínimo de 30 minutos para descanso a cada 4 horas de tempo ininterrupto de direção, podendo ser fracionados o tempo de direção e o de intervalo de descanso, desde que não completadas as 4 horas ininterruptas de direção;

(b) intervalo mínimo de 1 hora para refeição, podendo coincidir ou não com o intervalo de descanso do item anterior;

(c) repouso diário do motorista obrigatoriamente com o veículo estacionado, podendo ser feito em cabine leito do veículo ou em alojamento do empregador, do contratante do transporte, do embarcador ou do destinatário ou em hotel, ressalvada a hipótese da direção em dupla de motoristas prevista no § 6º do art. 235-E.

Nas viagens com duração superior a uma semana, o descanso semanal será de 36 horas por semana trabalhada ou fração semanal trabalhada, e seu gozo ocorrerá no retorno do motorista à base (matriz ou filial) ou em seu domicílio, salvo se a empresa oferecer condições adequadas para o efetivo gozo do referido descanso (art. 235-E, § 1º).

Outro instituto de duvidosa constitucionalidade é o chamado <u>tempo de reserva</u>, trazido pelo art. 235-E, § 6º. Trata-se da hipótese em que o empregador opta pelo revezamento de motoristas e, enquanto um trabalha, o outro repousa no veículo em movimento. Tal período de repouso é considerado tempo de reserva e será remunerado à razão de 30% do valor da hora normal de trabalho.

É proibida a remuneração do motorista em função da distância percorrida, do tempo de viagem e/ou da natureza e quantidade de produtos transportados, inclusive mediante oferta de comissão ou qualquer outro tipo de vantagem, se essa remuneração ou comissionamento comprometer a segurança rodoviária ou da coletividade ou possibilitar violação das normas da presente legislação (art. 235-G).

---

(12) "Não resta dúvida de que a lei trata, *de fato*, de hora extra, muito embora a lei tenha criado subterfúgios para não considerar como tal, procurando fugir à inconstitucionalidade, por pagar um percentual inferior aos 50% da Carta maior" (ALEMÃO, 2012:537).

CAPÍTULO 8

EMPREGADOR

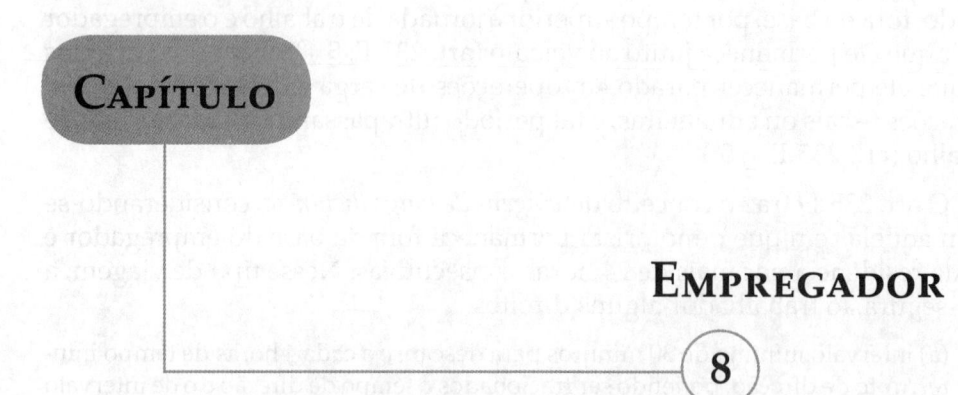

8.1. Conceito

Mauricio Godinho Delgado (2007:391) conceitua empregador como "a pessoa física, jurídica ou ente despersonificado que contrata uma pessoa física para a prestação de seus serviços, efetuados com personalidade, onerosidade, não eventualidade e sob sua subordinação".

O art. 2º da CLT considera empregador como "a empresa, individual ou coletiva, que, assumindo os riscos da atividade econômica, admite, assalaria e dirige a prestação pessoal dos serviços".

A primeira observação cabível é a errônea utilização, pela CLT, da palavra empresa, quando, na verdade, deveria ter se referido à pessoa física ou jurídica, haja vista que a empresa não possui personalidade jurídica própria, não podendo, portanto, ser empregadora.

EMPRESA — é a unidade econômica de produção, tendo natureza jurídica de organização do trabalho para produzir riqueza e colocá-la em circulação.

ESTABELECIMENTO — é a unidade técnica de produção; é o complexo de bens corpóreos ou incorpóreos que o constituem em uma universalidade.

Há que se observar também que, de acordo com o § 1º do art. 2º da CLT, não só as "empresas" são empregadoras, pois, conforme o texto consolidado, podem ser titulares de relação de emprego os profissionais liberais, as instituições de beneficência, as associações recreativas e outras instituições sem fins lucrativos.

8.2. Características

8.2.1. Despersonalização

Contrariamente à definição de empregado, que deve prestar os serviços de forma pessoal, uma das características do empregador é a despersonalização. Assim, o empregado não está vinculado à pessoa física do empregador, de maneira que qualquer alteração subjetiva na relação empregatícia não prejudica o contrato de trabalho do empregado, conforme arts. 10 e 448 da CLT.

8.2.2. Assunção dos riscos

Mauricio Godinho Delgado (2007:395) leciona que "a característica da assunção dos riscos do empreendimento ou do trabalho consiste na circunstância de impor a ordem justrabalhista à exclusiva responsabilidade do empregador, em contraponto aos interesses do obreiro oriundos do contrato pactuado, os ônus decorrentes de sua atividade empresarial ou até mesmo do contrato empregatício celebrado. Por tal característica, em suma, o empregador assume os riscos da empresa, do estabelecimento e do próprio contrato de trabalho e sua execução".

A presente característica é também conhecida por alteridade, expressão que sugere que o contrato de trabalho transfere a apenas uma das partes todos os riscos a ele inerentes e sobre ele incidentes (DELGADO, 2007:395).

8.3. Grupo econômico ou de empresas

Diz o art. 2º, § 2º, da CLT: "sempre que uma ou mais empresas, tendo, embora, cada uma delas, personalidade jurídica própria, estiverem sob a direção, controle ou administração de outra, constituindo grupo industrial, comercial ou de qualquer outra atividade econômica, serão, para os efeitos da relação de emprego, solidariamente responsáveis a empresa principal e cada uma das subordinadas".

Mauricio Godinho Delgado (2007:399) escreve que grupo econômico se define como "a figura resultante da vinculação justrabalhista que se forma entre dois ou mais entes favorecidos direta ou indiretamente pelo mesmo contrato de trabalho, em decorrência de existir entre esses entes laços de direção ou coordenação em face de atividades industriais, comerciais, financeiras, agroindustriais ou de qualquer outra natureza econômica"[13].

Amauri Mascaro Nascimento (*Iniciação ao direito do trabalho*, 2007b:221) coloca que para a existência do grupo econômico não há necessidade de relação de dominação entre a empresa principal (*holding*) e as empresas subordinadas, bastando apenas uma relação de coordenação entre as empresas.

OBS.: o simples fato de as empresas possuírem sócios comuns não caracteriza o grupo econômico[14].

Existem indícios que demonstram a existência do grupo de empresas, por exemplo, mesmo endereço, mesma sede administrativa, direção comum, contrato comercial de distribuição ou representação comercial com exclusividade (exceto se a distribuidora ou a representante possuir total autonomia administrativa)[15].

---

(13) GRUPO ECONÔMICO. RESPONSABILIDADE SOLIDÁRIA. Consoante as disposições do § 2º do art. 2º da CLT, restando comprovado que as empresas integram o mesmo grupo econômico, são elas responsáveis solidárias pelo adimplemento dos créditos trabalhistas. Não é necessário que as executadas integrem o polo passivo desde a fase de conhecimento, podendo a solidariedade ser reconhecida na fase de execução (TRT15 — Decisão n. 086973/2012-PATR — Agravo de Petição — Relator(a): Luiz Roberto Nunes).
(14) **Existência de sócios comuns. Grupo Econômico. Não caracterização. Ausência de subordinação.** O simples fato de duas empresas terem sócios em comum não autoriza o reconhecimento do grupo econômico, pois este, nos termos do art. 2º, § 2º, da CLT, pressupõe subordinação à mesma direção, controle ou administração, ou seja, exige uma relação de dominação interempresarial em que o controle central é exercido por uma delas (teoria hierárquica ou vertical). Na hipótese, ressaltou-se que não obstante as empresas em questão terem os mesmos sócios, uma delas é voltada para o mercado imobiliário, enquanto a outra atua no ramo de segurança e transporte de valores, bem como importação e exportação de equipamentos eletrônicos, não guardando, portanto, qualquer relação entre os respectivos objetos comerciais a indicar laços de direção entre elas. Com esse entendimento, a SBDI-I, em sua composição plena, por maioria, conheceu dos embargos interpostos pela reclamante, por divergência jurisprudencial, vencidos os Ministros Horácio Raymundo de Senna Pires, relator, Antonio José de Barros Levenhagen, Brito Pereira e Aloysio Corrêa da Veiga, que não conheciam do apelo. No mérito, também por maioria, a Subseção negou provimento ao recurso, vencidos os Ministros Lelio Bentes Corrêa, Augusto César Leite de Carvalho, José Roberto Freire Pimenta e Hugo Carlos Scheuermann, que davam provimento aos embargos para restabelecer a decisão proferida pelo TRT que, adotando a teoria horizontal ou da coordenação, entendeu configurado o grupo econômico porque existente nexo relacional entre as empresas envolvidas, pois além de terem sócios em comum, restou demonstrado que houve aporte financeiro dos sócios de uma empresa na outra. TST-E-ED-RR-214940-39.2006.5.02.0472, SBDI-I, rel. Min. Horácio Raymundo de Senna Pires 22.5.2014 (Informativo n. 83 do TST).
(15) GRUPO ECONÔMICO. ELEMENTOS CARACTERIZADORES. PRESENÇA. RECONHECIMENTO. Doutrina e jurisprudência, ao longo do tempo, posicionaram-se com certas reservas quanto ao conceito do que seja um grupo econômico. No entanto, existe certa convergência em sustentar que, frente ao caso concreto, a transparência de uma unidade de comando empresarial, sustentada por uma

Cumpre ainda ressaltar que trabalhadores que prestam serviços para empresas diferentes, mas pertencentes ao mesmo grupo econômico, não possuem mais de um contrato de trabalho, aplicando-se o entendimento exposto na Súmula n. 129 do TST: *"A prestação de serviços a mais de uma empresa do mesmo grupo econômico, durante a mesma jornada de trabalho, não caracteriza a coexistência de mais de um contrato de trabalho, salvo ajuste em contrário".*

CONTRATO DE FRANQUIA — a existência de contrato de franquia regular não caracteriza o grupo de empresas, salvo se a franqueadora interferir na administração da franqueada:

CONTRATO DE FRANQUIA — DESVIRTUAMENTO — GRUPO ECONÔMICO — ELEMENTOS CARACTERIZADORES — RECONHECIMENTO. O contrato de franquia ou *franchising* permite ao franqueador (*franchissor*) conceder ao franqueado (*franchisee*) os direitos de exploração de uma marca ou produto. Em decorrência desse negócio jurídico, normalmente franqueador e franqueado aproximam-se para o cumprimento do objeto desse contrato, mas deve subsistir incólume a independência do franqueado. Não pode a empresa franqueada tornar-se mera sucursal do franqueador. Apesar de usar a marca ou produto do franqueador, o franqueado deve conservar sua autonomia como pessoa jurídica, conservando sua independência jurídica e financeira em face do franqueador. Havendo ingerência ampla da recorrente na atividade da primeira reclamada, fartamente demonstrada pela prova oral e documental, desvirtuado foi o contrato de franquia, que teve existência meramente formal, havendo subsunção à regra do art. 2º, § 2º, da CLT: "Sempre que uma ou mais empresas, tendo, embora, cada uma delas, personalidade jurídica própria, estiverem sob a direção, controle ou administração de outra, constituindo grupo industrial, comercial ou de qualquer outra atividade econômica, serão, para os efeitos da relação de emprego, solidariamente responsáveis a empresa principal e cada uma das subordinadas". Responsabilidade solidária da recorrente mantida. (RO-01341-2002-015-15-00-0, 5ª Turma, 10ª Câmara, Rel. João Alberto Alves Machado). Recurso conhecido e desprovido (TRT15 — Decisão n. 030903/2006-PATR — Recurso Ordinário — Relator(a): José Antonio Pancotti).

8.4. Sucessão de empregadores

A sucessão de empregadores é regulada pelos arts. 10 e 448 da CLT. Segundo Mauricio Godinho Delgado (2007:408), consiste "no instituto justrabalhista em virtude do qual se opera, no contexto da transferência da titularidade de

---

centralização e um controle dos seus serviços, recíprocas transferências de empregados, identidade de negociações etc., constituem-se fortes indicativos da presença de um grupo econômico, nos termos do art. 2º, § 2º, da CLT (TRT15 — Decisão n. 074296/2012-PATR — Recurso Ordinário — Relator(a): Luís Carlos Cândido Martins Sotero da Silva).

empresa ou estabelecimento, uma completa transmissão de créditos e assunção de dívidas trabalhistas entre alienante e adquirente envolvidos".

Délio Maranhão (2003:305) ensina que, para a caracterização da sucessão de empregadores, são necessários dois requisitos:

> (a) transferência de unidade econômico-jurídica: para que haja sucessão, o art. 448 da CLT fala em mudança na propriedade da empresa, de maneira que é necessária a transferência da totalidade da unidade econômica ou uma parcela significativa (por exemplo, uma filial). A simples transferência de coisas singulares (por exemplo, máquinas e equipamentos) não caracteriza sucessão.

OBS.: como a CLT não menciona a que título deve se dar a transferência, a jurisprudência tem admitido a sucessão no caso de arrendamento (MARANHÃO, 2003:305; DELGADO, 2007:414)[16].

OBS.: a simples compra do ponto comercial, não havendo continuação da atividade anterior e sem utilização da mão de obra da empresa anterior, não configura a sucessão[17].

> (b) continuidade da prestação laborativa: para que se caracterize a sucessão, o obreiro deve continuar prestando serviços ao novo titular da empresa:

SUCESSÃO DE EMPREGADORES. CARACTERIZAÇÃO. ARTS. 2º, § 2º, 10 E 448 DA CLT. O legislador trabalhista, pelos arts. 2º, § 2º, 10 e 448 da CLT, pretendeu proteger o empregado, tanto quando ocorre a sucessão de empregadores (mudança na propriedade) como quando há modificação na estrutura jurídica da empresa. No primeiro caso, há a típica sucessão de empregadores, ou seja, uma nova pessoa jurídica assume o papel de empregador. No conceito trabalhista, há sucessão quando uma pessoa adquire de outra empresa, estabelecimento ou seção no seu conjunto, ou seja, na sua unidade orgânica, mesmo quando não exista

---

(16) RESPONSABILIDADE SUBSIDIÁRIA. ARRENDAMENTO. SUCESSÃO TRABALHISTA. CONFIGURAÇÃO. O contrato de arrendamento configura típica sucessão trabalhista nos termos dos arts. 10 e 448 da CLT, eis que há, pela empresa arrendatária, total assunção dos ativos da arrendante, devendo, por óbvio, assumir os passivos correlatos, no qual estão inseridas as dívidas trabalhistas, inclusive as anteriores à sucessão. Nesse contexto, ainda que tenha havido a sucessão, as empresas arrendantes devem ser mantidas no polo passivo da ação, como responsáveis subsidiárias, no que se refere às verbas trabalhistas concernentes ao período em que o obreiro para elas trabalhou; a uma porque, no próprio termo de arrendamento, assumem a responsabilidade; a duas porque os arts. 10 e 448 da CLT devem sempre ser interpretados em ordem a maximizar a garantia do recebimento do crédito trabalhista, mercê de sua indiscutível natureza alimentar (art. 100, § 1º, da CF) (TRT15 — Decisão n. 033198/2011-PATR — Recurso Ordinário — Relator(a): Manoel Carlos Toledo Filho).
(17) SUCESSÃO DE EMPRESAS — EMPREGADO COM ESTABILIDADE SINDICAL. Ocorre sucessão trabalhista quando há a continuação do negócio e a manutenção da atividade desenvolvida pela empresa anterior, ainda mais quando confirmado a exploração do mesmo ponto comercial com a transferência de bens e a aquisição do acervo e de matéria-prima pela sucessora. Caracterizada a sucessão de empresas nos moldes previstos nos arts. 10 e 448 da CLT, a rescisão contratual procedida é nula, devendo o recorrido ser reintegrado (TRT15 — Decisão n. 000239/1999 — Recurso Ordinário — Relator(a): Ernesto Buosi Neto).

vínculo jurídico de qualquer espécie entre o sucessor e o sucedido. O princípio da continuidade do contrato de trabalho faz com que o sucessor se sub-rogue nos direitos e obrigações do sucedido, passando a responder pelos encargos trabalhistas dos empregados deste. Ao operar o trespasse do empregador, a empresa sucedida transfere para a sucessora seu patrimônio, nele incluído o fundo de comércio, bem assim os direitos e obrigações até então contraídas. Então, além da cessão de direitos, ocorre a assunção da dívida (cessão do débito) por parte do sucessor (TRT15 — Decisão n. 088690/2012-PATR — Recurso Ordinário — Relator(a): Luís Carlos Cândido Martins Sotero da Silva).

A OJ n. 92 da SDI-1/TST estabelece que, havendo desmembramento de Município, o novo Município criado não é sucessor trabalhista do Município original:

DESMEMBRAMENTO DE MUNICÍPIOS. RESPONSABILIDADE TRABALHISTA (inserida em 30.5.1997). Em caso de criação de novo município, por desmembramento, cada uma das novas entidades responsabiliza-se pelos direitos trabalhistas do empregado no período em que figurarem como real empregador.

Conforme a OJ n. 225 da SDI-1/TST, havendo sucessão entre concessionárias de serviço público, se o contrato de trabalho fora rescindido antes da sucessão, a responsabilidade será apenas do empregador originário; se a rescisão foi posterior à mudança de concessionárias, haverá sucessão trabalhista:

CONTRATO DE CONCESSÃO DE SERVIÇO PÚBLICO. RESPONSABILIDADE TRABALHISTA (nova redação) — DJ 20.4.2005. Celebrado contrato de concessão de serviço público em que uma empresa (primeira concessionária) outorga a outra (segunda concessionária), no todo ou em parte, mediante arrendamento, ou qualquer outra forma contratual, a título transitório, bens de sua propriedade:

I — em caso de rescisão do contrato de trabalho após a entrada em vigor da concessão, a segunda concessionária, na condição de sucessora, responde pelos direitos decorrentes do contrato de trabalho, sem prejuízo da responsabilidade subsidiária da primeira concessionária pelos débitos trabalhistas contraídos até a concessão;

II — no tocante ao contrato de trabalho extinto antes da vigência da concessão, a responsabilidade pelos direitos dos trabalhadores será exclusivamente da antecessora.

A Lei n. 8.897/95 estabelece que o Poder Público concedente pode intervir na concessionária para fazer cumprir as cláusulas do contrato, podendo ocorrer a extinção da concessão. O TRT da 15ª Região tem entendido que a administração pública é sucessora em caso de extinção da concessão:

RESPONSABILIDADE. ENTE PÚBLICO. CONTRATO DE CONCESSÃO DE SERVIÇOS PÚBLICOS. EXISTÊNCIA. SUBSIDIARIEDADE. Contrato de concessão, espécie de contrato administrativo que é, não tem o condão de livrar o poder concedente das obrigações perante o credor trabalhista. A questão da responsabilidade, subsidiária na espécie, do Poder concedente, no que diz respeito às verbas trabalhistas, há que ser encarada, tanto sob o aspecto jurídico, quanto social, sem retirar do trabalhador a proteção dispensada pelos princípios que regem o Direito do Trabalho. Cabendo ao ente público zelar pela observância de todos os termos do contrato de prestação de serviços, mediante concessão, e seu regular desenvolvimento, sendo-lhe permitido, para tanto, exercer ampla fiscalização nos documentos e atividades do concessionário, até para fixação da justa retribuição, podendo mesmo ter reconhecida sua responsabilidade subsidiária junto a terceiros, em razão dos serviços prestados, não se compreende que não lhe caiba responsabilidade pelos créditos trabalhistas, mesmo porque, para fixação da justa retribuição, há de se passar pelo correto cumprimento das obrigações trabalhistas, do contrário, haveria um injusto e ilegal acréscimo na retribuição ao concessionário que, então, não mais seria justa, mas abusiva e falsa; diga-se mais, já que, ainda que via concessão, trata-se de serviço cuja execução compete ao ente público, o que, por si só, já faz se lobrigue sua responsabilidade e como acréscimo, de notar que agride ao direito e à justiça possa ser o ente público responsabilizado perante terceiros, em razão da concessão, mas não possa sê-lo em função do desrespeito por parte do concessionário dos direitos trabalhistas de seus empregados. (TRT15 — Decisão n. 060397/2009-PATR — Recurso Ordinário. Relator(a): Francisco Alberto da Motta Peixoto Giordani)

A OJ n. 261 da SDI-1/TST refere-se à hipótese de banco que compra ativos ou agências de outro banco ser sucessor para todos os efeitos:

BANCOS. SUCESSÃO TRABALHISTA (inserida em 27.9.2002). As obrigações trabalhistas, inclusive as contraídas à época em que os empregados trabalhavam para o banco sucedido, são de responsabilidade do sucessor, uma vez que a este foram transferidos os ativos, as agências, os direitos e deveres contratuais, caracterizando típica sucessão trabalhista.

Recuperação judicial — o art. 60 da Lei de Falência (Lei n. 11.101/05) diz que, havendo alienação de parte do estabelecimento, o arrematante não será sucessor, e o art. 141, § 2º, possibilita ao arrematante a contratação de empregados da arrematada, sem que haja sucessão.

Recuperação extrajudicial — o art. 161, § 1º, da Lei de Falência exclui da recuperação extrajudicial os créditos de natureza trabalhista.

8.5. Consórcio de empregadores

A Lei n. 10.256/01, alterando a lei previdenciária, criou o chamado consórcio de empregadores, que é a união de pessoas físicas, produtores rurais, que se unem para a contratação de empregados.

A Lei n. 8.212/91, no art. 25-A, exige que o consórcio seja constituído somente por pessoas físicas, e que seja regularizado junto ao INCRA e registrado em cartório.

Art. 25-A. Equipara-se ao empregador rural pessoa física o consórcio simplificado de produtores rurais, formado pela união de produtores rurais pessoas físicas, que outorgar a um deles poderes para contratar, gerir e demitir trabalhadores para prestação de serviços, exclusivamente, aos seus integrantes, mediante documento registrado em cartório de títulos e documentos. (Incluído pela Lei n. 10.256, de 2001)

§ 1º O documento de que trata o *caput* deverá conter a identificação de cada produtor, seu endereço pessoal e o de sua propriedade rural, bem como o respectivo registro no Instituto Nacional de Colonização e Reforma Agrária — INCRA ou informações relativas a parceria, arrendamento ou equivalente e a matrícula no Instituto Nacional do Seguro Social — INSS de cada um dos produtores rurais. (Incluído pela Lei n. 10.256, de 2001)

§ 2º O consórcio deverá ser matriculado no INSS em nome do empregador a quem hajam sido outorgados os poderes, na forma do regulamento. (Incluído pela Lei n. 10.256, de 2001)

§ 3º Os produtores rurais integrantes do consórcio de que trata o *caput* serão responsáveis solidários em relação às obrigações previdenciárias. (Incluído pela Lei n. 10.256, de 2001)

O § 3º do art. 25-A prevê responsabilidade solidária dos membros do consórcio pelas obrigações previdenciárias. A doutrina tem aplicado a solidariedade passiva do consórcio em relação aos direitos trabalhistas[18].

A doutrina afirma ser possível a aplicação do consórcio na área urbana, por exemplo, em relação ao vigia noturno que toma conta das casas de uma rua.

8.6. Poderes do empregador

(a) Poder de organização: o regulamento de empresa é o instrumento hábil a exteriorizar o poder de organização do empregador. Cabe ressaltar que o

---

(18) CONSÓRCIO DE EMPREGADORES RURAIS — SOLIDARIEDADE. A solidariedade derivada dos débitos contraídos no contrato de trabalho gerido frente a um consórcio de empregadores deriva da vontade das partes. Exegese do art. 265 do Código Civil. Não compete ao reclamante, homem rude, do campo, individualizar um a um a quem empregou sua força de trabalho, em datas e períodos delimitados. A própria feição do condomínio formado inibe essa percepção. A instituição legal do condomínio de empregadores veio a lume não só pela preocupação governamental de evitar evasão fiscal, mas também com intuito de tornar a atividade rural mais produtiva e lucrativa. Ora, o outro lado da moeda deve igualmente ser privilegiado, com segurança jurídica de que sua força de trabalho será pronta e oportunamente recompensada. Recurso do obreiro ao qual se dá provimento (TRT15 — Decisão n. 012305/2011-PATR — Recurso Ordinário — Relator(a): Ana Maria de Vasconcellos).

empregado não está obrigado a cumprir ordens que escapem às funções para as quais foi contratado ou que sejam ilícitas.

(b) Poder de controle: é o direito dado ao empregador de fiscalizar a prestação dos serviços. O poder de controle tem seus limites demarcados pelo princípio da dignidade da pessoa humana, por exemplo, revistas pessoais, câmeras em locais inconvenientes (banheiros, vestiários etc.), uso da internet, sem ciência do empregado[19].

Cabe uma observação em relação à revista de trabalhadores, assunto extremamente controverso na doutrina e na jurisprudência. A revista íntima é expressamente vedada pelo art. 373-A, inc. VI, da CLT. Entretanto, a revista em pertences pessoais tem sido admitida, desde que feita seguindo critérios de razoabilidade e respeito à dignidade do trabalhador:

> Revista íntima. Cláusula que autoriza a inspeção pessoal que não acarrete toque em qualquer parte do corpo do empregado ou retirada de sua vestimenta e proíbe a instalação de câmeras de vídeo nos banheiros e vestiários. Validade. É válida a cláusula de instrumento normativo que autoriza a revista íntima dos trabalhadores desde que não haja toque em qualquer parte do corpo ou retirada de vestimentas, bem como proíbe a instalação de câmeras de vídeo nos banheiros e também nos vestiários. Na espécie, consignou-se que a fixação de critérios à realização da revista pessoal são providências que não extrapolam o alcance conferido ao poder fiscalizador da empresa, razão pela qual a cláusula não pode ser considerada uma atitude exacerbada e invasiva da intimidade e privacidade dos empregados. Com esses fundamentos, a SDC, por maioria, deu provimento parcial ao recurso ordinário para restabelecer a validade da Cláusula 30ª — Da Revista Íntima. Vencido, no tópico, o Ministro Mauricio Godinho Delgado, relator. TST-RO-17500-03.2011.5.17.0000, SDC, rel. Min. Mauricio Godinho Delgado, 17.2.2014 (Informativo n. 72 do TST).

(c) Poder disciplinar: o empregador só pode aplicar punições previstas ou admitidas pela lei, ou seja, advertência (verbal ou escrita), suspensão e justa causa.

---

(19) INDENIZAÇÃO. DANO MORAL. REVISTA ÍNTIMA. VIOLAÇÃO À HONRA E INTIMIDADE DO TRABALHADOR. DEVIDA. Como é cediço, em observância aos princípios constitucionais da livre-iniciativa e concorrência (arts. 1º, inciso IV, e 170, inciso IV, CF), detém o empregador os poderes de dirigir, regulamentar, fiscalizar e disciplinar a prestação de serviços dos seus empregados. Nesse contexto, e tendo em vista a própria proteção constitucional à propriedade (art. 5º, inciso XXII, CF), admite-se a realização de revista no âmbito da empresa, se justificada como o único meio de proteção do patrimônio do empregador e para a segurança dos próprios empregados, e desde que realizada em caráter geral, impessoal, por meio de critérios objetivos, mediante ajuste prévio e com respeito aos direitos da personalidade. No entanto, o poder diretivo do empregador, consubstanciado na possibilidade de se proceder à revista dos empregados, não é absoluto, encontrando limites nos direitos fundamentais da dignidade da pessoa humana e da intimidade. Em assim sendo, a realização de revistas íntimas caracteriza violação à intimidade e à honra do trabalhador, passível, portanto, de reparação moral, pois demonstra abuso no exercício do poder diretivo-fiscalizatório do empregador, em nítida ofensa aos direitos fundamentais da dignidade da pessoa humana (TRT15 — Decisão n. 067568/2011-PATR — Recurso Ordinário — Relator(a): Luís Carlos Cândido Martins Sotero da Silva).

8.7. Cartórios não oficializados

Os cartórios não oficializados são considerados empregadores, na forma da CLT e em conformidade com a Lei n. 8.935/94, a qual regulamentou o art. 236 da CF.

> Art. 20. Os notários e os oficiais de registro poderão, para o desempenho de suas funções, contratar escreventes, dentre eles escolhendo os substitutos, e auxiliares como empregados, com remuneração livremente ajustada e sob o regime da legislação do trabalho.
>
> § 1º Em cada serviço notarial ou de registro haverá tantos substitutos, escreventes e auxiliares quantos forem necessários, a critério de cada notário ou oficial de registro.
>
> § 2º Os notários e os oficiais de registro encaminharão ao juízo competente os nomes dos substitutos.
>
> § 3º Os escreventes poderão praticar somente os atos que o notário ou o oficial de registro autorizar.
>
> § 4º Os substitutos poderão, simultaneamente com o notário ou o oficial de registro, praticar todos os atos que lhe sejam próprios exceto, nos tabelionatos de notas, lavrar testamentos.
>
> § 5º, dentre os substitutos, um deles será designado pelo notário ou oficial de registro para responder pelo respectivo serviço nas ausências e nos impedimentos do titular.
>
> Art. 21. O gerenciamento administrativo e financeiro dos serviços notariais e de registro é da responsabilidade exclusiva do respectivo titular, inclusive no que diz respeito às despesas de custeio, investimento e pessoal, cabendo-lhe estabelecer normas, condições e obrigações relativas à atribuição de funções e de remuneração de seus prepostos de modo a obter a melhor qualidade na prestação dos serviços.

Os notários e registradores serão efetivados após concurso público, conforme art. 236 da CF. Serão celetistas os escreventes e auxiliares. Os escreventes contratados antes de 1994 devem optar pelo regime especial anterior ou pela CLT, não sendo compatíveis os dois regimes.

O STJ entende não haver sucessão entre notários, mas a Justiça do Trabalho entende de maneira diversa:

> SUCESSÃO TRABALHISTA. CARTÓRIO EXTRAJUDICIAL. TRANSFERÊNCIA DE TITULARIDADE. A alteração da titularidade do serviço notarial, com a correspondente transferência da unidade econômico-jurídica que integra o estabelecimento, além da continuidade na prestação dos serviços, caracteriza a sucessão de empregadores prevista nos arts. 10 e 448 da CLT. Entendimento consolidado na I-SDI do C. TST. (TRT15 — Decisão n. 012165/2011-PATR — Recurso Ordinário — Relator(a): Luiz Roberto Nunes)

Capítulo

Terceirização Trabalhista

9

9.1. Conceito e elementos

A ideia de terceirização surge no final da década de 1960, durante o grande salto de industrialização no Brasil. Com o aumento da produção, as empresas precisavam de mais empregados, o que aumentava os custos finais de produção. Dessa forma, muitas empresas passaram a terceirizar alguns setores da produção, com a ideia de diminuir os custos.

Mauricio Godinho Delgado (2007:438) escreve, sobre o tema, que "o laconismo de regras legais em torno de tão relevante fenômeno sociojurídico conduziu à prática de intensa atividade interpretativa pela jurisprudência, em sua busca de assimilar a inovação sociotrabalhista ao cenário normativo existente no país".

Na década de 1980, o TST editou a Súmula n. 256 na tentativa de regular a questão da terceirização:

CONTRATO DE PRESTAÇÃO DE SERVIÇOS. LEGALIDADE (cancelada) — Res. n. 121, DJ 19, 20 e 21.11.2003. Salvo os casos de trabalho temporário e de serviço de vigilância, previstos nas Leis ns. 6.019, de 3.1.1974, e 7.102, de 20.6.1983, é ilegal a contratação de trabalhadores por empresa interposta, formando-se o vínculo empregatício diretamente com o tomador dos serviços.

Em 1994, o TST editou a Súmula n. 331, a qual tratou da questão da terceirização de maneira mais ampla do que a Súmula n. 256, esta que foi cancelada em 2003. A Súmula n. 331 foi revista pela Resolução/TST n. 174/11, apresentando-se com a seguinte redação:

CONTRATO DE PRESTAÇÃO DE SERVIÇOS. LEGALIDADE (nova redação do item IV e inseridos os itens V e VI à redação) — Res. n. 174, DEJT divulgado em 27, 30 e 31.5.2011.

I — A contratação de trabalhadores por empresa interposta é ilegal, formando-se o vínculo diretamente com o tomador dos serviços, salvo no caso de trabalho temporário (Lei n. 6.019, de 3.1.1974).

II — A contratação irregular de trabalhador, mediante empresa interposta, não gera vínculo de emprego com os órgãos da Administração Pública direta, indireta ou fundacional (art. 37, II, da CF/1988).

III — Não forma vínculo de emprego com o tomador a contratação de serviços de vigilância (Lei n. 7.102, de 20.06.1983) e de conservação e limpeza, bem como a de serviços especializados ligados à atividade-meio do tomador, desde que inexistente a pessoalidade e a subordinação direta.

IV — O inadimplemento das obrigações trabalhistas, por parte do empregador, implica a responsabilidade subsidiária do tomador dos serviços quanto àquelas obrigações, desde que haja participado da relação processual e conste também do título executivo judicial.

V — Os entes integrantes da Administração Pública direta e indireta respondem subsidiariamente, nas mesmas condições do item IV, caso evidenciada a sua conduta culposa no cumprimento das obrigações da Lei n. 8.666, de 21.6.1993, especialmente na fiscalização do cumprimento das obrigações contratuais e legais da prestadora de serviço como empregadora. A aludida responsabilidade não decorre de mero inadimplemento das obrigações trabalhistas assumidas pela empresa regularmente contratada.

VI — A responsabilidade subsidiária do tomador de serviços abrange todas as verbas decorrentes da condenação referentes ao período da prestação laboral.

Passemos à análise detalhada da redação da Súmula n. 331 do TST.

(a) A contratação de trabalhadores por empresa interposta é ilegal, formando-se o vínculo diretamente com o tomador dos serviços, salvo no caso de trabalho temporário (Lei n. 6.019, de 3.1.1974).

Empresa interposta, para fins trabalhistas, é aquela que intermedeia a contratação de mão de obra, ou seja, tem como produto a ser oferecido no mercado o trabalho humano. O ordenamento jurídico brasileiro não admite que o ser humano seja tratado como mercadoria, de maneira que o inciso I da Súmula n. 331, de plano, abomina a intermediação de mão de obra.

A regra, no entanto, não é absoluta, comportando apenas duas exceções: o <u>trabalho avulso</u>, cuja intermediação é feito pelo sindicato ou pelo órgão gestor de mão de obra, e o trabalho temporário, regulado pela Lei n. 6.019/74, intermediado pelas empresas de trabalho temporário[20].

Dessa forma, excetuados os casos acima mencionados, a contratação de trabalhadores por intermediários gera o reconhecimento do vínculo empregatício diretamente com o tomador dos serviços, ou seja, o contratante, de maneira que o intermediário é excluído da relação jurídica que se forma[21].

Não há, portanto, relação de subsidiariedade ou de solidariedade relativa ao intermediário: ele é afastado da relação jurídico-trabalhista, restando apenas o trabalhador e o tomador de serviços, que passa a ser o empregador, na forma do art. 2º da CLT.

(b) A contratação irregular de trabalhador, mediante empresa interposta, não gera vínculo de emprego com os órgãos da Administração Pública direta, indireta ou fundacional (art. 37, II, da CF/88).

O inciso II da Súmula n. 331 é uma resposta à previsão constitucional da necessidade de concurso público de provas ou de provas e títulos para ingresso no serviço público federal, estadual ou municipal. Ninguém será admitido no serviço público sem a realização do devido concurso público, salvo hipóteses excepcionais previstas na própria CF.

É o que reza o art. 37, inc. II, da CF: "*A investidura em cargo ou emprego público depende de aprovação prévia em concurso público de provas ou de provas e títulos, de acordo com a natureza e a complexidade do cargo ou emprego, na forma pre-*

---

(20) TRABALHADOR AVULSO. PEDIDO DE RECONHECIMENTO DE VÍNCULO EMPREGATÍCIO E RESPONSABILIDADE DA TOMADORA DE SERVIÇOS. SUPOSTA IRREGULARIDADE NA CONTRATAÇÃO. INTERMEDIAÇÃO DE MÃO DE OBRA PELO SINDICATO. INOCORRÊNCIA DE FRAUDE. São características peculiares do trabalhador avulso: a) a liberdade na prestação de serviços, pois não tem vínculo nem com o sindicato, tampouco com as empresas tomadoras de serviço; b) a possibilidade da prestação de serviços a mais de uma empresa; c) o órgão sindical é que faz a intermediação da mão de obra, colocando os trabalhadores onde é necessário o serviço, cobrando posteriormente um valor pelos serviços prestados, já incluindo os direitos trabalhistas e os encargos previdenciários e fiscais, e fazendo o rateio entre as pessoas que participam da prestação de serviços; d) o curto período de tempo em que o serviço é prestado ao beneficiário. Além disso, no caso dos autos, após uma acurada análise da prova produzida, infere-se que a reclamante não comprovou, com a robustez necessária, a existência dos requisitos cumulativos exigidos pelo art. 3º da CLT, para a caracterização do vínculo de emprego. Não constatado, ainda, qualquer indício de fraude na contratação intermediada pelo Sindicato, com consequente prestação dos serviços em favor da 2ª reclamada. Por tais fundamentos, impera negar provimento ao apelo obreiro, para manter a r. sentença de Origem.
(21) INTERMEDIAÇÃO DE MÃO DE OBRA VIA COOPERATIVA DE TRABALHO — ATIVIDADE FIM DA EMPRESA — FRAUDE (CLT, art. 9º) — VÍNCULO DIRETO COM O TOMADOR (Súmula n. 331, I, do TST) — VIABILIDADE. A contratação de pessoal por meio de cooperativa de mão de obra afigura-se fraudulenta, mormente quando o prestador de trabalho se insere na estrutura da empresa, subordinando-se diretamente à sua administração e seus serviços que se destinam ao atendimento da atividade-fim do empreendimento empresarial (TRT15 — Decisão n. 027857/2010-PATR — Recurso Ordinário — Relator(a): José Antonio Pancotti).

vista em lei, ressalvadas as nomeações para cargo em comissão declarado em lei de livre nomeação e exoneração (Redação dada pela Emenda Constitucional n. 19, de 1998)".

Dessa forma, ainda que se verifique a ocorrência de intermediação ilegal de mão de obra, fica o Poder Judiciário impedido de aplicar a regra prevista no inciso I da Súmula n. 331 que impõe o reconhecimento do vínculo empregatício diretamente com o tomador dos serviços[22].

(c) Não forma vínculo de emprego com o tomador a contratação de serviços de vigilância (Lei n. 7.102, de 20.6.1983) e de conservação e limpeza, bem como a de serviços especializados ligados à atividade-meio do tomador, desde que inexistente a pessoalidade e a subordinação direta.

A Súmula n. 331 tratou de regulamentar quais seriam as hipóteses lícitas de terceirização: vigilância, conservação e limpeza e serviços ligados à atividade meio do tomador.

Sendo lícita a terceirização, surge uma relação triangular entre empresa contratante, empresa contratada e prestador de serviços.

O prestador de serviços mantém com a empresa prestadora de serviços terceirizados vínculo de natureza jurídica empregatícia, na forma do art. 3º da CLT. Já o vínculo do prestador com a empresa contratante do trabalho terceirizado é de trabalho *lato sensu*, na forma do inc. III da Súmula n. 331. Por fim, o vínculo entre as empresas envolvidas é contratual, ou seja, civil, escapando à competência do Direito do Trabalho.

Cabem dois comentários importantes nessa oportunidade. Primeiramente, há que se entender o sentido da expressão atividade-meio, o qual não é bem definido pela Súmula n. 331.

Sobre o tema, Ricardo Resende (2011:213-214) escreve que "a tendência é considerar como atividade-fim aquela ligada indissociavelmente ao objeto social da empresa, ou seja, aquela sem a qual a empresa não realiza seu objetivo, sua atividade principal", enquanto que atividade-meio "seria aquela atividade de apoio, importante, mas não essencial para a consecução dos fins do empreendimento".

Assim, podem ser terceirizados apenas serviços que não componham o núcleo de atividades descritas no objeto social da empresa, pois, caso isso

---

(22) TERCEIRIZAÇÃO. VÍNCULO EMPREGATÍCIO COM ENTE PÚBLICO MUNICIPAL. INADMISSIBILIDADE. A contratação irregular de trabalhador, através de empresa de prestação de serviços, não gera vínculo de emprego com os Órgãos da Administração Pública Direta, Indireta ou Fundacional, haja vista que a contratação de pessoal por estes exige a prévia aprovação em concurso público, consoante o disposto no art. 37, inciso II, da Constituição Federal, como estabelece o Enunciado n. 363 do C. TST (TRT15 — Decisão n. 002028/2001-SPAJ — Recurso *Ex Officio* e Ordinário — Relator(a): Domingos Spina).

aconteça, a terceirização será ilícita, acarretando o reconhecimento do vínculo empregatício com o tomador dos serviços.

Por outro lado, importante observar que, ainda que as atividades terceirizadas se enquadrem nas hipóteses autorizadas pela Súmula n. 331, não podem estar presentes na relação entre prestador de serviço e tomador os elementos "pessoalidade e subordinação direta", pois tais elementos caracterizam a existência de vínculo empregatício, conforme prevê o art. 3º da CLT.

Presentes os requisitos do art. 3º da CLT, forma-se, invariavelmente, vínculo de emprego entre prestador de serviços e tomador, de maneira que a terceirização se torna ilícita, acarretando fraude a direitos trabalhistas, na forma do art. 9º da CLT.

(d) O inadimplemento das obrigações trabalhistas, por parte do empregador, implica a responsabilidade subsidiária do tomador dos serviços quanto àquelas obrigações, desde que haja participado da relação processual e conste também do título executivo judicial.

Sendo lícita a terceirização não há que se reconhecer o vínculo direto com o tomador dos serviços, como prevê o inc. I da Súmula n. 331. No entanto, caso o empregador não cumpra suas obrigações para com o prestador de serviços, o contratante pode ser responsabilizado, de forma subsidiária, pelas verbas trabalhistas não adimplidas.

Por ser subsidiária a responsabilidade do tomador dos serviços, a Súmula n. 331 exige para a responsabilização dele que "conste também do título executivo judicial". Dessa forma, se o trabalhador pretende que o tomador dos serviços seja responsabilizado pelos haveres trabalhistas não quitados, é preciso reclamar judicialmente em face do empregador e do tomador dos serviços, a fim de que o nome de ambos figure na sentença.

Como a responsabilidade é subsidiária, o tomador não pode ser responsabilizado de maneira isolada, isto é, o prestador não pode ingressar com a reclamação somente em face do tomador, pois a subsidiariedade exige a tentativa de responsabilização do devedor principal em primeiro lugar.

Por outro lado, entendendo o prestador por reclamar somente em face do empregador, não poderá, posteriormente, incluir na execução o devedor subsidiário, tendo em vista que este não figurou no título executivo judicial e, de acordo com o art. 5º, inc. LIV, da CF, "ninguém será privado da liberdade ou de seus bens sem o devido processo legal".

O devido processo legal pressupõe que o executado tenha participado da fase de conhecimento da relação processual e tenha a ele sido garantidos o contraditório e a ampla defesa.

(e) Os entes integrantes da Administração Pública direta e indireta respondem subsidiariamente, nas mesmas condições do item IV, caso evidenciada a sua conduta culposa no cumprimento das obrigações da Lei n. 8.666, de 21.6.1993, especialmente na fiscalização do cumprimento das obrigações contratuais e legais da prestadora de serviço como empregadora. A aludida responsabilidade não decorre de mero inadimplemento das obrigações trabalhistas assumidas pela empresa regularmente contratada.

De acordo com a redação anterior da Súmula n. 331, a Justiça do Trabalho, em qualquer caso, poderia reconhecer a responsabilidade subsidiária da Administração Pública em caso de terceirização lícita cujas verbas trabalhistas não foram pagas ao trabalhador pelo empregador.

IV — O inadimplemento das obrigações trabalhistas, por parte do empregador, implica a responsabilidade subsidiária do tomador dos serviços, quanto àquelas obrigações, inclusive quanto aos órgãos da administração direta, das autarquias, das fundações públicas, das empresas públicas e das sociedades de economia mista, desde que hajam participado da relação processual e constem também do título executivo judicial. (art. 71 da Lei n. 8.666, de 21.6.1993)

A redação da Súmula n. 331, no entanto, conflitava com o texto do art. 71 da Lei n. 8.666/93, o qual isenta a Administração Pública de responsabilidade em caso de não pagamento de verbas trabalhistas por parte de empresas contratadas em regime de licitação.

Art. 71. O contratado é responsável pelos encargos trabalhistas, previdenciários, fiscais e comerciais resultantes da execução do contrato.

§ 1º A inadimplência do contratado, com referência aos encargos trabalhistas, fiscais e comerciais não transfere à Administração Pública a responsabilidade por seu pagamento, nem poderá onerar o objeto do contrato ou restringir a regularização e o uso das obras e edificações, inclusive perante o Registro de Imóveis. (Redação dada pela Lei n. 9.032, de 1995)

A Justiça do Trabalho, independentemente da Lei de Licitações, reconhecia a responsabilidade subsidiária do ente público, sob a alegação de inconstitucionalidade do art. 71 da Lei n. 8.666/93. No entanto, por força da ADC n. 16/07, ajuizada pelo Governador do Distrito Federal, o STF reconheceu a constitucionalidade do art. 71 da Lei de Licitações, o que forçou o TST a rever a redação da Súmula n. 331.

Assim, em 2011, o TST deu nova redação à Súmula n. 331, principalmente no concernente à responsabilidade subsidiária da Administração Pública, de maneira que, pelo novo entendimento, o ente público contratante de serviços terceirizados só pode ser responsabilizado subsidiariamente pelos débitos trabalhistas do contratado se restar provada a *culpa in vigilando*, ou seja, ficar demonstrado nos autos que o órgão público contratante, em momento algum, tomou os cuidados necessários a fim de verificar se o contratado paga seus empregados regularmente e de maneira correta[23].

A Administração Pública só poderá ser responsabilizada, portanto, se for negligente e não fiscalizar as atividades de seus contratados, não sendo mais suficiente o "mero inadimplemento das obrigações trabalhistas" por parte do empregador.

(f) A responsabilidade subsidiária do tomador de serviços abrange todas as verbas decorrentes da condenação referentes ao período da prestação laboral.

Reconhecida a responsabilidade subsidiária do tomador dos serviços, ele será responsabilizado por todas as verbas às quais o devedor principal foi condenado a efetuar o pagamento, independentemente da natureza jurídica da condenação.

Assim, o devedor subsidiário arcará não só com as verbas de natureza salarial, mas também com as de natureza indenizatória, bem como com as punições eventualmente aplicadas ao devedor principal.

9.2. Subempreitada

A subempreitada, prevista no art. 455 da CLT, pode ser considerada uma forma de terceirização, nos moldes da Súmula n. 331 do TST.

---

(23) TERCEIRIZAÇÃO. PESSOA JURÍDICA DE DIREITO PÚBLICO COMO TOMADORA E BENEFICIÁRIA DOS SERVIÇOS PRESTADOS. RESPONSABILIDADE SUBSIDIÁRIA PELAS OBRIGAÇÕES TRABALHISTAS. INTELIGÊNCIA DOS ARTS. 1º E 37 DA CF/88, ARTS. 186 E 187 DO CÓDIGO CIVIL, ARTS. 67 E 71, § 2º, DA LEI N. 8.666/93, SÚMULA N. 331, V E VI DO C. TST E ADC N. 16 DO STF. Nas terceirizações cabe ao tomador e real beneficiário dos serviços prestados exigir, acompanhar e fiscalizar o cumprimento das obrigações trabalhistas pela empregadora contratada, sob pena de ser chamado a responder pelo comportamento omisso por culpa *in vigilando* (arts. 186 e 187 do Código Civil), conforme diretriz da jurisprudência dominante (Súmula n. 331, V, do C. TST). Mesmo em se tratando de pessoa jurídica de direito público deve ser mantido referido entendimento, com supedâneo no art. 37 da CF/88, pois o fato de ter ocorrido um processo de licitação não a desonera do encargo legal de fiscalizar a atuação da contratada. A Lei n. 8.666/93 estabelece normas para licitações e contratos administrativos no âmbito dos poderes da União, Estados e Municípios, que devem ser interpretadas em conformidade com os preceitos constitucionais, notadamente a dignidade da pessoa humana e o valor social do trabalho, instituídos como fundantes da República, de modo que o disposto em seu art. 71 não pode ser utilizado incorretamente como escudo de isenção de responsabilidade pela prática de atos lesivos aos direitos do trabalhador, entendimento que está em consonância com o julgamento proferido pelo E. STF na ADC n. 16. Acrescente-se que cabe ao tomador o ônus de comprovar o cumprimento dos requisitos da Lei n. 8.666/93, não só quanto às questões documentais, mas do fato como um conjunto, pois é a parte que expressamente detém a aptidão para a prova, ou seja, as melhores condições para demonstrar a fiscalização da atuação da empresa quanto ao cumprimento das obrigações legais trabalhistas (carga probatória dinâmica). Ressalte-se que o reconhecimento da subsidiariedade não implica transferência de responsabilidade, em face da necessária observância do benefício de ordem, de sorte que não se restringe apenas aos casos de irregularidade ou fraude na terceirização, abrangendo todas as situações em que o tomador se beneficiou da força de trabalho e deixou de fiscalizar e acompanhar a atuação da contratada (Súmula n. 331, VI, C. TST) (TRT15 — Decisão n. 095331/2012-PATR — Recurso Ordinário — Relator(a): Tereza Aparecida Asta Gemignani).

Art. 455. Nos contratos de subempreitada responderá o subempreiteiro pelas obrigações derivadas do contrato de trabalho que celebrar, cabendo, todavia, aos empregados, o direito de reclamação contra o empreiteiro principal pelo inadimplemento daquelas obrigações por parte do primeiro.

Parágrafo único. Ao empreiteiro principal fica ressalvada, nos termos da lei civil, ação regressiva contra o subempreiteiro e a retenção de importâncias a este devidas, para a garantia das obrigações previstas neste artigo.

Na hipótese da subempreitada, o subempreiteiro responde diretamente pelos haveres trabalhistas de seus empregados e dos demais trabalhadores que contratar, mas o empreiteiro principal pode ser chamado a responder de maneira subsidiária, caso o devedor principal não pague ou não tenha condições de pagar os débitos com os trabalhadores.

Havia dúvida quanto à possibilidade de responsabilização do dono da obra. O TST, por força da OJ n. 191 da SDI-1, consolidou o entendimento que o dono da obra só pode ser responsabilizado subsidiariamente quando se tratar de empresa construtora ou incorporadora, não havendo qualquer espécie de responsabilidade nos demais casos:

CONTRATO DE EMPREITADA. DONO DA OBRA DE CONSTRUÇÃO CIVIL. RESPONSABILIDADE. (nova redação) — Res. n. 175, DEJT divulgado em 27, 30 e 31.5.2011. Diante da inexistência de previsão legal específica, o contrato de empreitada de construção civil entre o dono da obra e o empreiteiro não enseja responsabilidade solidária ou subsidiária nas obrigações trabalhistas contraídas pelo empreiteiro, salvo sendo o dono da obra uma empresa construtora ou incorporadora.

É a visão encontrada na jurisprudência do TRT da 15ª Região:

MUNICÍPIO. DONO DA OBRA. INAPLICABILIDADE DA OJ N. 191 DA SBDI-1 DO C. TST. RESPONSABILIDADE SUBSIDIÁRIA EXISTENTE. Tratando-se de obra de construção de escolas municipais, a Administração Pública não se enquadra como mera dona da obra, eis que a educação é atividade inerente do Município, razão pela qual não se aplica a OJ n. 191 da SBDI-1 do C. TST. Responsabilidade subsidiária mantida. (Decisão n. 096353/2012-PATR — Recurso Ordinário — Relator(a): Ana Paula Pellegrina Lockmann)

CONTRATO DE EMPREITADA. INEXISTÊNCIA DE VÍNCULO EMPREGATÍCIO. Não explorando, o dono da obra, atividade econômica ligada à construção civil, inviável o reconhecimento de vínculo empregatício entre ele e o trabalhador contratado pelo empreiteiro. Inteligência da Orientação Jurisprudencial n. 191 da SBDI-01 do C. TST. (Decisão n. 094972/2012-PATR — Recurso Ordinário — Relator(a): Luiz Roberto Nunes)

A jurisprudência do TST entende que poderá haver responsabilidade <u>solidária</u> do dono da obra em alguns casos, como demonstrado no informativo a seguir:

Informativo TST n. 31 — Dono da obra. Acidente de trabalho. Indenização por danos morais, materiais e estéticos. Pretensão de natureza civil. Orientação Jurisprudencial n. 191 da SBDI-I. Não incidência. Envolvimento na execução dos serviços. Omissão em relação à segurança do ambiente laboral. Culpa comprovada. Responsabilidade solidária. A aplicação da Orientação Jurisprudencial n. 191 da SBDI-I tem sua abrangência restrita às obrigações trabalhistas, não alcançando pleitos de indenização por danos morais, estéticos e materiais decorrentes de acidente de trabalho, na medida em que apresentam natureza civil, oriundos de culpa por ato ilícito (arts. 186 e 927, *caput*, do Código Civil), não constituindo, portanto, verba trabalhista *stricto sensu*. Ainda que assim não fosse, o quadro fático delineado nos autos revelou o envolvimento do dono da obra na execução dos serviços contratados e no desenvolvimento das atividades do reclamante, bem como a culpa pelo acidente que vitimou o trabalhador, ante a comprovada omissão em relação à segurança do ambiente laboral, atraindo, assim, a responsabilidade solidária pelo pagamento das indenizações pleiteadas. Com esse entendimento, a SBDI-I, por maioria, não conheceu dos embargos no tópico. Vencidos os Ministros Ives Gandra Martins Filho, Brito Pereira, Maria Cristina Irigoyen Peduzzi e João Oreste Dalazen. TST-E-RR-9950500-45.2005.5.09.0872, SBDI-I, rel. Min. Augusto César Leite de Carvalho, 22.11.2012.

CAPÍTULO 10

Formação do Contrato de Trabalho

10.1. Conceito e elementos

Mauricio Godinho Delgado (2007:491) conceitua o contrato de trabalho como "o negócio jurídico expresso ou tácito mediante o qual uma pessoa natural obriga-se perante pessoa natural, jurídica ou ente despersonificado a uma prestação pessoal, não eventual, subordinada e onerosa de serviços".

10.1.1. Características

(a) <u>Contrato de direito privado</u>: apesar de algumas controvérsias, é, hoje, nítido o caráter privado do direito do trabalho, tendo em vista a natureza privada das partes envolvidas, como também dos interesses envolvidos.

(b) <u>Contrato sinalagmático</u>: impõe direitos e obrigações para ambas as partes.

(c) <u>Contrato consensual</u>: para a formação do contrato de trabalho, basta o consenso das partes, não sendo necessárias maiores formalidades, a não ser quando a lei expressamente as exigir (por exemplo, atleta profissional de futebol e artista profissional, cujos contratos devem ser, obrigatoriamente, escritos).

(d) <u>Contrato celebrado *intuitu personae*</u>: refere-se ao empregado e sua infungibilidade na relação contratual.

(e) <u>Contrato de trato sucessivo</u>: "as prestações centrais desse contrato (trabalho e verbas salariais) sucedem-se continuadamente no tempo, cumprindo-se e vencendo-se, seguidamente, ao longo do prazo contratual" (DELGADO, 2007:496).

(f) <u>Contrato de atividade</u>: o objeto do pacto é uma obrigação de fazer que se renova no tempo.

(g) <u>Contrato oneroso</u>: cada parte contribui com uma ou mais obrigações economicamente mensuráveis. Segundo Mauricio Godinho Delgado (2007:497) "há troca de sacrifícios e vantagens na dinâmica contratual; há transferência recíproca, ainda que desigual, de riquezas entre as partes contratantes".

(h) <u>Contrato dotado de alteridade</u>: refere-se à característica elencada no art. 2º da CLT, que transfere ao empregador todos os riscos da atividade econômica.

(i) <u>Contrato complexo</u>: com o contrato de trabalho, é possível a realização de contratos acessórios, por exemplo, depósito de instrumento de trabalho, comodato de imóvel residencial etc.

Homero Batista Mateus da Silva (2011:20) destaca, ainda, que o contrato de trabalho tem como característica a *não solenidade*, ou seja, prescinde de maiores formalidades para sua formação. Escreve o autor que "se as partes já se entenderam superficialmente quanto ao salário e quanto à função, normalmente em conjunto com o horário de trabalho, o empregado já pode começar a trabalhar no mesmo dia ou no dia seguinte".

Entretanto, a única formalidade exigida pela CLT é a anotação dos elementos essenciais do contrato de trabalho na CTPS do trabalhador, no prazo de 48 horas após a entrega pelo empregado, na forma do art. 29 da CLT.

10.1.2. Elementos essenciais

10.1.2.1. Capacidade das partes

Para ser empregador a CLT exige a condição de pessoa física capaz, pessoa jurídica regulamente inscrita ou ente despersonificado. Para ser empregado a CLT considera como absolutamente capaz o maior de 18 anos, e relativamente capaz o maior de 16 anos e menor de 18 anos.

Aos menores de 18 anos é expressamente proibido o trabalho noturno, perigoso e insalubre (CF, art. 7º, inc. XXXIII; CLT, arts. 404 e 405).

A reclamação trabalhista do menor de 18 anos será feita por seus representantes legais e, na falta destes, pela Procuradoria do Trabalho (MPT), pelo sindicato, pelo Ministério Público Estadual ou curador nomeado em Juízo (CLT, art. 793).

10.1.2.2. Licitude do objeto

Mauricio Godinho Delgado (2007:503) ensina que se enquadrando "o labor prestado em um tipo legal criminal, rejeita a ordem jurídica trabalhista reconhecimento jurídico à relação socioeconômica formada, negando-lhe, desse modo, qualquer repercussão de caráter trabalhista".

TRABALHO ILÍCITO E TRABALHO PROIBIDO — se o objeto da relação de trabalho contraria a legislação, tem-se o chamado *trabalho ilícito*, o qual não gera nenhum efeito na ordem jurídica, não gerando, portanto, direitos trabalhistas ao empregado; se o objeto da relação de trabalho é lícito, mas a forma de contratação é irregular, surge o nominado *trabalho proibido*, este que gera para o trabalhador todos os efeitos previstos no ordenamento jurídico trabalhista[24].

10.1.2.3. Forma regular ou não proibida

O contrato de trabalho é considerado *não solene*, podendo, pois, ser provado por todos os meios previstos em lei (Súmula n. 212 do TST), exceto

---

(24) TRABALHADORA ADMITIDA COM IDADE INFERIOR À MÍNIMA LEGALMENTE PERMITIDA. DIREITO AO CÔMPUTO, PARA TODOS OS EFEITOS, DO PERÍODO ANTERIOR À MAIORIDADE LABORATIVA. Embora o texto constitucional vede o trabalho de menor de 16 anos (art. 7º, XXXIII), a norma protetiva não pode ser interpretada em detrimento da pessoa protegida. Direito de a autora ver anotada em sua CTPS o contrato desde o seu efetivo início, na medida em que não se confundem trabalho ilícito e trabalho proibido (TRT15 — Decisão n. 029362/2008-PATR — Recurso Ordinário — Relator(a): Vera Teresa Martins Crespo).
JOGO DO BICHO. VÍNCULO DE EMPREGO. Não pode ser considerado empreendimento empresarial lícito, porque contrário ao direito, já que é tipificada como contravenção penal a atividade das pessoas como banqueiros, coletores de apostas ou pagamento de prêmios, dentre outras, relacionadas à conhecida popularmente como "jogo do bicho". Trata-se de trabalho com fins ilícitos, inviabilizando o acolhimento da pretensão de reconhecimento de vínculo empregatício (TRT15 — Decisão n. 016701/2005-PATR — Recurso Ordinário — Relator(a): João Alberto Alves Machado).
CONTRATO DE ESTÁGIO. VÍNCULO DE EMPREGO. IRREGULARIDADE FORMAL. PRINCÍPIO DA PRIMAZIA DA REALIDADE. Se, embora constatada irregularidade formal, ficar efetivamente demonstrado nos autos que o contrato de estágio atingiu o seu objetivo pedagógico de efetiva aprendizagem social, profissional e cultural e que foram respeitados os demais requisitos legais, como a limitação da jornada a 6 horas diárias, sem qualquer indício, ou sequer alegação, de que a contratação tinha como pretexto camuflar efetivo vínculo de emprego, não há como declarar a nulidade do contrato, em atendimento ao Princípio da Primazia da Realidade. Recurso provido no particular (TRT15 — Decisão n. 057096/2012-PATR — Recurso Ordinário — Relator(a): Helcio Dantas Lobo Junior).

quando a própria lei exigir a solenidade, por exemplo, artista profissional e atleta profissional de futebol.

10.1.2.4. Higidez da manifestação de vontade

A manifestação de vontade das partes deve ser livre, sem a ocorrência de erro, dolo, coação, lesão ou estado de perigo.

10.1.3. Elementos naturais

São elementos naturais do contrato de trabalho a função, o salário, o local da prestação dos serviços, a jornada de trabalho e o horário de trabalho.

10.2. Nulidades

As nulidades podem ser:

(a) <u>totais</u>: atingem o contrato em sua totalidade;

(b) <u>parciais</u>: atingem alguns elementos do contrato;

(c) <u>absolutas</u>: ferem normas trabalhistas de ordem pública, possuindo efeitos *extunc*;

(d) <u>relativas</u>: ferem preceitos de cunho privado, gerando efeitos *ex nunc*.

O trabalho ilícito é causa de <u>nulidade absoluta</u>. Existe, porém, entendimento jurisprudencial em alguns TRTs, no sentido de que o desconhecimento da ilicitude por parte do empregado seria causa apenas de nulidade relativa, posição superada pelo TST, com base no art. 3º da LINDB:

ADMINISTRAÇÃO PÚBLICA. AUSÊNCIA DE CONCURSO PÚBLICO. CONTRATO NULO. O contrato de trabalho com órgão da Administração Pública celebrado após 5.10.1988 é nulo quando efetuado sem obediência ao disposto no art. 37, IX, da CF/88. Padecendo de nulidade absoluta o pacto, dele não resultam efeitos jurídicos, sendo devidos apenas os salários em sentido estrito, por inteligência da Súmula n. 363 do C. TST e o recolhimento do FGTS, conforme preconiza a MP n. 2164-41, de 24.8.2001, que inseriu o art. 19-A na Lei n. 8.036/90. Recurso da reclamante não provido. (TRT15 — Decisão n. 034206/2011-PATR — Recurso Ordinário — Relator(a): Manuel Soares Ferreira Carradita)

Outra discussão gira em torno da atividade aparentemente lícita. O empregado não desconhece a ilicitude da atividade, mas não consegue identificá-la nas ações do empregador. Nessa hipótese, o juiz poderá reconhecer direitos trabalhistas enquanto perdurar o desconhecimento; descoberta a ilicitude, o juiz reconhecerá a nulidade absoluta.

É preciso ressaltar que a ilicitude do contrato deve ser reconhecida tendo como parâmetro a atividade do empregador e não a do empregado.

10.3. Espécies de contrato

10.3.1. Individuais, plúrimos e de equipe

Contrato individual de trabalho é aquele que possui um único empregado no polo ativo da relação jurídica. Já o contrato plúrimo envolve mais de um trabalhador na relação jurídica, não havendo, entre eles, unidade de interesse jurídico.

Contrato de equipe trata-se de contrato de emprego não executável por um único empregado, sendo necessária a conjugação de esforços de vários empregados, por exemplo, orquestra, pesquisadores etc. Em relação às obrigações trabalhistas, consideram-se os membros da equipe como empregados individuais.

10.3.2. Contratos por prazo indeterminado

De acordo com Mauricio Godinho Delgado (2007:521), contratos indeterminados são aqueles "cuja duração temporal não tenha prefixado termo extintivo, mantendo a duração indefinida ao longo do tempo".

São, portanto, contratos que possuem unicamente termo inicial, não possuindo prazo certo de fim, feitos para perdurar indefinidamente no tempo, sendo que seu rompimento só ocorrerá por manifestação de vontade de qualquer das partes ou por ocorrência de falta grave (CLT, arts. 482 e 483).

10.3.3. Contratos por prazo determinado

Mauricio Godinho Delgado (2007:522) escreve que os contratos por prazo determinado "são aqueles cuja duração temporal é preestabelecida desde o nascimento do pacto, estipulando como certa e previsível a data da extinção da avença".

Os contratos por prazo determinado, de acordo com o art. 443, § 2º, da CLT, podem ser pactuados em três hipóteses:

(a) <u>serviço transitório</u>: serviço ligado ou não à atividade essencial da empresa, desde que tenha previsão de início e fim, não sendo exercido habitualmente, por exemplo, a substituição de empregado permanente em férias ou em licença previdenciária, ou para atendimento de acréscimo extraordinário dos serviços[25].

(b) <u>atividades empresariais transitórias</u>: a empresa existe de forma regular, mas suas atividades são transitórias, por exemplo, construção civil; feiras industriais, comerciais ou agropecuárias; atividades circenses em determinadas comunidades etc. Homero Batista Mateus da Silva (2011:49), a título de exemplo, escreve que "algumas lojas e quiosques funcionam exclusivamente durante o verão, em praias e cidade de atração turística dessa temporada. Outras lojas e prestadores de serviço voltados para a alimentação e a hospedagem têm atuação concentrada apenas no período de inverno nas cidades de montanha, dissolvendo-se tão logo o público desaparece".

(c) <u>contrato de experiência</u>: tem por finalidade verificar se o empregado atende às exigências mínimas para exercer as funções para a qual foi contratado; também dá ao empregado a possibilidade de verificar se as condições de trabalho são adequadas, bem como sua adaptação ao local de trabalho.[26]

Os contratos a termo serão de, no máximo, 2 anos, podendo ser prorrogados apenas uma vez dentro daquele período, sob pena de indeterminação. Os contratos de experiência serão estipulados pelo período de até 90 dias, sendo possível uma única renovação dentro do mencionado período (CLT, art. 445)[27].

---

(25) VALIDADE DOS CONTRATOS POR PRAZO DETERMINADO. UNICIDADE CONTRATUAL. Contratos de trabalho que não observaram as variações sazonais da atividade agrária — lavoura canavieira —, ou seja, abarcaram tanto a época de safra como a de entressafra, justificam o reconhecimento da unicidade contratual (TRT15 — Decisão n. 012126/2011-PATR — Recurso Ordinário — Relator(a): Luiz Roberto Nunes).
(26) CONTRATO DE EXPERIÊNCIA — FORMA E VALIDADE. Imprescindível a prova escrita de tal modalidade contratual, pois exceção à norma, merecendo procedimento e atenção especiais, não se admitindo a aplicação de regra de presunção ou contrato tácito. A natureza do contrato de experiência se presta a provar as aptidões do empregado e sua adequação às condições de labor oferecidas. Desta forma, deverá ser noticiada ao empregado quando da sua contratação, de modo a ficar ele ciente da precariedade do contrato assumido. Pela sua invalidade e condenação da ré nas verbas destinadas ao rompimento do contrato típico. Reformada a sentença (TRT15 — Decisão n. 086919/2012-PATR — Recurso Ordinário — Relator(a): Ana Maria de Vasconcellos).
(27) UNICIDADE CONTRATUAL. FRAUDE. Presume-se em fraude à lei a sucessão de contratos a prazo determinado, com pequenos intervalos, para execução de serviços ligados à atividade econômica do empregador (TRT15 — Decisão n. 035653/1999-SPAJ — Recurso Ordinário — Relator(a): Eduardo Benedito de Oliveira Zanella).
UNICIDADE CONTRATUAL. CONTRATOS A PRAZO DETERMINADO SUCESSIVOS. AUSÊNCIA DE JUSTIFICATIVA PARA ESTE TIPO DE CONTRATAÇÃO. NULIDADE. CABIMENTO. Se a atividade-fim da Reclamada engloba os serviços prestados pelo Reclamante, a contratação do Reclamante deveria ter sido realizada a prazo indeterminado, posto que a empresa deve possuir em seus quadros pessoal suficiente para fazer face a todos os seus objetivos sociais, inclusive com previsão de ausências, ainda que temporárias, de alguns professores (TRT15 — Decisão n. 074988/2010-PATR — Recurso Ordinário — Relator(a): Fabio Allegretti Cooper).
CONTRATO DE EXPERIÊNCIA. PRORROGAÇÃO TÁCITA. POSSIBILIDADE. O contrato de experiência pode ser prorrogado tacitamente, sendo considerada válida cláusula de prorrogação

O art. 452 da CLT prevê que, entre um contrato por prazo determinado e outro, deve haver um intervalo mínimo de 6 meses, salvo se o contrato tiver por objeto a execução de serviços especializados ou se a expiração se deu por certos acontecimentos.

O mesmo empregado não pode ser contratado por mais de uma vez por contrato de experiência, ainda que respeitado o prazo do art. 452 da CLT, salvo se for contratado para função diversa, se houver mudança substancial na atividade exercida ou se decorrer prazo razoável entre um contrato e outro:

CONTRATOS DE EXPERIÊNCIAS SUCESSIVOS — NULIDADE — ART. 9º DA CLT. PERTINÊNCIA. O contrato de experiência por ser modalidade de contrato a prazo certo e, portanto, forma de contratação restritiva de direitos, quando comparado aos contratos por prazo indeterminado, deve ser interpretado restritivamente. Destarte, se a empresa em vez de prorrogar o contrato de experiência, opta por celebrar um segundo contrato de experiência, subsequente ao primeiro, este contrato foi celebrado em fraude à lei, consoante o que dispõe o art. 9º da Consolidação das Leis do Trabalho. Não importa o fato de que a soma dos períodos trabalhados seja inferior a noventa dias, porque não houve, a rigor, prorrogação, mas uma segunda contratação. Ora, não é compatível um segundo contrato de experiência sucessivo e imediato ao anterior, entre a empresa e o empregado, em razão da natureza e da finalidade dessa modalidade de contratação. Não há que se confundir, outrossim, prorrogação de contrato a prazo com um segundo contrato. Recurso Ordinário da autora conhecido e provido. (TRT15 — Decisão n. 051936/2011-PATR — Recurso Ordinário — Relator(a): José Antonio Pancotti)

O aviso-prévio não é cabível nos contratos a termo, pois tem a função de avisar uma das partes da extinção do contrato (CLT, art. 487). Também não se aplica a multa fundiária em caso de rescisão natural do contrato (Lei n. 8.036/90, art. 18, § 1º).

RESILIÇÃO ANTECIPADA — a parte que decidir romper antecipadamente o contrato por prazo determinado terá de indenizar a outra, na proporção de metade dos valores que seriam pagos ao empregado até o final do contrato, conforme preveem os arts. 479 e 480 da CLT.

---

automática, desde que não ultrapassado o prazo máximo de 90 dias, conforme arts. 445, parágrafo único, e 451 da CLT (TRT15 — Decisão n. 045579/2012-PATR — Recurso Ordinário — Relator(a): Eder Sivers).
CONTRATO DE EXPERIÊNCIA — VALIDADE. O contrato de experiência tem dois objetivos: dentro do respectivo prazo, avaliar a capacidade técnica e a compatibilidade moral do Trabalhador. Assim, embora este possa ter demonstrado sua capacidade técnica, não pode o Poder Judiciário negar ao novo empregador a contratação por esta modalidade, pois a ele cabe o direito de experimentar, também, a compatibilidade moral do empregado (TRT15 — Decisão n. 081677/2011-PATR — Recurso Ordinário — Relator(a): José Pitas).

CLÁUSULA ASSECURATÓRIA DO DIREITO RECÍPROCO DE RESCISÃO ANTECIPADA — prevista no art. 481 da CLT, permite a resilição do contrato por prazo determinado sem o pagamento das indenizações dos arts. 479 e 480 da CLT. Havendo tal cláusula, a resilição do contrato seguirá os moldes dos contratos por prazo indeterminado, ou seja, com aviso-prévio (Súmula n. 163 do TST[28]) e multa fundiária, caso alguma das partes faça uso da cláusula[29].

LEI N. 9.601/98 — previu a possibilidade de redução do FGTS para 2% e das contribuições para o Sistema S pela metade, desde que houvesse negociação coletiva e aumento dos postos de trabalho, pelo prazo de 60 meses após a publicação (art. 2º), autorizando a contratação por prazo determinado fora das hipóteses previstas no art. 443 da CLT. As reduções previstas, contudo, puderam ser usufruídas até 2003, quando se encerrou o prazo legal, de forma que a lei possibilita hoje, apenas, a contratação por prazo determinado em outras hipóteses que não as previstas na CLT.

---

(28) AVISO-PRÉVIO — CONTRATO DE EXPERIÊNCIA. Cabe aviso-prévio nas rescisões antecipadas dos contratos de experiência, na forma do art. 481 da CLT.
(29) CONTRATO DE TRABALHO POR OBRA CERTA. RESCISÃO ANTECIPADA. A rescisão antecipada do contrato de trabalho por obra certa não defere ao trabalhador, desde que ausente cláusula assecuratória do direito recíproco de rescisão antecipada (art. 481 da CLT), as verbas rescisórias próprias do contrato por prazo indeterminado, mas a indenização prevista no art. 479 da CLT, quando devidamente pleiteada (TRT15 — Decisão n. 072540/2008-PATR — Recurso Ordinário em Procedimento Sumaríssimo — Relator(a): Luiz Antonio Lazarim).

CAPÍTULO 11

ALTERAÇÕES DO CONTRATO DE TRABALHO

11.1. Noções iniciais

O art. 468 da CLT diz que "nos contratos individuais de trabalho só é lícita a alteração das respectivas condições por mútuo consentimento, e, ainda assim, desde que não resultem, direta ou indiretamente, prejuízos ao empregado, sob pena de nulidade da cláusula infringente desta garantia".

Amauri Mascaro Nascimento (*Iniciação ao direito do trabalho*, 2007b:248) elenca as alterações em:

(a) individuais: atingem um ou poucos empregados, por exemplo, mudança de horário para compatibilizá-lo com as aulas da faculdade;

(b) coletivas: atingem um grupo de empregados da empresa ou toda uma categoria profissional, por exemplo, redução geral da jornada de trabalho;

(c) benéficas: sempre que favorecerem o empregado, por exemplo, uma promoção;

(d) prejudiciais: desfavorecem o empregado, pois pioram alguma condição de trabalho, por exemplo, redução salarial;

(e) funcionais: têm por fim mudar a função do empregado;

(f) geográficas: transferência do empregado para outra localidade;

(g) substanciais: afetam o conteúdo essencial do contrato;

(h) secundárias: são atingidas condições de trabalho não essenciais;

(i) unilaterais: a iniciativa de modificação é exclusiva do empregador;

(j) bilaterais: modificação de comum acordo entre empregador e empregado.

Délio Maranhão (*apud* NASCIMENTO. *Iniciação ao direito do trabalho*, 2007b:249) ressalta que os contratos são feitos para serem cumpridos: *pacta sunt servanda*. Daí uma consequência lógica: qualquer alteração em suas cláusulas há de resultar, também, de mútuo acordo.

JUS VARIANDI — Amauri Mascaro Nascimento (*Iniciação ao direito do trabalho*, 2007b:250) escreve que "em contraste com o princípio legal da imodificabilidade das condições de trabalho, a doutrina elaborou o princípio do *jus variandi*, que pode ser enunciado com o direito do empregador, em casos excepcionais, de alterar, por imposição e unilateralmente, as condições de trabalho de seus empregados"[30].

11.2. Alteração de função

A alteração de função pode ser horizontal, quando o empregador, a despeito da mudança, mantém o nível hierárquico do empregado; e vertical, que pode ser ascendente (promoção) ou descendente (rebaixamento).

O parágrafo único do art. 468 da CLT não considera alteração unilateral o retorno ao cargo efetivo do empregado que exercia cargo de confiança, chamada de *reversão*.

---

(30) FUNDAÇÃO CASA. ALTERAÇÃO DA JORNADA DE TRABALHO DO HORÁRIO NOTURNO PARA O DIURNO. VALIDADE. PREVALÊNCIA DO INTERESSE PÚBLICO SOBRE O PRIVADO. A alteração da jornada de trabalho do empregado do horário noturno para o diurno se insere no *jus variandi* do empregador. Além disso, traz benefícios à saúde e à vida social e familiar do trabalhador. E, havendo conflito entre o interesse público e o privado, deve prevalecer o interesse público. Recurso da reclamada a que se dá provimento (TRT15 — Decisão n. 084410/2012-PATR — Recurso Ordinário — Relator(a): José Otávio de Souza Ferreira).
ACÚMULO DE FUNÇÃO. *PLUS* SALARIAL. A exigência do cumprimento de tarefas diversas (mas compatíveis com a condição pessoal do trabalhador) dentro da jornada normal de trabalho decorre do *jus variandi*, ou seja, do poder do empregador de distribuí-las e não enseja o pagamento de *plus* salarial por acúmulo de funções, restando remuneradas pelo salário todas as tarefas desempenhadas dentro da jornada de trabalho (art. 456, parágrafo único, da CLT) (TRT15 — Decisão n. 081858/2012-PATR — Recurso Ordinário — Relator(a): Eder Sivers).

Quanto ao rebaixamento, o ordenamento jurídico trabalhista não o admite, mas apenas excepcionalmente, nas hipóteses de *reversão* (CLT, art. 468, parágrafo único) e de *readaptação* (CLT, art. 461, § 4º), neste último caso, desde que não haja redução salarial.

Importante mencionar a redação da Súmula n. 372 do TST: *"GRATIFICAÇÃO DE FUNÇÃO. SUPRESSÃO OU REDUÇÃO. LIMITES (conversão das Orientações Jurisprudenciais ns. 45 e 303 da SBDI-1) — Res. n. 129, DJ 20, 22 e 25.4.2005. I — Percebida a gratificação de função por dez ou mais anos pelo empregado, se o empregador, sem justo motivo, revertê-lo a seu cargo efetivo, não poderá retirar--lhe a gratificação tendo em vista o princípio da estabilidade financeira. (ex-OJ n. 45 da SBDI-1 — inserida em 25.11.1996). II — Mantido o empregado no exercício da função comissionada, não pode o empregador reduzir o valor da gratificação. (ex-OJ n. 303 da SBDI-1 — DJ 11.8.2003)".*

11.3. Alteração de salário

O art. 7º, inc. VI, da CF prevê a irredutibilidade do salário, salvo negociação coletiva. Dessa forma, o salário não pode ser reduzido, de forma unilateral, pelo empregador, restando prejudicada a aplicação do art. 503 da CLT.

Primeiramente há que se diferenciar valor nominal e valor real do salário. O valor nominal refere-se à representação numérica, algébrica, dos valores pagos ao trabalhador. Valor real guarda relação com o poder aquisitivo do salário, o qual, ao longo do tempo, sofre defasagens em consequência da alteração dos índices inflacionários.

Assim, quando a CF veda a irredutibilidade unilateral do salário, ela obviamente refere-se ao valor nominal do salário, tendo em vista que a redução do valor real do salário não guarda relação com a atividade do empregador, mas com a atuação do Estado.

Em segundo lugar, a redução salarial pode ser direta ou indireta. Será direta quando atingir frontalmente o valor nominal do salário do empregado, por exemplo, se o empregador reduzir o salário de R$ 1.000,00 para R$ 900,00.

A redução será indireta quando o empregador altera condições periféricas, as quais atingem mediatamente o valor recebido pelo empregado, sem que haja alteração unilateral do salário, por exemplo, se o empregador reduz a jornada de trabalho para empregados que ganham por unidade de tempo ou tarefa[31].

---

(31) REDUÇÃO UNILATERAL DE CARGA HORÁRIA CONTRATUAL. DIMINUIÇÃO SALARIAL. IMPOSSIBILIDADE. O empregado contratado para laborar por determinada carga horária semanal não pode sofrer redução salarial quando a jornada é diminuída, unilateralmente, pelo empregador. Mesmo sendo contratado para receber salário/hora, a diminuição da carga horária, quando fixada em

Ainda quanto ao salário, a data e a forma de pagamento não podem ser alteradas de forma unilateral pelo empregador (CLT, arts. 457, 458 e 465), salvo quando não houver previsão expressa no contrato de trabalho[32].

11.4. Alteração de jornada

A redução da jornada de trabalho sem alteração salarial pode ser feita pelo empregador, desde que conte com a anuência do empregado. Se houver redução salarial, a jornada somente poderá ser reduzida por negociação coletiva, conforme prevê o art. 7º, inc. XIII, da CF.

Para que haja aumento da jornada é necessária a concordância do empregado e a não ocorrência de prejuízo direto ou indireto, além do correspondente aumento proporcional do salário, pois, caso contrário, a alteração será nula.

Observe-se a redação da OJ N. 244 DA SDI-1/TST, a qual faz menção à redução salarial do professor em virtude da diminuição do número de alunos, entendendo o TST não caracterizar alteração salarial ilícita por não ocorrer alteração do valor da hora-aula[33].

11.5. Alteração de horário

A alteração do horário de trabalho faz parte do *jus variandi* do empregador, desde que, obviamente, apresentem-se os elementos necessidade do empregador, concordância do empregado e ausência de prejuízo (MARTINEZ, 2012:469).

É preciso ressaltar que o horário de trabalho não pode atrapalhar a frequência dos menores de 18 anos à escola, conforme prevê o art. 427 da CLT.

A Súmula n. 265 do TST traz uma exceção à regra: "ADICIONAL NOTURNO. ALTERAÇÃO DE TURNO DE TRABALHO. POSSIBILIDADE DE SUPRESSÃO (mantida) — Res. n. 121, DJ 19, 20 e 21.11.2003. A transferência

---

contrato, não pode acarretar a diminuição salarial, já que esta se revela em alteração ilegal do pactuado. Recurso provido (TRT15 — Decisão n. 071608/2012-PATR — Recurso Ordinário — Relator(a): Helcio Dantas Lobo Junior).

(32) **OJ n. 159 da SDI-1 do TST** — DATA DE PAGAMENTO. SALÁRIOS. ALTERAÇÃO. Inserida em 26.3.1999. Diante da inexistência de previsão expressa em contrato ou em instrumento normativo, a alteração de data de pagamento pelo empregador não viola o art. 468, desde que observado o parágrafo único do art. 459, ambos da CLT.

(33) PROFESSOR. REDUÇÃO DA CARGA HORÁRIA. POSSIBILIDADE (inserida em 20.6.2001). A redução da carga horária do professor, em virtude da diminuição do número de alunos, não constitui alteração contratual, uma vez que não implica redução do valor da hora-aula.

para o período diurno de trabalho implica a perda do direito ao adicional noturno".

11.6. Alteração da localidade

A alteração de localidade guarda relação com a mudança do local onde o empregado deve prestar seus serviços. Se tal modificação acarretar a alteração do domicílio do empregado, ocorrerá o que o art. 469 da CLT chama de transferência.

A transferência será considerada definitiva quando houver rompimento dos laços do empregado com a localidade original de trabalho, passando a fazer parte de outro ambiente de trabalho e sem previsão de retorno.

Será, no entanto, provisória, quando o empregado for transferido unicamente para atender à situação emergencial do empregador, havendo, portanto, previsão de retorno ao local de origem[34].

Somente a transferência provisória gera direito ao *adicional de transferência*, previsto no art. 469, § 3º, da CLT. É o entendimento consolidado pela OJ n. 113 da SDI-1 do TST:

> ADICIONAL DE TRANSFERÊNCIA. CARGO DE CONFIANÇA OU PREVISÃO CONTRATUAL DE TRANSFERÊNCIA. DEVIDO. DESDE QUE A TRANSFERÊNCIA SEJA PROVISÓRIA (inserida em 20.11.1997). O fato de o empregado exercer cargo de confiança ou a existência de previsão de transferência no contrato de trabalho não exclui o direito ao adicional. O pressuposto legal apto a legitimar a percepção do mencionado adicional é a transferência provisória.

É também o posicionamento adotado no julgado abaixo transcrito do TRT da 15ª Região:

> ADICIONAL DE TRANSFERÊNCIA. SUCESSIVIDADE E PROVISORIEDADE. O adicional previsto no art. 469, § 3º, da Consolidação das Leis do Trabalho somente é devido em caso de transferência a título precário, o que se extrai do próprio texto legal, em sua parte final, que determina que ele apenas é devido "enquanto durar essa situação". E as particularidades do caso *sub judice* não permitem interpretação diversa e mostram forçoso o pagamento do adicional em comento, não

---

(34) TRANSFERÊNCIA PROVISÓRIA DE EMPREGADO PARA ATENDER À NECESSIDADE ECONÔMICA DA EMPRESA. RETORNO AO LOCAL A CADA 15 DIAS. ADICIONAL DEVIDO. Transferência provisória do empregado implica o recebimento do respectivo adicional. O fato de o autor permanecer em local diverso do que resultou do contrato, hospedando-se em alojamento da empresa a fim de atender a interesse econômico exclusivo do empregador, por período de 15 dias a cada 45, descaracteriza a manutenção de domicílio, pois evidente que neste período fica completamente afastado do meio familiar e social em que convive. Inteligência do § 3º do art. 469 da CLT e aplicação da OJ n. 113 da SDI-I do C. TST (TRT15 — Decisão n. 039161/2011-PATR — Recurso Ordinário — Relator(a): Tereza Aparecida Asta Gemignani).

havendo se falar em ofensa ao § 1º, do mencionado dispositivo legal, já que as incontroversas sucessividade e provisoriedade das prestações laborais em outras localidades que não a contratada, constituem pressupostos determinantes ao deferimento do direito perseguido — entendimento cristalizado na Orientação Jurisprudencial n. 113 da SDI-1 do C. TST —, em detrimento à mera previsão contratual de transferência. (TRT15 — Decisão n. 074622/2012-PATR — Recurso Ordinário — Relator(a): Claudinei Zapata Marques)

ADICIONAL DE TRANSFERÊNCIA. CARÁTER DEFINITIVO. INDEVIDO. O empregado não faz jus ao adicional de transferência quando ela se der em caráter definitivo. O § 3º do art. 469 da CLT é expresso, ao estabelecer que o adicional será devido "enquanto durar essa situação", restringindo o pagamento da parcela aos casos de transferência provisória. Entendimento já pacificado conforme OJ n. 113 da SDI-1 do C. TST. Recurso não provido no particular. (TRT15 — Decisão n. 066773/2012-PATR — Recurso Ordinário — Relator(a): Helcio Dantas Lobo Junior)

Os empregados que ocupam cargo de confiança ou que tenham cláusula explícita ou implícita de transferência em seu contrato de trabalho podem ter a localidade de prestação dos serviços alterada sem a necessidade de anuência (CLT, art. 469), não excluindo, no entanto, o pagamento do adicional bem como a demonstração da necessidade da transferência (CLT, art. 469, § 3º).

A extinção do estabelecimento (CLT, art. 469, § 2º) autoriza a transferência do empregado sem a necessidade de anuência do trabalhador, inclusive em se tratando de dirigente sindical (CLT, art. 543).

O dirigente sindical (CLT, art. 543) não pode ser transferido, salvo se ele mesmo requerer a transferência, concordar com a transferência ou se houver extinção do estabelecimento.

As despesas com a transferência do empregado ficam a cargo do empregador, conforme prevê o art. 470 da CLT.

As transferências abusivas serão liminarmente impedidas pela Justiça do Trabalho, conforme consta do art. 659, inc. IX e X, da CLT.

Capítulo 12

Suspensão e Interrupção do Contrato de Trabalho

Arnaldo Süssekind (2003:491) leciona que é preciso distinguir "entre a rescisão (melhor seria denominar-se cessação do contrato de trabalho), que põe fim ao contrato; a suspensão, que desobriga as partes contratantes de cumprirem o contrato durante determinado período, e a interrupção, que acarreta inexecução provisória da prestação de serviço, sem embargo da eficácia de outras cláusulas contratuais".

O contrato de trabalho suspenso não gera para o empregado o dever de realizar o trabalho para o qual foi contratado; entretanto, não gera para o empregador o dever de pagar os salários do período compreendido na suspensão; além disso, não há contagem de tempo de serviço.

Como exemplos de suspensão de contrato podemos citar: (a) encargo público (mandato eletivo) — CLT, art. 472; (b) serviço militar obrigatório (após o 91º dia de afastamento) — CLT, art. 472, § 5º; (c) mandato sindical — CLT, art. 543, § 2º; (d) greve — Lei n. 7.783/89; (e) suspensão disciplinar — CLT, art. 474; (f) afastamento para recebimento de benefício previdenciário (a partir do 16º dia) — Lei n. 8.213/91; (g) licença-maternidade — Lei n. 8.213/91; (h) suspensão preventiva para responder a inquérito administrativo ou prisão preventiva do empregado — CLT, art. 131, inc. V; (i) exercício de cargo de diretoria — Súmula n. 269 do TST; (j) participação em curso ou programa de qualificação profissional — CLT, art. 476-A; (k) preservação da integridade física e psicológica da mulher em situação de violência doméstica e familiar — Lei n. 11.340/06.

> Súmula n. 440 do TST. AUXÍLIO-DOENÇA ACIDENTÁRIO. APOSENTADORIA POR INVALIDEZ. SUSPENSÃO DO CONTRATO DE TRABALHO. RECONHECIMENTO DO DIREITO À MANUTENÇÃO DE PLANO DE SAÚDE OU DE ASSISTÊNCIA MÉDICA. Assegura-se o direito à manutenção de plano de saúde, ou de assistência médica, oferecido pela empresa ao empregado, não obstante suspenso o contrato de trabalho em virtude de auxílio-doença acidentário ou de aposentadoria por invalidez.

Por seu turno, o contrato de trabalho interrompido, apesar de também não gerar para o empregado o dever de prestar trabalho ao empregador, impõe ao empregador o dever de pagar a remuneração do empregado referente ao período de interrupção, gerando, por conseguinte, contagem de tempo de serviço para quaisquer efeitos.

São exemplos de interrupção de contrato de trabalho: (a) repouso semanal remunerado e feriados — CLT, art. 70 e Lei n. 605/49; (b) férias — CLT, art. 130; (c) ausências legais — CLT, art. 473 e Lei n. 9.504/97 (Código Eleitoral); (d) afastamento para recebimento de benefício previdenciário (até o 15º dia) — Lei n. 8.213/91; (e) faltas abonadas; (f) licenças remuneradas — *licença-paternidade* (CF, art. 7º, inc. XIX), *licença para disputa eleitoral para servidores públicos* (Lei Complementar n. 64/90), *licença para atuação em Comissão de Conciliação Prévia* — (CLT, art. 625-B, § 2º) e *licença para atuação em conselho curador do FGTS* (Lei n. 8.036/90); (g) paralisações promovidas pelo empregador — Lei n. 7.783/89; (h) suspensão disciplinar anulada; (i) serviço militar obrigatório (até o 90º dia) — CLT, art. 472, § 5º; (j) encargo público (mesário, jurado) — CLT, art. 472.

Importante ressaltar que o contrato de trabalho não pode ser rompido durante os períodos de suspensão ou de interrupção, o que gera para o empregado estabilidade provisória no emprego.

Além disso, terminada a suspensão ou interrupção do contrato de trabalho, o art. 411 da CLT assegura ao empregado, ao retornar ao trabalho, os mesmos direitos concedidos aos demais empregados da mesma categoria durante o período de interrupção ou de suspensão.

Capítulo 13

Cessação do Contrato de Trabalho

13.1. Noções iniciais

A cessação do contrato de trabalho pode se dar de várias formas diferentes, mas, na prática, todas elas são denominadas genericamente de rescisão. Assim, primeiramente, é preciso distinguir as terminologias que denominam as formas de terminação do contrato de trabalho:

(a) resilição: extinção do contrato por iniciativa de uma ou de ambas as partes, que se dá na demissão ou na dispensa sem justa causa;

(b) resolução: o contrato é encerrado por ocorrência de falta grave do empregado (CLT, art. 482) ou do empregador (CLT, art. 483);

(c) rescisão: extinção do contrato de trabalho por existência de alguma nulidade;

(d) força maior: ocorrência de fatos não previstos pelas partes que tornam o contrato inexequível, por exemplo, *factum principis*.

A extinção do contrato pode se dar por iniciativa do empregado, do empregador ou por fatos alheios à vontade de ambos.

13.2. Extinção do contrato de trabalho por iniciativa do empregador

13.2.1. Dispensa imotivada ou sem justa causa

A dispensa imotivada decorre do poder potestativo do empregador de organizar a atividade econômica que comanda, podendo, portanto, promover a movimentação de trabalhadores caso não mais precise dos serviços deles, sem a necessidade de qualquer justificativa para a resilição contratual.

Em 1996, o Brasil tornou-se signatário da <u>Convenção n. 158 da OIT</u>, a qual determinava que todas as dispensas de trabalhadores deveriam estar embasadas em motivos de ordem técnica, econômica, financeira ou disciplinar, de maneira que todas as dispensas não baseadas em faltas graves deveriam ser enquadradas pelo empregador em algumas das hipóteses mencionadas, pois, caso contrário, seriam nulas.

A assinatura da Convenção atendia ao comando constitucional do art. 7º, inc. I, o qual veda a dispensa arbitrária do empregado, nos termos de lei específica, a qual jamais foi editada. Dessa forma, a Convenção n. 158 preenchia o vazio do texto da CF, considerando arbitrárias as dispensas não baseadas, como já dito, em motivos de ordem técnica, econômica, financeira ou disciplinar.

No entanto, a Convenção n. 158 foi denunciada pelo Brasil no mesmo ano de 1996, de maneira que a dispensa arbitrária no Brasil voltou a ficar sem regulamentação, e as dispensas imotivadas não exigem mais qualquer espécie de justificativa por parte do empregador.

Diante disso, a Justiça do Trabalho tem considerado como arbitrária a dispensa motivada por razões discriminatórias, fúteis ou torpes, ou seja, que não encontram amparo na lei ou na realidade dos fatos. O reconhecimento da arbitrariedade da dispensa pode acarretar a determinação da <u>reintegração do trabalhador</u> (salvo quando for desaconselhável, quando haverá conversão em perdas e danos — CLT, art. 496) e condenação ao pagamento de danos morais[35].

---

(35) DISPENSA ARBITRÁRIA. DEMISSÃO SEM JUSTA CAUSA E SEM O CUMPRIMENTO DE AVISO-PRÉVIO DE TRABALHADOR QUE ACABA DE SE TER NOTÍCIA DE PORTAR GRAVE DOENÇA. VEDAÇÃO CONSTITUCIONAL. PRESUNÇÃO DE ATO DISCRIMINATÓRIO. RECONHECIMENTO DO DIREITO DE REINTEGRAÇÃO E DE INDENIZAÇÃO POR DANOS MORAIS. INTELIGÊNCIA DO ART. 7º, I, DA CF E DO ART. 4º DA LEI N. 9.029/95. Constitui ato discriminatório a dispensa de trabalhador tendo como real motivo o fato de ser portador de Hepatite C. A discriminação, nos casos de portadores de Hepatite C, HIV, esquizofrenia, cardiopatia, entre outras doenças graves, de conhecimento do empregador, é presumida. Sendo assim, caberia ao empregador a comprovação de que a dispensa não ocorreu em decorrência da enfermidade acometida ao empregado. Demissão de empregado efetivada imediatamente após receber resultado de exame que comprova que está com a saúde debilitada, portando grave doença, não é simples exercício de direito do empregador. É, sim, arbitrariedade e deixando claro o desleixo em relação à saúde de seus trabalhadores. Demonstra, ainda, que esse trabalhador não lhe tem mais serventia e deve ser despedido, abandonado à própria sorte, sem sequer salário e/ou plano de saúde que o permita se cuidar e, por óbvio, sem boas condições para conseguir novo emprego. A Constituição Federal protege os trabalhadores contra a dispensa arbitrária (art. 7º, I), impondo como dever de todo o cuidado com a saúde (art. 196, CF). Ainda, obsta quaisquer atos discriminatórios a pessoas e a trabalhadores, especialmente em conformidade com o disposto nos seus arts. 1º, III e IV, 3º, IV, 5º, *caput* e XLI, e 7º, XXX (TRT15 — Decisão n. 083445/2012-PATR — Recurso Ordinário — Relator(a): Samuel Hugo Lima).

A despedida sem justa causa obriga o empregador a depositar na conta vinculada do empregado, a título de indenização, o valor correspondente a 40% de todos os depósitos fundiários realizados ao longo do contrato de trabalho.

A Lei Complementar n. 110/01 prevê o acréscimo de 0,5% sobre as contribuições mensais do FGTS feitas pelo empregador, bem como de 10% sobre a multa rescisória em caso de dispensa sem justa causa ou rescisão indireta, a fim de pagar os expurgos inflacionários causados por planos econômicos (OJ n. 344 da SDI-1/TST).

Além da multa, o trabalhador tem direito ao recebimento de aviso-prévio, férias proporcionais + 1/3, décimo terceiro salário proporcional, saldo de salário (se houver), e eventuais direitos já adquiridos ao longo do contrato, como férias vencidas e não concedidas, décimo terceiro salário não quitado, horas extras não pagas nas épocas corretas etc.

13.2.2. Dispensa por justa causa

É a extinção do contrato de trabalho pela ocorrência de condutas do empregado tidas como faltas graves pelo texto da CLT, tornando insustentável a manutenção do vínculo empregatício, o qual se baseia, principalmente, em confiança mútua.

As faltas graves do empregado estão elencadas no art. 482 da CLT. Aplicam-se, aqui, os princípios da legalidade, pois só podem ser consideradas faltas graves as condutas previstas em lei como tal, bem como o do reserva legal, pois somente a lei pode criar novas condutas gravosas aplicáveis ao empregado.

Além do mais, a punição a ser aplicada deve ser adequada à falta do empregado, aplicação clara do princípio da proporcionalidade. São três as penalidades possíveis: *advertência* (verbal ou escrita), *suspensão* (que não pode ser superior a 30 dias, pois tal ocorrência gera direito à rescisão indireta do contrato — CLT, art. 474) e *dispensa por justa causa*, que deve ser sempre a *ultima ratio* do empregador.

Há ainda que ser observado o princípio da imediatidade, ou seja, constatada a ocorrência da falta grave, a punição deve ser imediata, sob pena de se

---

RECURSO ORDINÁRIO — DISPENSA ARBITRÁRIA — ABUSO DE DIREITO — DANOS MORAIS — *DAMNUM IN RE IPSA*. A dispensa arbitrária do empregado, empreendida em violação ao princípio da boa-fé (art. 422 do CC), caracteriza abuso de direito e configura ato ilícito reparável, nos termos dos arts. 186 e 187 do CC. E a constatação do ato ilícito evidencia o dano moral, pois, segundo a moderna teoria da reparação civil, o mero fato da violação estabelece a responsabilização do agente causador do dano (*damnum in re ipsa*), tornando desnecessária a prova do atingimento dos valores íntimos do trabalhador. Recurso ordinário rejeitado quanto ao tema (TRT15 — Decisão n. 047925/2011-PATR — Reexame Necessário — Relator(a): Luiz José Dezena da Silva).

considerar a existência do chamado *perdão tácito*, o qual impede a rescisão de contrato do empregado por justa causa:

> JUSTA CAUSA. AUSÊNCIA DE IMEDIATIDADE. PERDÃO TÁCITO. OCORRÊNCIA. É imprescindível que se verifique a imediatidade entre a falta cometida pelo empregado e o exercício do direito de punir, pelo empregador, o qual não goza da prerrogativa de escolher o momento da dispensa, devendo fazê-lo sem demora, sob pena de descaracterizar-se o justo motivo para a rescisão do contrato de trabalho. A ausência de imediatidade entre o conhecimento do fato e a punição imposta — elemento definidor e específico do Direito Disciplinar —, configura o perdão tácito por parte do empregador. Recurso a que se nega provimento. (TRT15 — Decisão n. 089584/2012-PATR — Recurso Ordinário — Relator(a): Ana Paula Pellegrina Lockmann)

> JUSTA CAUSA DA DISPENSA — PERDÃO TÁCITO — INOCORRÊNCIA — SUSPENSÃO DO CONTRATO DE TRABALHO PARA APURAÇÃO DOS FATOS. Não se confunde condescendência com perdão. O perdão tácito, concepção doutrinária aceita pela maioria da jurisprudência, só ocorre quando, irrefutavelmente, o empregador deixa conscientemente de punir adequadamente o empregado transgressor. A suspensão do contrato de trabalho para apuração minuciosa dos fatos não constitui perdão tácito nem caracteriza dupla punição, mas cautela para evitar o açodamento e precipitação da punição injusta. (TRT15 — Decisão n. 085414/2012-PATR — Recurso Ordinário — Relator(a): Dagoberto Nishina de Azevedo)

O empregador, comprovando a ocorrência de falta grave por parte do empregado, pode aplicar a penalidade de ofício, haja vista que tal possibilidade integra o poder disciplinar do empregador. As exceções são o *dirigente sindical* (Súmulas ns. 379 do TST e 197 do STF), o *representante dos empregados no Conselho Nacional da Previdência Social* (Lei n. 8.213/91, art. 2º, § 7º) e o *representante dos empregados no Conselho Curador do FGTS* (Lei n. 8.036/90, art. 9º), os quais só podem ser dispensados se tiverem a falta grave reconhecida judicialmente, em procedimento chamado Inquérito para Apuração de Falta Grave (CLT, art. 853).

A seguir, a análise individual das faltas graves previstas no art. 482 da CLT:

(a) ato de improbidade:

Segundo Ricardo Resende (2011:633), "ímprobo é o indivíduo desonesto". Enquadram-se como ato de improbidade as atitudes tomadas pelo empregado que contrariem a lei, a moral ou os bons costumes.

A doutrina, porém, apresenta posicionamentos diferentes a respeito do tema.

A corrente subjetivista entende que a improbidade causa a quebra de confiança na relação empregatícia, de maneira que não existe a necessidade de que a conduta ilícita do empregado cause efetivo prejuízo ao empregador.

Defendem tal posicionamento: Alice Monteiro de Barros, Gabriel Saad, Mozart Victor Russomano, Sergio Pinto Martins e Vólia Bomfim Cassar.

A corrente <u>objetivista</u>, por seu turno, entende como necessária a ocorrência de prejuízo ao empregador ou a terceiros para a caracterização do ato de improbidade; caso contrário, a atitude do empregado encaixa-se no tipo *mau procedimento*. É o posicionamento de Amauri Mascaro Nascimento, Homero Batista Mateus da Silva, Marcelo Moura e Mauricio Godinho Delgado.

Irany Ferrari e Melchíades Martins adotam corrente intermediária, pois, para eles, o ato de improbidade tem como objetivo atingir o patrimônio do empregador ou de terceiro, mas caracteriza-se independentemente da ocorrência de dano, considerando-se a possibilidade de tentativa (de furto, por exemplo).

Prevalece na jurisprudência a corrente <u>subjetivista</u>:

JUSTA CAUSA. ATO DE IMPROBIDADE. PROVA CONSISTENTE. CARACTERIZAÇÃO. A justa causa para a despedida de qualquer trabalhador, por constituir pecha que acompanhará a sua vida profissional, deve restar induvidosamente demonstrada. Logo, se atendido o ônus da prova cabente à empregadora, impera o reconhecimento da justa rescisão. (TRT15 — Decisão n. 085019/2012-PATR — Recurso Ordinário — Relator(a): Luís Carlos Cândido Martins Sotero da Silva)

JUSTA CAUSA. ATO DE IMPROBIDADE. EXIGÊNCIA DE PROVA ROBUSTA DA CONDUTA FALTOSA. A justa causa, pelas consequências nefastas que traz à vida social e profissional do trabalhador, deve ser grave o suficiente para ensejar o rompimento do vínculo empregatício e, acima de tudo, deve ser robustamente provada, sem deixar a menor dúvida a respeito de sua ocorrência, mormente quando envolve a imputação de ato de improbidade. (TRT15 — Decisão n. 060073/2012-PATR — Recurso Ordinário — Relator(a): Fabio Grasselli)

JUSTA CAUSA. NÃO CARACTERIZAÇÃO. FURTO PRATICADO CONTRA TERCEIRO EM PONTO DE ÔNIBUS. AUSÊNCIA DE VINCULAÇÃO DO DELITO COM O CONTRATO DE TRABALHO. Não configura justa causa o furto praticado em ponto de ônibus, fora do ambiente empresarial, contra terceiro que não mantém nenhum relacionamento com o empregador. Tal conduta delituosa, embora reprovável sob todos os aspectos, não autoriza a resolução do pacto laboral, já que o ato de improbidade a que alude o art. 482, "a", da CLT pressupõe vinculação com o contrato de trabalho. (TRT15 — Decisão n. 052898/2012-PATR — Recurso Ordinário — Relator(a): Fabio Grasselli)

JUSTA CAUSA. INOBSERVÂNCIA DE UM DOS REQUISITOS. DESCARACTERIZAÇÃO. A despeito de não haver dúvida quanto à prática de "artifícios fraudulentos para elevar sua produtividade", ante a prova de impossibilidade de duplo lançamento em decorrência de mero equívoco, constatou-se a ausência de imediatidade, o que compromete a modalidade da dispensa perpetrada, porque acaba por configurar o perdão tácito. O interregno não pode ser concebido como período de apuração da improbidade, uma vez que a prova oral foi clara no sentido de que, após a constatação da fraude, a reclamante permaneceu cerca de um mês prestando serviços. (TRT15 — Decisão n. 044574/2012-PATR — Recurso Ordinário — Relator(a): Erodite Ribeiro dos Santos de Biasi)

(b) incontinência de conduta ou mau procedimento:

Há que se esclarecer que as condutas descritas no tipo não são sinônimas, apesar de ligadas pela conjunção alternativa "ou".

Segundo Luciano Martinez (2012:548), "a incontinência revela um estado de imoderação, de excesso, de descomedimento, que produz a perda da respeitabilidade social e do bom conceito do empregado. A incontinência a que se refere o dispositivo constante da primeira parte do art. 482, *b*, da CLT está normalmente associada a condutas imorais, em regra de natureza sexual".

O principal exemplo de incontinência de conduta é o assédio sexual, o qual foi, inclusive, transformado em tipo penal e incorporado ao CP no art. 216-A[36].

A figura do mau procedimento é extremamente ampla, pois abrange todas as demais condutas previstas no art. 482 da CLT. Alguns autores defendem que ela abrangeria as atitudes ilícitas do empregado que não atingissem o patrimônio do empregador[37].

---

(36) JUSTA CAUSA — USO INDEVIDO DE TECNOLOGIAS DE INFORMAÇÃO E COMUNICAÇÃO DA EMPRESA — PODERES DO EMPREGADOR — VEDAÇÃO PARA FINS PARTICULARES — FISCALIZAÇÃO PATRONAL — PERTINÊNCIA — ACESSO A SÍTIOS DE CONTEÚDO PORNOGRÁFICO — OFENSA À NORMA GERAL DE CONDUTA, À MORAL E AOS BONS CONSTUMES — MAU PROCEDIMENTO, DESÍDIA E INDISCIPLINA — CONFIGURAÇÃO — LICITUDE DA DISPENSA MOTIVADA. O empregador tem o poder de vedar que os seus empregados utilizem dos equipamentos de tecnologias de informação e comunicação da empresa para fins diversos, que não exclusivamente para o serviço, proibindo o uso para fins particular ou pessoais, mediante norma de conduta no regulamento da empresa. Por consequência, reserva-se o legítimo poder de controle e fiscalização do cumprimento da norma regulamentar, mediante exigência de que o departamento competente faça relatório de monitoramento de acessibilidade dos seus empregados a sítios da rede mundial de computadores. Não há aí invasão de privacidade do empregado, mas legítimo poder de controle e fiscalização dentro de razoáveis padrões estratégicos de gestão empresarial do uso dos equipamentos da empresa. Constatando-se, por meio de tais relatórios, que o empregado acessou ou visitou sítios de conteúdo pornográfico, em flagrante transgressão ao regulamento da empresa, a conduta se caracteriza como falta grave, na medida em que, a par da desídia e indisciplina, atenta contra a moral e os bons costumes, de modo a caracterizar mau procedimento/incontinência de conduta. Recurso não provido (TRT15 — Decisão n. 000127/2011-PATR — Recurso Ordinário — Relator(a): José Antonio Pancotti).
(37) JUSTA CAUSA. MAU PROCEDIMENTO. TRATAMENTO HOSTIL CONTRA COLEGA DE TRABALHO. O mau procedimento caracteriza-se pelo comportamento inadequado do empregado, violando as regras de bom comportamento e respeito em relação às demais pessoas, de forma a prejudicar o ambiente de trabalho. Qualquer forma de agressão praticada contra colega de trabalho viola o dever social de boa conduta e de urbanidade, que se fundamenta no respeito pelo valor da dignidade do ser humano. Os atos de urbanidade e civilidade precedem e conduzem às boas ações, de forma que, quem assim procede, orienta a vida pelas virtudes sociais da tolerância, da justiça e do

Na espécie mau procedimento enquadram-se quaisquer comportamentos ilícitos do empregado que não encontrem amparo nos demais tipos previstos no art. 482 da CLT, de maneira que se transformou em verdadeira *cláusula de abertura*, daí mencionar a doutrina a necessidade de se apurar com maior rigor as imputações feitas ao empregado e caracterizadas pelo empregador como mau procedimento.

(c) negociação habitual por conta própria ou alheia sem permissão do empregador, e quando constituir ato de concorrência à empresa para a qual trabalha o empregado, ou for prejudicial ao serviço:

> Primeiramente, há que se ressaltar que a negociação hábil a gerar a extinção do contrato de trabalho é a habitual, ou seja, que se repete no tempo, ou, nas palavras de Luciano Martinez (2012:549), "praticado com repetibilidade, vale dizer, com frequência própria de quem atua em caráter profissional". Desta forma, não basta a prática de um único ato para configurar o tipo, mas exige-se a repetição, a habitualidade.

O tipo apresenta duas condutas diferentes. Em primeiro lugar, trata da negociação habitual praticada em concorrência ao empregador. Nesse caso, o empregado oferece aos clientes do empregador o mesmo serviço ou produto que este disponibiliza, normalmente, por preço inferior, configurando a concorrência desleal. É um reflexo do princípio da boa-fé contratual (CC, art. 422)[38].

O segundo aspecto do tipo é a negociação habitual prejudicial ao serviço. Nesse caso, o empregado não faz concorrência ao empregador, mas age de certa forma que, ao oferecer produtos ou serviços aos demais empregados, tumultua o ambiente de trabalho, fazendo que a qualidade do serviço diminua, o que, certamente, traz prejuízos ao empregador.

Importante salientar que, no segundo caso, se o empregado age com a permissão (expressa ou tácita) do empregador, a falta grave só se configura a partir do momento em que o empregado for expressamente advertido pelo

---

bem comum. É, pois, injustificável a atitude do obreiro, que se armou com um "pedaço de pau" para agredir ou ameaçar de agressão o seu colega de trabalho, ainda que este lhe estivesse supostamente importunando. Recurso Ordinário a que se nega provimento (TRT15 — Decisão n. 080636/2012-PATR — Recurso Ordinário — Relator(a): Ana Paula Pellegrina Lockmann).

(38) JUSTA CAUSA. COMERCIALIZAÇÃO DE PRODUTOS CONCORRENTES. CARACTERIZAÇÃO. O conjunto probatório também deixou claro que o reclamante comercializava produtos concorrentes aos da reclamada, cuja composição química era idêntica à dos fabricados pela ré. Com efeito, o reclamante, em razão do seu cargo na empresa, tinha acesso e utilizava-se de certo *software* contendo as fórmulas de produtos da reclamada e dos matizes nutricionais de seus componentes. A cópia desse *software* foi encontrada na residência do autor sem que houvesse autorização pela empresa para a retirada ou utilização desse material fora das suas dependências. Nesse sentido, conclui-se que realmente ficou demonstrado que o reclamante produzia e comercializava produtos utilizando-se de material de propriedade da reclamada, sem autorização desta, restando configurados os atos de concorrência desleal e negociação habitual que fundamentaram a justa causa aplicada (TRT15 — Decisão n. 005727/2006-PATR — Recurso Ordinário — Relator(a): Luiz Carlos de Araújo).

empregador. Caso não haja permissão do empregador, a falta grave está configurada com a simples demonstração do prejuízo ao ambiente de trabalho.

(d) <u>condenação criminal do empregado, passada em julgado, caso não tenha havido suspensão da execução da pena:</u>

O empregado condenado criminalmente à pena privativa de liberdade pode ter seu contrato de trabalho resolvido por justa causa, na forma do art. 482, alínea *d*, da CLT. O que justifica a terminação do contrato de trabalho por parte do empregador é a impossibilidade de o empregado prestar os serviços para os quais fora contratado, tendo em vista encontrar-se encarcerado[39].

Alguns pontos devem ser ressaltados: (i) somente a condenação criminal transitada em julgado permite a resolução do contrato de trabalho; (ii) a condenação deve resultar em pena privativa de liberdade em regime fechado, o qual impede o empregado de prestar serviços; (iii) o condenado não pode ter sido beneficiado pela suspensão condicional da pena (CPP, art. 696).

Caso o empregado tenha sido beneficiado com a suspensão condicional do processo, tenha sido condenado à pena restritiva de direitos ou à pena privativa de liberdade em regime aberto, não se configura a falta grave aqui mencionada, de maneira que, se o empregador quiser romper o contrato, poderá fazê-lo sem justa causa.

(e) <u>desídia no desempenho das respectivas funções:</u>

A desídia se caracteriza pela preguiça, pelo desinteresse, por realizar o trabalho sem a dedicação necessária:

REINCIDÊNCIA EM FALTAS INJUSTIFICADAS. DESÍDIA. JUSTA CAUSA CONFIGURADA. A reiteração em ausência injustificada ao trabalho configura desídia, passível de rescisão por justa causa obreira, a teor do previsto no art. 482, *e*, da CLT. Recurso do reclamante a que se nega provimento. (TRT15 — Decisão n. 006416/2013-PATR — Recurso Ordinário — Relator(a): Carlos Alberto Bosco)

---

(39) CONDENAÇÃO CRIMINAL — JUSTA CAUSA — CARACTERIZAÇÃO. A condenação criminal transitada em julgado, sem suspensão da execução da pena, é motivo ensejador da ruptura do contrato de trabalho, nos termos do art. 482, "d", da CLT, ainda que a tipificação do crime tenha decorrido de evento externo à relação empregatícia (TRT15 — Decisão n. 034445/2011-PATR — Recurso Ordinário — Relator(a): Gisela Rodrigues Magalhães de Araújo e Moraes).
JUSTA CAUSA. APROPRIAÇÃO INDÉBITA. ABSOLVIÇÃO NO JUÍZO CRIMINAL. ARTS. 935 DO CCB E 66 DO CPP. O empregado dispensado por justa causa e que tenha sido absolvido no Juízo Criminal por falta de provas do cometimento do crime de apropriação indébita não tem a reversão da pena no Juízo Trabalhista, eis que permanecem os fatos motivadores da dispensa, quando comprovados na justiça especializada (TRT15 — Decisão n. 022203/2011-PATR — Recurso Ordinário — Relator(a): Flavio Allegretti de Campos Cooper).

DISPENSA POR JUSTA CAUSA. MANUTENÇÃO. ART. 482, "e" da CLT. A desídia caracteriza-se pela prática habitual de atos que infringem o bom andamento das tarefas a serem executadas, tais como atrasos, faltas injustificadas, abandono do local de trabalho durante a jornada, dentre outros. Havendo prova cabal do comportamento funcional reiteradamente desidioso da obreira, não há que se falar em nulidade da justa causa aplicada. (TRT15 — Decisão n. 100698/2012-PATR — Recurso Ordinário — Relator(a): Eder Sivers)

Importante ressaltar que, como regra, a desídia exige histórico faltoso do empregado, de maneira que ele só pode ser dispensado por justa causa em caso de conduta desidiosa reiterada.

(f) embriaguez habitual ou em serviço:

Luciano Martinez (2012:552) leciona que "a embriaguez é um estado de torpor ou de excitação provocado pelo uso de drogas, entre as quais se destaca, pelos costumes sociais, a bebida alcoólica. A depender da gradação, a embriaguez pode produzir desde uma leve excitação até a perda dos reflexos, culminando na avaria do discernimento e da percepção".

A figura comporta dois comportamentos diferentes. Em primeiro lugar, refere-se à embriaguez habitual, ou seja, o empregado que tem por hábito o consumo de bebidas alcoólicas, tornando-se alcoólatra.

O alcoolismo é doença cadastrada pela Organização Mundial de Saúde (CID F10.2), de maneira que o empregado alcoólatra precisa de tratamento, e o empregador, exercendo sua função social, deve encaminhar o empregado para cuidar da saúde. Os primeiros quinze dias são custeados pelo empregador e os demais pelo INSS, pois o alcoolismo permite a concessão de benefício previdenciário[40].

---

(40) ALCOOLISMO CRÔNICO — JUSTA CAUSA NÃO CONFIGURADA. O alcoolismo crônico, catalogado no Código Internacional de Doenças com nomenclatura de "síndrome de dependência do álcool", enseja tratamento médico, posto que o portador dessa síndrome tem compulsão pelo consumo de álcool, circunstância que o leva à perda da sua capacidade de raciocínio, tornando-o irresponsável pelas suas atitudes. Pois bem, com o advento do novo Código Civil, os ébrios habituais passaram a ser considerados relativamente incapazes (art. 4º, II), reconhecendo assim o legislador que o alcoólatra contumaz é uma pessoa doente, devendo ser tratada. Tal disposição vem ao encontro do contido em nossa atual Constituição Federal que deu especial valor à dignidade humana, como se constata em seu art. 1º, inciso III, assegurando, ainda, a prevalência do interesse social sobre o interesse particular (arts. 5º, XXIII e 170, III) e ressaltando que a ordem social tem como base o primado do trabalho, e como objetivo o bem-estar e a justiça social (art. 193 da CF). Recurso Provido (TRT15 — Decisão n. 054443/2008-PATR — Recurso Ordinário — Relator(a): Lorival Ferreira dos Santos).
EMBRIAGUEZ HABITUAL OU EM SERVIÇO. CAUSA DE SUSPENSÃO CONTRATUAL. O alcoolismo é considerado doença, constando do CID T-51. O Código Civil, art. 4º, II, reputa os ébrios habituais como relativamente incapazes. Sofrendo de moléstia, ainda que rejeitada socialmente, caberia o encaminhamento ao órgão previdenciário para tratamento e ser inserido nos programas de reabilitação (art. 62 da Lei n. 8.213/91), e não descarte do empregado com justa causa (TRT15 — Decisão n. 001495/2008-PATR — Recurso Ordinário — Relator(a): Flavio Allegretti de Campos Cooper).

Assim, o empregado só poderá ser dispensado por justa causa se negar-se a realizar o tratamento proposto ou se desistir do tratamento já iniciado.

Já a embriaguez em serviço enseja a dispensa do empregado por justa causa sem a necessidade de histórico faltoso, quanto mais se a atividade dele puder colocar outras pessoas em risco[41].

(g) violação de segredo da empresa:

Ricardo Resende (2011:639) escreve que "o empregado quebra a confiança nele depositada ao revelar para terceiros, notadamente concorrentes do empregador, quaisquer informações sigilosas de que tenha conhecimento em razão do desempenho de suas funções".

Além disso, a violação de segredo é crime previsto no art. 154 do CP[42], com pena de detenção de 3 meses a 1 ano, e multa[43].

(h) ato de indisciplina ou de insubordinação:

Indisciplina é o descumprimento de ordens gerais, dadas a todos os empregados pelo empregador ou prepostos. Insubordinação é o desacato a uma

---

[41] JUSTA CAUSA. ATIVIDADE DE MOTORISTA. INGESTÃO DE BEBIDA ALCÓOLICA DURANTE EXPEDIENTE. INEXISTÊNCIA DE ALCOOLISMO CRÔNICO. Com o advento do novo Código Civil, os ébrios habituais passaram a ser considerados relativamente incapazes (art. 4º, II), reconhecendo assim o legislador que o alcoólatra contumaz é uma pessoa doente, devendo ser tratada. Portanto, o alcoolismo crônico, catalogado no Código Internacional de Doenças com a nomenclatura de "síndrome de dependência do álcool", não autoriza o enquadramento na justa causa para a dispensa, ensejando, isso sim, tratamento médico. Contudo, tratando-se de motorista que vem a ingerir bebida alcoólica durante o expediente, sem qualquer relação com a enfermidade em questão, há de se considerar a existência de motivo suficiente para amparar a ruptura justificada do vínculo (alínea "f" do art. 482 da CLT), uma vez que a ingestão de bebida alcoólica, neste caso, reveste-se de maior gravidade pela própria natureza da atividade exercida pelo obreiro (motorista), na medida em que põe em risco a vida ou integridade física de usuários do transporte público e da coletividade, sem desconsiderar, ainda, que uma eventual responsabilidade recairia sobre a empresa, no caso de ocorrência de algum acidente. Recurso ordinário provido neste aspecto (TRT15 — Decisão n. 043858/2006-PATR — Recurso Ordinário — Relator(a): Lorival Ferreira dos Santos).
[42] VIOLAÇÃO DO SEGREDO PROFISSIONAL. Art. 154 — Revelar alguém, sem justa causa, segredo, de que tem ciência em razão de função, ministério, ofício ou profissão, e cuja revelação possa produzir dano a outrem: Pena — detenção, de três meses a um ano, ou multa. Parágrafo único — Somente se procede mediante representação.
[43] JUSTA CAUSA. VIOLAÇÃO DE SEGREDO DA EMPRESA. CONCORRÊNCIA DESLEAL. Caracteriza justa causa por violação de segredo da empresa e concorrência desleal a prática de atos consistentes em apropriação e comercialização irregular de programas de informática desenvolvidos pela empresa (TRT15 — Decisão n. 000644/2000-SPAJ — Recurso Ordinário — Relator(a): Eduardo Benedito de Oliveira Zanella).
JUSTA CAUSA — VIOLAÇÃO DE SEGREDO DA EMPRESA — LETRA "G" DO ART. 482 DA CLT. Retirada de amostras da matéria-prima utilizada na fabricação de produtos da empresa, não guardadas em local restrito, não configura violação de segredo industrial da empresa. O segredo pressupõe cuidados especiais na sua guarda (TRT15 — Decisão n. 032485/1999-SPAJ — Recurso Ordinário — Relator(a): Luiz Antonio Lazarim).

ordem individual, dada diretamente ao empregado pelo empregador ou prepostos. Os julgados a seguir mencionados auxiliam na compreensão do tema:

> JUSTA CAUSA. INDISCIPLINA E INSUBORDINAÇÃO. DESCONTENTAMENTO COM O VALOR DO CORTE DA CANA-DE-AÇÚCAR. NÃO CARACTERIZAÇÃO. O empregador não é obrigado a manter o trabalhador que está descontente com o valor do trabalho realizado, mas a justa causa só pode ser aplicada se preenchidos todos os requisitos legais. Pleitear que o preço da cana-de-açúcar cortada seja majorado é direito legítimo. (TRT15 — Decisão n. 069316/2011-PATR — Recurso Ordinário — Relator(a): Edmundo Fraga Lopes)

> RESCISÃO CONTRATUAL. JUSTA CAUSA. MERA ADESÃO A MOVIMENTO GREVISTA. REVERSÃO. A participação do trabalhador em movimento grevista constitui direito assegurado pela Constituição Federal, não sendo tal fato suficiente para ensejar a rescisão contratual por justa causa, sobretudo quando ausente a comprovação pelo empregador de que o trabalhador praticou atos de indisciplina e insubordinação durante o período de paralisação. Aliás, é entendimento consagrado na Súmula n. 316 do STF que "a simples adesão à greve não constitui falta grave". (TRT15 — Decisão n. 056221/2011-PATR — Recurso Ordinário — Relator(a): Fabio Grasselli)

> RECURSO ORDINÁRIO — JUSTA CAUSA — ABANDONO DE POSTO DE TRABALHO E OFENSA AO SUPERIOR HIERÁRQUICO — ART. ART. 482, "H" E "K" DA CLT. Tendo o autor confessado, em depoimento, que deixou sua máquina de trabalho no decorrer do expediente normal de trabalho, sem autorização dos superiores, visando a procurar seu telefone celular no vestiário e no estacionamento da empresa, resta presente a figura da indisciplina. Por outro lado, a sua conduta, ao responder à cobrança do superior hierárquico com palavras de baixo calão, possui enquadramento preciso no art. 482, alínea "k", da CLT. A conjugação das infrações torna cabível a rescisão motivada, como procedido pela empresa. Recurso a que se nega provimento. (TRT15 — Decisão n. 002805/2011-PATR — Recurso Ordinário — Relator(a): Luiz José Dezena da Silva)

Para configuração do tipo mencionado, porém, é preciso que a ordem dada pelo superior hierárquico seja <u>manifestamente legal</u>, pois se o empregado negou-se a cumprir ordem claramente contrária à lei, não se caracteriza a indisciplina, tampouco a insubordinação.

Luciano Martinez (2012:554-555) levanta questões interessantes: (i) o empregador deve cumprir as normas de segurança do trabalho e determinar que sejam cumpridas pelos empregados (CLT, art. 157, inc. I e II), enquanto estes são obrigados a cumpri-las (CLT, art. 158), sob pena de caracterização de insubordinação/indisciplina; (ii) as horas extras exigidas pelo empregador a fim de dar atendimento à necessidade imperiosa do serviço devem ser atendidas pelo empregado (CLT, art. 240), sob pena de caracterização de insubordinação/indisciplina; (iii) o empregado pode deixar de trabalhar em determinados dias da semana atendendo a preceitos religiosos, desde que tal situação tenha sido previamente ajustada com o empregador, pois, caso contrário, o empregado não poderá deixar de trabalhar nos dias considerados sagrados, sob pena de caracterização de insubordinação/indisciplina.

(i) abandono de emprego:

Ocorre o abandono de emprego quando o empregado falta reiteradamente ao trabalho sem qualquer espécie de justificativa para o empregador. Caracteriza-se a falta grave a partir do 31º dia de ausência do empregado, conforme prevê a Súmula n. 32 do TST:

> ABANDONO DE EMPREGO (nova redação) — Res. n. 121, DJ 19, 20 e 21.11.2003. Presume-se o abandono de emprego se o trabalhador não retornar ao serviço no prazo de 30 (trinta) dias após a cessação do benefício previdenciário nem justificar o motivo de não o fazer.

Note-se que a Súmula n. 32 do TST refere-se à situação específica do empregado que não retorna ao trabalho após cessão de benefício previdenciária. Entretanto, pela ausência de previsão legal de prazo caracterizador do abandono de emprego, o prazo mencionado na Súmula tem sido aplicado, igualmente, aos demais casos de abandono de emprego.

Se o empregado faltar injustificadamente por 30 dias ou mais, mas de forma intercalada, não caracteriza o abandono de emprego, mas, sim, desídia. Mauricio Godinho Delgado (*apud* RESENDE, 2011:641) entende possível o reconhecimento do abandono de emprego na hipótese acima, desde que fique evidenciada a intenção do empregado de romper o contrato de trabalho, por exemplo, quando o empregado já tem outro trabalho. Tal opinião também é sustentada por Homero Batista Mateus da Silva (2011:294-295).

(j) ato lesivo da honra ou da boa fama praticado no serviço contra qualquer pessoa, ou ofensas físicas, nas mesmas condições, salvo em caso de legítima defesa, própria ou de outrem:

Nessa hipótese, o empregado pratica ofensas físicas ou morais, contra qualquer pessoa, no ambiente de trabalho. Não caracteriza a falta grave se o empregado age em legítima defesa própria ou de outrem:

> BRIGA NO AMBIENTE DE TRABALHO. AGRESSÕES FÍSICAS MÚTUAS. NÃO CONFIGURADA LEGÍTIMA DEFESA PELO RECLAMANTE. Não configura legítima defesa do reclamante que revidou o empurrão do colega com uma vassourada. Houve, no caso, agressões verbais e físicas, de forma mútua e recíproca, não se podendo estabelecer com segurança, quem efetivamente foi o causador da briga. Justa causa devidamente aplicada. (TRT15 — Decisão n. 046790/2012-PATR — Recurso Ordinário — Relator(a): Luiz Roberto Nunes)
>
> JUSTA CAUSA. BRIGA ENTRE EMPREGADOS, CULMINANDO EM AGRESSÕES FÍSICAS. A comprovação de que o reclamante participou de briga com

outro colega de trabalho, inclusive com troca de agressões físicas, sem qualquer prova da alegação de legítima defesa, autoriza a ruptura contratual por justa causa, nos exatos termos da alínea "j" do art. 482 da CLT, tendo em vista que foram infringidas regras básicas de conduta de convivência social, com postura contrária a boa imagem da empregadora. (TRT15 — Decisão n. 012701/2011-PATR — Recurso Ordinário — Relator(a): Gisela Rodrigues Magalhães de Araújo e Moraes)

(k) ato lesivo da honra ou da boa fama ou ofensas físicas praticadas contra o empregador e superiores hierárquicos, salvo em caso de legítima defesa, própria ou de outrem:

Nesse tipo, o empregado pratica ofensas físicas ou morais contra o empregador diretamente ou contra superiores hierárquicos. Essa falta grave, diferentemente da anterior, pode ocorrer fora do ambiente de trabalho.

(l) prática constante de jogos de azar:

Jogos de azar são aqueles que não dão ao jogador a possibilidade de usar o conhecimento ou a habilidade para vencer, mas são unicamente dependentes da sorte. A prática reiterada de jogos de azar no ambiente de trabalho, ou fora dele, desde que tal situação afete o ambiente de trabalho, é passível de resolução contratual.

Finalizando a análise das faltas graves, são necessárias três observações:

> (a) a falta grave prevista no art. 508 da CLT ("Considera-se justa causa, para efeito de rescisão de contrato de trabalho do empregado bancário, a falta contumaz de pagamento de dívidas legalmente exigíveis") foi revogada pela Lei n. 12.347/10.
>
> (b) Homero Batista Mateus da Silva (2011:275) destaca a redação do art. 23, parágrafo único, do Decreto n. 73.626/74, o qual regulamenta a Lei n. 5.889/73: *"Constitui justa causa, para rescisão do contrato de trabalho, além das apuradas em inquérito administrativo processado pelo Ministério do Trabalho e Previdência Social, a incapacidade total e permanente, resultante de idade avançada, enfermidade ou lesão orgânica, comprovada mediante perícia médica a cargo da Delegacia Regional do Trabalho"*. O autor classifica a justa causa aqui descrita como "legal, mas imoral e ilegítima", haja vista que o citado diploma considera como falta grave a idade avançada do trabalhador.
>
> (c) DIREITOS DO EMPREGADO: na dispensa por justa causa o empregado perde o direito ao aviso-prévio, à multa fundiária, ao saque do FGTS e ao recebimento do seguro-desemprego, além dos direitos não adquiridos, quais sejam, férias e 13º salário proporcionais.

13.3. Extinção do contrato de trabalho por iniciativa do empregado

13.3.1. Pedido de demissão

A demissão é ato privativo do empregado, de maneira que somente o empregado pode se demitir. A rescisão por parte do empregador é chamada de dispensa ou despedida.

Se o pedido feito pelo empregado for livre de vícios que possam macular a manifestação de vontade dele, o empregador é obrigado a aceitar.

Quando o empregado pede demissão, ele não recebe a multa fundiária, não saca o FGTS e não tem direito ao seguro-desemprego. No entanto, tem direito ao recebimento das férias proporcionais (Súmula n. 261 do TST), bem como ao recebimento do 13º salário proporcional (Súmula n. 157 do TST).

Importante salientar que o empregado é obrigado a dar ao empregador aviso-prévio proporcional ao tempo de serviço, o qual poderá ter seu valor descontado dos haveres resilitórios caso não seja cumprido pelo empregado.

13.3.2. Dispensa indireta

Na dispensa indireta, o empregado pede a resolução do contrato de trabalho por ocorrência de falta grave do empregador, cujas hipóteses estão previstas no art. 483 da CLT. São elas:

(a) forem exigidos serviços superiores às suas forças, defesos por lei, contrários aos bons costumes, ou alheios ao contrato;

(b) for tratado pelo empregador ou por seus superiores hierárquicos com rigor excessivo;

(c) correr perigo manifesto de mal considerável;

(d) não cumprir o empregador as obrigações do contrato;

(e) praticar o empregador ou seus prepostos, contra ele ou pessoas de sua família, ato lesivo da honra e boa fama;

(f) o empregador ou seus prepostos ofenderem-no fisicamente, salvo em caso de legítima defesa, própria ou de outrem;

(g) o empregador reduzir o seu trabalho, sendo este por peça ou tarefa, de forma a afetar sensivelmente a importância dos salários.

A falta grave do empregador somente poderá ser reconhecida em juízo, de maneira que o empregado terá de ingressar com ação judicial para ver o contrato de trabalho extinto. Por essa razão, a CLT permite que o empregado permaneça afastado do trabalho até solução final da ação judicial (art. 483, § 1º).

Reconhecida a falta grave do empregador, o empregado terá direito ao recebimento das mesmas verbas que receberia em caso de dispensa sem justa causa por parte do empregador. Caso na seja reconhecida, será considerado o pedido de demissão do empregado.

OBS.: a morte do empregador pessoa física dá ao empregado o direito de postular a despedida indireta (CLT, art. 483, § 2º).

13.3.3. Culpa recíproca

A extinção do contrato do trabalho por culpa recíproca se dá quando empregado e empregador colaboraram para o fim da relação empregatícia. Nesse caso, o art. 484 da CLT prevê que as verbas resolutórias serão pagas ao empregado pela metade, com exceção dos direitos já adquiridos.

A Súmula n. 14 do TST especifica quais verbas serão reduzidas pela metade: *"CULPA RECÍPROCA (nova redação) — Res. n. 121, DJ 19, 20 e 21.11.2003. Reconhecida a culpa recíproca na rescisão do contrato de trabalho (art. 484 da CLT), o empregado tem direito a 50% (cinquenta por cento) do valor do aviso-prévio, do décimo terceiro salário e das férias proporcionais".*

13.3.4. Aposentadoria voluntária

A aposentadoria voluntária ocorre em três casos: por tempo de serviço, por tempo de contribuição e por idade.

Importante salientar que a aposentadoria voluntária não extingue automaticamente o contrato de trabalho, de maneira que, após a aposentadoria, o empregado continua trabalhando normalmente, e seu contrato só poderá ser rompido por iniciativa do empregador ou do próprio empregado[44].

---

(44) OJ N. 361 SDI-1/TST. APOSENTADORIA ESPONTÂNEA. UNICIDADE DO CONTRATO DE TRABALHO. MULTA DE 40% DO FGTS SOBRE TODO O PERÍODO (DJ 20, 21 e 23.5.2008). A aposentadoria espontânea não é causa de extinção do contrato de trabalho se o empregado permanece prestando serviços ao empregador após a jubilação. Assim, por ocasião da sua dispensa imotivada, o empregado tem direito à multa de 40% do FGTS sobre a totalidade dos depósitos efetuados no curso do pacto laboral.

13.4. Extinção do contrato de trabalho por motivos alheios à vontade das partes

13.4.1. Aposentadoria por invalidez

O empregado se aposenta por invalidez quando não tem mais condições físicas e/ou psicológicas de exercer nenhuma atividade remunerada.

O art. 475 da CLT garante ao empregado aposentado por invalidez a suspensão do contrato de trabalho pelo prazo definido na Lei n. 8.213/91, que é de <u>cinco anos</u>. Dentro do mencionado período, caso o empregado recupere a capacidade laborativa e a aposentadoria seja cancelada, o empregado terá direito de retornar ao posto de trabalho que ocupava anteriormente, tendo o empregador a opção de dispensá-lo e pagar-lhe as verbas resilitórias.

13.4.2. Morte do empregado

A morte do empregado extingue automaticamente o contrato de trabalho, e as verbas decorrentes serão pagas aos sucessores dele, na forma da Lei n. 6.858/80, primeiramente, aos sucessores cadastrados junto ao INSS e, não os havendo, aos sucessores elencados no CC.

13.4.3. *Factum principis*

Nesse caso, a extinção da relação de emprego ocorre por ato praticado pelo Poder Público que interfere, direta ou indiretamente, nas atividades do empregador, por exemplo, aumento de impostos, cancelamento de autorização para funcionar etc.

O empregado terá direito ao recebimento de todas as verbas resilitórias previstas em lei, e o empregador poderá buscar a indenização junto ao Poder Público responsável pelo prejuízo, conforme prevê o art. 486 da CLT.

<u>OBS.:</u> caracterizam a extinção do contrato de trabalho por motivos alheios a extinção do estabelecimento e a falência do empregador.

Capítulo

Aviso-Prévio

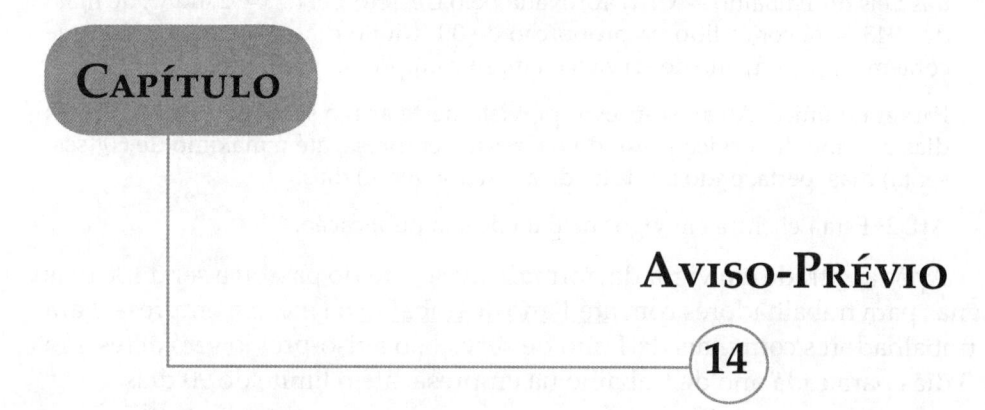

14

14.1. Noções iniciais

Para Amauri Mascaro Nascimento (*Iniciação ao direito do trabalho*, 2007b:423), aviso-prévio é a "comunicação que a parte que quer rescindir o contrato sem justa causa deve fazer à outra. Significa, também, o período durante o qual, após essa comunicação, o empregado ainda ficará trabalhando na empresa. Tem o sentido, finalmente, de pagamento em dinheiro do empregador ao empregado relativo a esses dias, mesmo que o trabalho não seja prestado".

A CLT, no art. 487, prevê dois prazos de aviso-prévio: 8 (oito) dias, se o pagamento for efetuado por semana ou tempo inferior, e 30 dias, aos que perceberem por quinzena ou mês, ou que tenham mais de 12 (doze) meses de serviço na empresa.

A CF, no art. 7º, inc. XXI, alçou o aviso-prévio a direito fundamental dos trabalhadores no Brasil, unificando, no entanto, o prazo em, no mínimo, 30 dias, de maneira que o inc. I do art. 487 da CLT não foi recepcionado.

Além disso, a CF trouxe a figura do aviso-prévio proporcional ao tempo de serviço, a qual só mereceu regulamentação com a edição da Lei n. 12.506, de 11 de outubro de 2011. A mencionada lei trouxe algumas alterações substanciais à figura do aviso-prévio, conforme demonstrado nas linhas abaixo.

LEI N. 12.506, DE 11 DE OUTUBRO DE 2011.

Dispõe sobre o aviso-prévio e dá outras providências.

A PRESIDENTA DA REPÚBLICA Faço saber que o Congresso Nacional decreta e eu sanciono a seguinte Lei:

Art. 1º O aviso-prévio, de que trata o Capítulo VI do Título IV da Consolidação das Leis do Trabalho — CLT, aprovada pelo Decreto-Lei n. 5.452, de 1º, de maio de 1943, será concedido na proporção de 30 (trinta) dias aos empregados que contem até 1 (um) ano de serviço na mesma empresa.

Parágrafo único. Ao aviso-prévio previsto neste artigo serão acrescidos 3 (três) dias por ano de serviço prestado na mesma empresa, até o máximo de 60 (sessenta) dias, perfazendo um total de até 90 (noventa) dias.

Art. 2º Esta Lei entra em vigor na data de sua publicação.

Após a entrada em vigor da norma, o aviso-prévio passou a ser de 30 dias apenas para trabalhadores com até 1 ano de trabalho na mesma empresa. Para os trabalhadores com mais de 1 ano de serviço, o aviso-prévio será acrescido de 3 dias para cada ano de trabalho na empresa, até o limite de 90 dias.

É o entendimento trazido pela Nota Técnica n. 184/12 do Ministério do Trabalho e Emprego, documento que se dispôs a esclarecer as inúmeras dúvidas deixadas pela Lei n. 12.506/11, a qual ainda demanda regulamentação.

Exemplos:

> TRABALHADOR X — admissão: 1º.1.2012; dispensa: 30.12.2012; aviso-prévio: 30 dias.
>
> TRABALHADOR Y — admissão: 1º.1.2012; dispensa: 30.12.2012; aviso-prévio: 42 dias.
>
> TRABALHADOR Z — admissão: 1º.1.2012; dispensa: 30.12.2012; aviso-prévio: 63 dias.
>
> TRABALHADOR W — admissão: 1º.1.2012; dispensa: 30.12.2012; aviso-prévio: 87 dias.
>
> TRABALHADOR K — admissão: 1º.1.2012; dispensa: 30.12.2012; aviso-prévio: 90 dias.

A Nota Técnica/MTE n. 184/12 ainda esclarece que o aviso-prévio proporcional é aplicado apenas em benefício dos trabalhadores, como determina o art. 7º, inc. XXI, da CF. Assim, em relação ao empregador, continuam válidas as regras previstas na CLT quanto ao desconto do valor do aviso-prévio das verbas resilitórias quando o empregado não dá ou não cumpre o aviso, bem como em relação ao cumprimento do aviso pelo empregado.

Melhor esclarecendo, se o empregado não comunica ao empregador sua intenção de romper antecipadamente o contrato com a antecedência mínima exigida em lei, tem este último o direito de descontar o valor do aviso-prévio das verbas resilitórias, como prevê o art. 487, § 2º, da CLT.

Aplicando-se o entendimento trazido pela Nota Técnica/MTE n. 184/12, o empregador poderia descontar, no máximo, 30 dias de aviso-prévio, pois a proporcionalidade se aplica somente em benefício do trabalhador.

Quanto à regra do art. 488 da CLT, esclarece a Nota Técnica/MTE n. 184/12 que a Lei n. 12.506/11 não trouxe alterações ao dispositivo consolidado, de maneira que a redução de 2 horas diárias ou de 7 dias corridos aplica-se a todo o período de aviso-prévio a ser cumprido pelo empregado.

Importante ressaltar que o direito ao aviso-prévio é irrenunciável pelo empregado, podendo fazê-lo, apenas, quando demonstrar que já possui outro emprego, conforme determina a Súmula n. 276 do TST:

> AVISO-PRÉVIO. RENÚNCIA PELO EMPREGADO (mantida) — Res. n. 121, DJ 19, 20 e 21.11.2003. O direito ao aviso-prévio é irrenunciável pelo empregado. O pedido de dispensa de cumprimento não exime o empregador de pagar o respectivo valor, salvo comprovação de haver o prestador dos serviços obtido novo emprego.

Na contagem do aviso-prévio exclui-se o dia de início, incluindo-se o vencimento, conforme prevê a Súmula n. 380 do TST.

> AVISO-PRÉVIO. INÍCIO DA CONTAGEM. ART. 132 DO CÓDIGO CIVIL DE 2002 (conversão da Orientação Jurisprudencial n. 122 da SBDI-1) — Res. n. 129, DJ 20, 22 e 25.4.2005. Aplica-se a regra prevista no *caput* do art. 132 do Código Civil de 2002 à contagem do prazo do aviso-prévio, excluindo-se o dia do começo e incluindo o do vencimento. (ex-OJ n. 122 da SBDI-1 — inserida em 20.4.1998)

14.2. Espécies de aviso

O aviso-prévio pode ser cumprido, quando o empregado passa o período do aviso prestando normalmente serviços ao empregador, ou indenizado, na hipótese em que o empregador dispensa o empregado do cumprimento do aviso, quando houver dispensa sem justa causa, ou quando o empregado não cumpre o aviso, no caso de pedido de demissão.

Se o aviso-prévio for cumprido, o empregado tem direito a uma redução de 2 horas diárias na jornada de trabalho, ou de 7 dias corridos, conforme determina o art. 488 da CLT. O objetivo é que o empregado tenha tempo livre para procurar outro posto de trabalho, a fim de que, ao término do contrato de trabalho, já possua outro trabalho.

Os períodos mencionados acima são de concessão obrigatória, não podendo ser substituídos pelo pagamento ao empregado como horas trabalhadas, como prevê a redação da Súmula n. 230 do TST:

> AVISO-PRÉVIO. SUBSTITUIÇÃO PELO PAGAMENTO DAS HORAS REDUZIDAS DA JORNADA DE TRABALHO (mantida) — Res. n. 121, DJ 19, 20 e 21.11.2003. É ilegal substituir o período que se reduz da jornada de trabalho, no aviso-prévio, pelo pagamento das horas correspondentes.

Cabe ressaltar que a *data de saída* anotada na CTPS será a correspondente ao final do período de aviso-prévio, tendo em vista que, independentemente da espécie, ele é tempo de serviço para quaisquer efeitos (OJ n. 82 da SDI-1 do TST).

Além disso, o aviso-prévio é computado no prazo de prescrição bienal (OJ n. 83 do SDI-1 do TST).

Dessa forma, se o aviso for cumprido, a rescisão será paga *até o primeiro dia útil imediato ao término do contrato*. Se o aviso for indenizado, o pagamento ocorrerá *até o décimo dia*, contado da data da notificação da demissão, quando da ausência do aviso-prévio, indenização dele ou dispensa de seu cumprimento (CLT, art. 477, § 6º).

AVISO CUMPRIDO EM CASA — O aviso-prévio cumprido em casa foi uma forma que os empregadores encontraram de o empregado não cumprir o aviso-prévio, mas receber as verbas resilitórias somente após o transcurso do prazo do aviso. Assim, o empregado fica em casa, como se estivesse trabalhando, aguardando a formalização da rescisão do contrato e o recebimento dos haveres que lhe são devidos. O TST equipara o aviso-prévio cumprido em casa ao indenizado, conforme se vê da redação da OJ n. 14 da SDI-1 do TST[45].

14.3. Cabimento do aviso-prévio e efeitos da não concessão

O aviso-prévio é cabível na dispensa sem justa causa, na demissão e na despedida indireta (CLT, art. 487, § 4º). Assim, aquele que pretende romper antecipadamente o contrato de trabalho deve dar aviso-prévio à outra parte.

O aviso-prévio transforma um contrato de prazo indeterminado em contrato por prazo determinado, pois a relação de emprego passa a ter termo certo de fim.

---

(45) AVISO-PRÉVIO CUMPRIDO EM CASA. VERBAS RESCISÓRIAS. PRAZO PARA PAGAMENTO. (título alterado e inserido dispositivo) — DJ 20.4.2005. Em caso de aviso-prévio cumprido em casa, o prazo para pagamento das verbas rescisórias é até o décimo dia da notificação de despedida.

A falta do aviso-prévio por parte do empregador dá ao empregado o direito aos salários correspondentes ao prazo do aviso, garantida sempre a integração desse período no seu tempo de serviço. A falta de aviso-prévio por parte do empregado dá ao empregador o direito de descontar os salários correspondentes ao prazo respectivo (CLT, art. 487, §§ 1º e 2º).

Os contratos por prazo indeterminado não admitem a figura do aviso, haja vista a incompatibilidade dos institutos. No entanto, é possível a aplicação do aviso-prévio se for utilizada a cláusula assecuratória do direito recíproco de rescisão antecipada, prevista no art. 481 da CLT.

DIRIGENTE SINDICAL — O dirigente sindical que registra a candidatura no curso do aviso-prévio, ainda que indenizado, não tem direito à estabilidade (Súmula n. 369 do TST).

HORAS EXTRAS — As horas extras habituais integram o aviso-prévio indenizado (CLT, art. 483, § 5º).

RECONSIDERAÇÃO — Cabe reconsideração do aviso-prévio desde que haja aceitação da outra parte (CLT, art. 489).

CAPÍTULO 15

ESTABILIDADE PROVISÓRIA NO EMPREGO

15.1. Dirigente sindical

Em conformidade com o art. 543, § 3º, da CLT[46], o dirigente sindical, bem como seu suplente, tem estabilidade provisória no emprego desde o registro da candidatura até um ano após o término do mandato, sendo que sua dispensa dentro do mencionado período só é possível se comprovada a ocorrência de falta grave por parte do dirigente.

A respeito do tema é relevante, ainda, a consulta à Súmula n. 369 do TST:

DIRIGENTE SINDICAL. ESTABILIDADE PROVISÓRIA (redação do item I alterada na sessão do Tribunal Pleno realizada em 14.9.2012) — Res. n. 185, DEJT divulgado em 25, 26 e 27.9.2012.

I — É assegurada a estabilidade provisória ao empregado dirigente sindical, ainda que a comunicação do registro da candidatura ou da eleição e da posse seja realizada fora do prazo previsto no art. 543, § 5º, da CLT, desde que a ciência ao empregador, por qualquer meio, ocorra na vigência do contrato de trabalho.

II — O art. 522 da CLT foi recepcionado pela Constituição Federal de 1988. Fica limitada, assim, a estabilidade a que alude o art. 543, § 3º, da CLT a sete dirigentes sindicais e igual número de suplentes.

---

(46) "Fica vedada a dispensa do empregado sindicalizado ou associado, a partir do momento do registro de sua candidatura a cargo de direção ou representação de entidade sindical ou de associação profissional, até 1 (um) ano após o final do seu mandato, caso seja eleito inclusive como suplente, salvo se cometer falta grave devidamente apurada nos termos desta Consolidação".

III — O empregado de categoria diferenciada eleito dirigente sindical só goza de estabilidade se exercer na empresa atividade pertinente à categoria profissional do sindicato para o qual foi eleito dirigente.

IV — Havendo extinção da atividade empresarial no âmbito da base territorial do sindicato, não há razão para subsistir a estabilidade.

V — O registro da candidatura do empregado a cargo de dirigente sindical durante o período de aviso-prévio, ainda que indenizado, não lhe assegura a estabilidade, visto que inaplicável a regra do § 3º do art. 543 da Consolidação das Leis do Trabalho.

Em primeiro lugar, cabe ressaltar que o TST considerou recepcionado pela CF o art. 522 da CLT, o qual limita o número de componentes da diretoria das entidades sindicais a 7 membros, apesar da expressa vedação da interferência estatal na organização do sindicato constante do art. 8º do Texto Constitucional.

Assim, a estabilidade provisória prevista no art. 543, § 3º, da CLT só é aplicável a 7 dirigentes sindicais e a 7 suplentes, a despeito de o sindicato poder incluir em seus quadros quantos dirigentes desejar. Se possuir mais de 7 membros na diretoria, deverá indicar expressamente quais deles possuem estabilidade provisória.

Entendeu, ainda, o TST, que o art. 543, § 5º, da CLT[47] foi recepcionado pela CF, de maneira que o prazo de 24 horas para comunicar o empregador sobre o registro da candidatura do empregado deve ser respeitado. Entretanto, com a alteração da redação do inc. I da Súmula n. 369 do TST, se o empregador for comunicado, ainda que fora do prazo acima mencionado, desde que ainda dentro da vigência do contrato de trabalho, a estabilidade persiste.

Em relação à Súmula n. 369 do TST, importante ainda ressaltar que a candidatura registrada no curso do aviso-prévio não gera a estabilidade mencionada no art. 543, § 3º, da CLT, tendo em vista que, concedido o aviso-prévio, o contrato de trabalho por prazo indeterminado transforma-se em contrato a termo, e essa espécie de contrato não admite estabilidade provisória.

Por fim, entende o TST que a extinção do estabelecimento coloca fim à estabilidade provisória do dirigente sindical, tendo em vista não se tratar se uma garantia pessoal, mas aplicável somente em razão da atividade do dirigente, a qual se extingue com a extinção do estabelecimento empresarial.

O dirigente sindical somente poderá ser dispensado de suas funções se demonstrada a prática de qualquer das faltas graves previstas no art. 482 da

---

(47) "Para os fins deste artigo, a entidade sindical comunicará por escrito à empresa, dentro de 24 (vinte e quatro) horas, o dia e a hora do registro da candidatura do seu empregado e, em igual prazo, sua eleição e posse, fornecendo, outrossim, a este, comprovante no mesmo sentido. O Ministério do Trabalho e Previdência Social fará no mesmo prazo a comunicação no caso da designação referida no final do § 4º."

CLT, o que deverá ser feito em procedimento judicial, ou seja, inquérito para apuração de falta grave (CLT, art. 853), assegurados o contraditório e a ampla defesa, conforme prevê a Súmula n. 379 do TST.

REINTEGRAÇÃO — O dirigente sindical ilegalmente afastado de suas funções será liminarmente reintegrado ao cargo, na forma do art. 659, inc. X, da CLT.

Os membros do Conselho Fiscal não possuem estabilidade provisória no emprego, tendo em vista não manterem contato direto com o empregador (OJ n. 365 da SDI-1/TST).

15.2. Cipeiro

O empregado cipeiro é componente da Comissão Interna de Prevenção de Acidentes — CIPA, órgão obrigatório para empresas que possuam 50 ou mais empregados, conforme determina a Norma Regulamentadora (NR) n. 5, publicada pela Portaria-MTE n. 3.214/78.

Em conformidade com o art. 164 da CLT, a CIPA será composta por representantes dos empregados e do empregador, proporcionalmente ao número total de empregados, como descreve a NR-5 do MTE.

Os representantes do empregador serão por ele indicados (CLT, art. 164, § 1º), e os representantes dos empregados serão eleitos por seus pares, em escrutínio secreto (CLT, art. 164, § 2º). O mandato será de um ano, permitida uma recondução (CLT, art. 164, § 3º).

O art. 10, inc. II, alínea *a* do ADCT garante ao empregado integrante da CIPA estabilidade provisória no emprego desde o registro da candidatura até um ano após o término do mandato, entendimento corroborado pela Súmula n. 339 do TST e por ela estendido aos suplentes.

Ressalte-se que a estabilidade provisória somente se aplica aos <u>membros eleitos</u>, não se estendendo aos representantes do empregador, a não ser que também tenham sido eleitos na forma do art. 164, § 2º, da CLT[48].

---

(48) CIPA. SUPLENTE. GARANTIA DE EMPREGO. CF/1988 (incorporadas as Orientações Jurisprudenciais ns. 25 e 329 da SBDI-1) — Res. n. 129, DJ 20, 22 e 25.4.2005. I — O suplente da CIPA goza da garantia de emprego prevista no art. 10, II, "a", do ADCT a partir da promulgação da Constituição Federal de 1988. (ex-Súmula n. 339 — Res. n. 39, DJ 22.12.1994 — e ex-OJ n. 25 da SBDI-1 — inserida em 29.3.1996). II — A estabilidade provisória do cipeiro não constitui vantagem pessoal, mas garantia para as atividades dos membros da CIPA, que somente tem razão de ser quando em atividade a empresa. Extinto o estabelecimento, não se verifica a despedida arbitrária, sendo impossível a reintegração e indevida a indenização do período estabilitário. (ex-OJ n. 329 da SBDI-1 — DJ 9.12.2003)

Assim como ocorre com o dirigente sindical, a estabilidade do cipeiro não sobrevive à extinção do estabelecimento empresarial a que ele estiver vinculado, tendo em vista tratar-se de garantia para as atividades inerentes à função, e não de garantia pessoal para o empregado.

15.3. Acidente de trabalho

O empregado vítima de acidente de trabalho tem estabilidade provisória no emprego de 12 meses após a cessação do benefício previdenciário, conforme previsto no art. 118 da Lei n. 8.213/91, e na Súmula n. 378 do TST.

> ESTABILIDADE PROVISÓRIA. ACIDENTE DO TRABALHO. ART. 118 DA LEI N. 8.213/91. (inserido item III) — Res. n. 185, DEJT divulgado em 25, 26 e 27.9.2012
>
> I — É constitucional o art. 118 da Lei n. 8.213/91 que assegura o direito à estabilidade provisória por período de 12 meses após a cessação do auxílio-doença ao empregado acidentado. (ex-OJ n. 105 da SBDI-1 — inserida em 1º.10.1997)
>
> II — São pressupostos para a concessão da estabilidade o afastamento superior a 15 dias e a consequente percepção do auxílio-doença acidentário, salvo se constatada, após a despedida, doença profissional que guarde relação de causalidade com a execução do contrato de emprego. (primeira parte — ex-OJ n. 230 da SBDI-1 — inserida em 20.6.2001)
>
> III — O empregado submetido a contrato de trabalho por tempo determinado goza da garantia provisória de emprego decorrente de acidente de trabalho prevista no art. 118 da Lei n. 8.213/91.

Para que a estabilidade provisória seja reconhecida ao empregado vítima de acidente do trabalho é preciso que ele tenha se afastado do trabalho por mais de 15 dias e percebido auxílio-doença acidentário.

Se a doença profissional for descoberta somente após a cessação do contrato de trabalho, e ficar demonstrado que ela teve origem durante a vigência do contrato, é possível a reintegração do empregado ao posto de trabalho e o reconhecimento da estabilidade provisória.

Por fim, cabe ressaltar que a Súmula n. 378 teve sua redação alterada pelo TST em 2012 e, após as modificações, passou a assegurar estabilidade provisória ao empregado vítima de acidente de trabalho mesmo em se tratando de contrato por prazo determinado, de maneira que a extinção do contrato fica postergada para o final do período estabilitário do empregado.

15.4. Gestante

A empregada gestante tem direito à estabilidade provisória no emprego desde a confirmação da gravidez até 5 meses após o parto, conforme prevê o art. 10, inc. II, alínea *b* do ADCT. A Lei n. 5.859/72 também garante estabilidade provisória à empregada doméstica (art. 4º-A).

A Súmula n. 244 do TST complementa o entendimento a respeito do assunto:

GESTANTE. ESTABILIDADE PROVISÓRIA (redação do item III alterada na sessão do Tribunal Pleno realizada em 14.9.2012) — Res. n. 185, DEJT divulgado em 25, 26 e 27.9.2012

I — O desconhecimento do estado gravídico pelo empregador não afasta o direito ao pagamento da indenização decorrente da estabilidade (art. 10, II, "b", do ADCT).

II — A garantia de emprego à gestante só autoriza a reintegração se esta se der durante o período de estabilidade. Do contrário, a garantia restringe-se aos salários e demais direitos correspondentes ao período de estabilidade.

III — A empregada gestante tem direito à estabilidade provisória prevista no art. 10, inciso II, alínea "b", do Ato das Disposições Constitucionais Transitórias, mesmo na hipótese de admissão mediante contrato por tempo determinado.

Há que se ressaltar que a gravidez não precisa ser conhecida previamente pelo empregador para gerar o direito à estabilidade provisória, tampouco ser comunicada com antecedência pela gestante, conforme consta do inc. I da Súmula n. 244 do TST.

Sergio Pinto Martins (2013:467) defende posicionamento contrário, entendendo que a palavra "confirmação" constante do art. 10, inc. II, alínea *b* do ADCT traz à empregada gestante a obrigação de informar o empregador de seu estado gravídico, sob pena de não se configurar a estabilidade, principalmente nos casos em que nem mesmo a empregada sabia da gravidez. Escreve o autor:

O empregador não tem como ser responsabilizado se a empregada não o avisa de que está grávida. Não se pode imputar a alguém uma consequência a quem não deu causa. Na data da dispensa não havia nenhum óbice à dispensa da trabalhadora, pois naquele momento não estava comprovada a gravidez ou era impossível constatá-la. Logo, não houve dispensa arbitrária com o objetivo de obstar o direito à garantia de emprego da gestante.

O art. 4º da Lei n. 9.029/95 estabelece que, ocorrendo a rescisão contratual da empregada durante o período gestacional, podem se dar duas situações distintas: (a) a readmissão com ressarcimento integral de todo o período de afastamento, mediante pagamento das remunerações devidas, corrigidas monetariamente, acrescidas dos juros legais; (b) a percepção, em dobro, da remuneração do período de afastamento, corrigida monetariamente e acrescida dos juros legais.

Importante dizer, ainda, que a empregada gestante tem direito à estabilidade provisória no emprego mesmo se tratando de contrato por prazo determinado, conforme consta do inc. III da Súmula n. 244 do TST, com redação dada pela Resolução n. 185/12 do TST.

15.5. Representante do conselho curador do FGTS

O Conselho Curador do FGTS, em conformidade com o art. 3º da Lei n. 8.036/90, é formado por representantes dos empregados, dos empregadores e do Ministério do Trabalho, além de outros órgãos governamentais definidos pelo Poder Executivo.

Aos representantes dos empregados é assegurada estabilidade provisória no emprego desde a nomeação até um ano após o término do mandato, que é de dois anos, permitida uma recondução (art. 3º, § 3º, da Lei n. 8.036/90). A garantia estende-se aos suplentes.

Dessa forma, o empregado membro do Conselho Curador do FGTS só pode perder seu emprego por ocorrência de falta grave, a qual deverá ser devidamente demonstrada em inquérito para apuração de falta grave (CLT, art. 853), como determina o art. 3º, § 9º, da Lei n. 8.036/90.

15.6. Representante no Conselho Nacional da Previdência Social — CNPS

O CNPS é formado pelos seguintes membros: I — seis representantes do Governo Federal; II — nove representantes da sociedade civil, sendo: a) três representantes dos aposentados e pensionistas; b) três representantes dos trabalhadores em atividade; c) três representantes dos empregadores.

O mandato é de dois anos, possível uma única recondução imediata (Lei n. 8.213/91, art. 3º, § 2º).

Os representantes dos trabalhadores em atividade, dos aposentados, dos empregadores e seus respectivos suplentes serão indicados pelas centrais sindicais e confederações nacionais (Lei n. 8.213/91, art. 3º, § 2º).

Os representantes dos empregados, e seus suplentes, têm garantia de emprego desde a nomeação até um ano após o término do mandato, nos termos do art. 3º, § 7º, da Lei n. 8.213/91, sendo que tal garantia também abrange os suplentes.

Durante a vigência da estabilidade provisória, o empregado só poderá ser dispensado diante da ocorrência de falta grave, a qual deverá ser devidamente demonstrada em inquérito para apuração de falta grave (CLT, art. 853), como determina o art. 3º, § 7º, da Lei n. 8.213/91.

15.7. Empregados eleitos diretores de sociedades cooperativas

Em conformidade com o art. 55 da Lei n. 5.764/71, os empregados eleitos diretores de sociedades cooperativas por eles mesmos criadas terão a mesma estabilidade provisória no emprego garantida aos dirigentes sindicais, ou seja, desde o registro da candidatura até um ano após o fim do mandato.

A garantia não se estende aos suplentes (OJ n. 253 da SDI-1 do TST).

15.8. Membros da comissão de conciliação prévia

Em conformidade com o art. 625-B, § 1º, da CLT, os representantes dos empregados eleitos para compor Comissão de Conciliação Prévia possuem estabilidade provisória no emprego até 1 ano após o final do mandato, salvo se cometerem falta grave, nos termos da lei. Existe a necessidade de intervenção judicial, por meio da propositura de inquérito para apuração de falta grave.

Analogicamente à condição do dirigente sindical, a estabilidade tem início com o registro da candidatura, nos termos do art. 543, § 1º, da CLT.

Caso ocorra falta grave, o empregador pode suspender o contrato de trabalho do empregado (CLT, art. 853), sendo que o inquérito para apuração de falta grave deverá ser proposto no prazo decadencial de 30 dias após a suspensão do contrato (Súmula n. 62 do TST e Súmula n. 403 do STF).

15.9. Empregado portador do vírus da AIDS ou de outra doença grave

A Súmula n. 443 do TST, integrada ao sistema jurídico trabalhista pela Resolução n. 185/12 do TST, impossibilita a dispensa do empregado portador do vírus HIV ou outra doença grave quando esta for a única motivação do desligamento do trabalhador:

DISPENSA DISCRIMINATÓRIA. PRESUNÇÃO. EMPREGADO PORTADOR DE DOENÇA GRAVE. ESTIGMA OU PRECONCEITO. DIREITO À REINTEGRAÇÃO. Presume-se discriminatória a despedida de empregado portador do vírus HIV ou de outra doença grave que suscite estigma ou preconceito. Inválido o ato, o empregado tem direito à reintegração no emprego.

Constatada a dispensa discriminatória do empregado[49], é cabível a reintegração ao cargo de origem e nas mesmas condições anteriores à dispensa, salvo quando for desaconselhável (CLT, art. 496), hipótese em que a dispensa será convertida em perdas e danos, nos termos da Lei n. 9.029/95.

---

(49) A Lei n. 12.984, de 2 de junho de 2014, considera crime punível com reclusão de 1 (um) a 4 (quatro) anos e multa: (a) negar emprego ou trabalho; (b) exonerar ou demitir de seu cargo ou emprego; e (c) segregar no ambiente de trabalho ou escolar pessoas portadoras do vírus HIV ou doentes de AIDS.

CAPÍTULO

REMUNERAÇÃO E SALÁRIO

16

16.1. Distinções entre remuneração e salário

Para Mauricio Godinho Delgado (2007:683), salário "é o conjunto de parcelas contraprestativas pagas pelo empregador ao empregado em função do contrato de trabalho". Francisco Ferreira Jorge Neto e Jouberto de Quadros Pessoa Cavalcante (2013:542) lecionam que a expressão salário tem origem na expressão latina *salarium argentum*, que significa pagamento em sal, forma esta usada para a remuneração dos soldados romanos.

Assim, o termo *salário* faz referência ao valor pago ao empregado pelo trabalho despendido em favor do empregador, sendo a retribuição pelo tempo e pela força gastos pelo trabalhador em favor dos fins colimados pela empresa, fazendo coro às palavras de Arnaldo Süssekind (2003:343). Sergio Pinto Martins (2013:243) complementa dizendo que "trabalho feito é trabalho ganho", haja vista que "a força despendida no trabalho é insuscetível de restituição".

Já remuneração refere-se ao conjunto de parcelas de natureza salarial que o trabalhador recebe em razão do trabalho prestado, as quais são acrescidas ao salário, conforme dispõe o art. 457 da CLT: "compreendem-se na remuneração do empregado, para todos os efeitos legais, além do salário devido e pago diretamente pelo empregador, como contraprestação do serviço, as gorjetas que receber".

Além das gorjetas, compõem a remuneração do trabalhador "as comissões, percentagens, gratificações ajustadas, diárias para viagens e abonos pagos pelo empregador" (CLT, art. 457, § 1º), bem como as parcelas pagas *in natura* (CLT, art. 458). É o entendimento de Arnaldo Süssekind (2003:343) quando escreve que a remuneração é "a resultante da soma do salário percebido em virtude do contrato de trabalho e dos proventos auferidos de terceiros, habitualmente, pelos serviços executados por força do mesmo contrato".

16.2. Formas de estipulação

(i) Por unidade de tempo: o empregado recebe salário fixo de acordo com o tempo que permanece à disposição do empregador (cf. NASCIMENTO. *Curso de direito do trabalho*. 2007a:852).

(ii) Por unidade de produção: também denominado por unidade de obra, leva em conta o resultado do trabalho do empregado, por exemplo, uma empresa que fabrica calçados pode remunerar o trabalhador pelo número de pares produzidos pelo trabalhador, prefixando uma tarifa para cada sapato (cf. NASCIMENTO. *Curso de direito do trabalho*. 2007a:854).

(iii) Por tarefa: o salário por tarefa ou misto baseia-se na produção do empregado em um determinado espaço de tempo, fixando-se, para tanto, um valor para cada unidade produzida. Sergio Pinto Martins (2013:248-249) acrescenta que o empregado "deve realizar durante a jornada de trabalho certo serviço que lhe é determinado pelo empregador. Terminado referido serviço, mesmo antes do fim do expediente, pode o empregado se retirar da empresa, pois já cumpriu suas obrigações diárias".

16.3. Características do salário

Segundo Mauricio Godinho Delgado (2007:708), o salário tem as seguintes características:

(a) caráter alimentar: deriva do papel socioeconômico que a parcela cumpre, atendendo, em geral, a um universo de necessidades pessoais e essenciais do indivíduo e de sua família, não importando o valor do salário percebido;

(b) caráter forfetário: derivado do princípio da alteridade, impõe o salário como obrigação do empregador, independentemente do resultado do empreendimento, pois é do empregador o risco da atividade (CLT, art. 2º, *caput*). A expressão forfetário deriva do francês *forfait, forfaitaire*, que significa "fixado com antecedência";

(c) indisponibilidade: o direito ao salário não pode ser transacionado, tampouco renunciado lesivamente pelo empregado;

(d) irredutibilidade: o salário não pode ser suprimido ou reduzido por ato unilateral do empregador, ainda que conte com a anuência do empregado (CF, art. 7º, inc. VI);

(e) periodicidade: o salário, por se tratar de obrigação de trato sucessivo, deve ser pago dentro de espaços temporais determinados. O art. 459 da CLT veda o pagamento do salário em período superior a um mês;

(f) persistência ou continuidade: a obrigação de o empregador pagar os salários mantém-se intacta, ainda que, sem culpa sua, haja insucesso no empreendimento, atendendo aos princípios da alteridade e da característica forfetária;

(g) natureza composta: o salário é composto não só pela contraprestação específica pelo trabalho prestado, mas também por outras parcelas de natureza remuneratória, por exemplo, adicionais, comissões, prêmios etc.;

(h) tendência à determinação heterônoma: a determinação do salário é feita mediante exercício da vontade unilateral ou bilateral das partes contratantes, respeitados parâmetros mínimos instituídos em lei ou em negociação coletiva;

(i) pós-numeração: o pagamento do salário, via de regra, é feito após decorrido o prazo da prestação do serviço gerador da verba.

16.4. Composição da remuneração

A remuneração do empregado, além do salário, que é a contraprestação pela efetiva prestação de serviços, compõe-se de outras parcelas, também de natureza salarial, as quais serão relacionadas a seguir.

Importante salientar que todas as verbas de natureza salarial ou indenizatória pagas a trabalhador devem ser especificadas no recibo de pagamento, não sendo possível que várias verbas sejam contempladas em uma única rubrica. É o que se chama de *salário complessivo*, expressamente condenado pela Súmula n. 91 do TST: "SALÁRIO COMPLESSIVO (mantida) — Res. n. 121, DJ 19, 20 e 21.11.2003. Nula é a cláusula contratual que fixa determinada importância ou percentagem para atender englobadamente a vários direitos legais ou contratuais do trabalhador".

16.4.1. Abono

Amauri Mascaro Nascimento (*Curso de direito do trabalho*. 2007a:896) escreve que "abono significa adiantamento em dinheiro. No sentido jurídico quer dizer antecipação salarial". Sergio Pinto Martins (2013:267), no mesmo sentido, afirma consistir o abono em "adiantamento em dinheiro, numa antecipação salarial ou num valor a mais que é concedido ao empregado".

Os abonos foram incluídos na remuneração do trabalhador pela Lei n. 1.999/53, a qual alterou a redação do § 1º do art. 457 da CLT. Assim, sempre que pagos, integram a remuneração do trabalhador para todos os fins legais, por exemplo, fundo de garantia e contribuição previdenciária.

Gustavo Felipe Barbosa Garcia (2013:394) ressalta que é possível a previsão, em norma específica, de abono sem natureza salarial, como é o caso do abono de férias previsto no art. 143 da CLT. Valentim Carrion (2013:204-205) e Sergio Pinto Martins (2013:267) lembram que o *abono de férias não possui natureza salarial quando inferior a 20 (vinte) dias* (CLT, art. 144), pois, ultrapassando tal prazo, incide a regra do art. 9º da CLT, atribuindo-se à totalidade da parcela paga natureza salarial (Portaria SPS n. 9/78, cf. CARRION, 2013:205)[(50)].

16.4.2. Adicionais

Amauri Mascaro Nascimento (*Curso de direito do trabalho*. 2007a:897) e Mauricio Godinho Delgado (2007:737) lecionam que adicional é algo que se acrescenta em virtude de o empregado exercer seu trabalho em circunstâncias mais gravosas, sendo compulsórios os a seguir relacionados:

(a) adicional de horas extras

O adicional de horas extras será de, no mínimo, 50% sobre o valor da hora normal de trabalho, conforme prevê o art. 7º, inc. XVI, da CF, de maneira que o § 1º do art. 59 da CLT não foi recepcionado.

---

(50) **OJ n. 346 SDI-1/TST** — ABONO PREVISTO EM NORMA COLETIVA. NATUREZA INDENIZATÓRIA. CONCESSÃO APENAS AOS EMPREGADOS EM ATIVIDADE. EXTENSÃO AOS INATIVOS. IMPOSSIBILIDADE (DJ 25.4.2007). A decisão que estende aos inativos a concessão de abono de natureza jurídica indenizatória, previsto em norma coletiva apenas para os empregados em atividade, a ser pago de uma única vez, e confere natureza salarial à parcela, afronta o art. 7º, XXVI, da CF/1988.

É devido em razão de trabalho extraordinário realizado pelo empregado, considerando-se extraordinárias as horas trabalhadas além da jornada normal de trabalho de um determinado empregado.

Assim, se a jornada normal é de 8 (oito) horas diárias e 44 (quarenta e quatro) semanais, serão consideradas extraordinárias as horas laboradas além do limite mencionado, as quais deverão ser acrescidas do adicional que ora se estuda.

As horas extras pagas com habitualidade integram o cálculo de outras verbas: (i) indenização — Súmula n. 24 do TST; (ii) 13º salário — Súmula n. 45 do TST; (iii) FGTS — Súmula n. 63 do TST; (iv) aviso-prévio indenizado — CLT, art. 487, § 5º; (v) gratificações semestrais — Súmula n. 115 do TST; (vi) férias — CLT, art. 142, § 5º; e (vii) descanso semanal remunerado — Súmula n. 172 do TST e Lei n. 605/49, art. 7º.

Em conformidade com a Súmula n. 347 do TST, *"o cálculo do valor das horas extras habituais, para efeito de reflexos em verbas trabalhistas, observará o número de horas efetivamente prestadas e a ele aplica-se o valor do salário-hora da época do pagamento daquelas verbas"*.

O empregado comissionista que labora em sobrejornada tem direito à remuneração das horas trabalhadas a mais, recebendo, no entanto, apenas o adicional de horas extras, tendo em vista que a hora trabalhada é remunerada em razão das comissões (Súmula n. 340 do TST).

Lei n. 8.906/94 (EOAB) — o advogado tem direito a horas extras não inferiores a 100% sobre o valor da hora normal, mesmo havendo contrato escrito (art. 20, § 2º).

Súmula n. 226 do TST — a gratificação por tempo de serviço integra o cálculo das horas extras.

OJ n. 97 SDI-1/TST — o adicional noturno integra a base de cálculo da hora extra prestada no período noturno.

Como já dito, as horas extras pagas com habitualidade integram a remuneração do trabalhador para fins de cálculo das demais verbas de natureza salarial. No entanto, não se incorporam à remuneração do empregado, o que significa dizer que podem ser suprimidas a qualquer tempo conforme interesse do empregador. A Súmula n. 291 do TST assegura ao trabalhador, tão somente, uma indenização correspondente a um mês das horas suprimidas para cada 12 meses de trabalho em sobrejornada:

HORAS EXTRAS. HABITUALIDADE. SUPRESSÃO. INDENIZAÇÃO. (nova redação em decorrência do julgamento do processo TST-IUJERR 10700-45.2007.5.22.0101) — Res. n. 174, DEJT divulgado em 27, 30 e 31.5.2011. A supressão total ou parcial, pelo empregador, de serviço suplementar prestado com habitualidade, durante pelo menos 1 (um) ano, assegura ao empregado o direito à indenização correspondente ao valor de 1 (um) mês das horas suprimidas, total ou parcialmente, para cada ano ou fração igual ou superior a seis meses de prestação de serviço acima da jornada normal. O cálculo observará a média das horas suplementares nos últimos 12 (doze) meses anteriores à mudança, multiplicada pelo valor da hora extra do dia da supressão.

A OJ n. 47 da SDI-1 do TST esclarece que "a base de cálculo da hora extra é o resultado da soma do salário contratual mais o adicional de insalubridade". É o posicionamento de Francisco Ferreira Jorge Neto e Jouberto de Quadros Pessoa Cavalcante (2013:559), Gustavo Felipe Barbosa Garcia (2013:395) e Luciano Martinez (2012:400).

Sergio Pinto Martins (2013:268), entendendo de forma diversa, assevera que o adicional de insalubridade não repercute no cálculo do adicional de horas extras, tendo em vista terem bases de cálculo diferentes, ou seja, enquanto o adicional de insalubridade é calculado sobre o salário mínimo (CLT, art. 192), o adicional de horas extras é calculado sobre a hora normal (CLT, art. 59, § 1º). Escreve o autor que "entender de modo diverso seria calcular adicional sobre adicional, o que é vedado quando ao adicional de periculosidade, como se verifica da Súmula n. 191 do TST".

Por fim, importante salientar a vedação da pré-contratação de horas extras, conforme salienta o TST na Súmula n. 199: "a contratação do serviço suplementar, quando da admissão do trabalhador bancário, é nula. Os valores assim ajustados apenas remuneram a jornada normal, sendo devidas as horas extras com o adicional de, no mínimo, 50% (cinquenta por cento), as quais não configuram pré-contratação, se pactuadas após a admissão do bancário".

(b) adicional noturno

O art. 7º, inc. IX, da CF assegura aos trabalhadores o direito de remuneração majorada para atividades realizadas em período noturno, sendo de 20% para aqueles que laboram, em *meio urbano*, das 22 horas às 5 horas (CLT, art. 73), e, em *meio rural*, de 25%, para aqueles que laboram das 21 horas às 5 horas em atividades de lavoura, e das 20 horas às 4 horas em atividades de pecuária (Lei n. 5.889/73, art. 7º).

Para os trabalhadores urbanos submetidos ao regime da CLT, a hora noturna é reduzida, ou seja, de 52 minutos e 30 segundos, conforme art. 73, §

1º, da CLT, não se aplicando, portanto, tal regra aos trabalhadores rurais, bem como àqueles regidos por leis específicas[51].

Para o advogado, considera-se período noturno aquele compreendido entre as 20 horas e as 5 horas, sendo o adicional de 25% (EOAB, art. 20, § 3º). No trabalho portuário o período noturno se estende das 19 horas às 7 horas (Lei n. 4.860/65, art. 4º), não havendo redução da hora de trabalho (OJ n. 60, inc. I, SDI-1/TST).

O adicional noturno pago com habitualidade integra o cálculo do salário do empregado para todos os efeitos legais, incidindo, por exemplo, em férias e 13º salário (Súmula n. 60, inc. I, do TST).

Se cumprida integralmente a jornada no período noturno e houver prorrogação para o período diurno, devido é também o adicional quanto às horas prorrogadas (Súmula n. 60, inc. II, do TST). Assim, a título de exemplo, se o empregado trabalha das 22 horas às 5 horas, ou seja, exerce suas funções em período integralmente noturno, tais horas serão acrescidas do adicional noturno e, havendo prorrogação até as 7 horas, o período trabalhado além das 5 horas também será atingido pelo adicional noturno.

Caso o empregado deixe de trabalhar em período considerado noturno desaparece a obrigação do empregador de pagar o adicional, conforme entendimento esposado na Súmula n. 265 do TST.

De acordo com o art. 7º, inc. XXXIII, da CF e com o art. 404 da CLT, ao menor de 18 anos de idade é proibido o trabalho noturno. No entanto, caso ocorra, o menor tem direito ao recebimento do adicional noturno, em face dos princípios da primazia da realidade e do não enriquecimento ilícito do empregador.

Importante salientar ainda que, após a edição da EC n. 72/13, a qual alterou a redação do parágrafo único do art. 7º da CF, os trabalhadores domésticos passaram a ter direito ao adicional noturno.

(c) adicional de insalubridade

O art. 7º, inc. XXIII, da CF assegura pagamento de adicional a todos os trabalhadores que operem em ambientes nos quais se constatem a existência de agentes insalubres.

Em conformidade com o art. 189 da CLT, "serão consideradas atividades ou operações insalubres aquelas que, por sua natureza, condições ou métodos

---

(51) **OJ n. 395 SDI-1/TST** — O trabalho em regime de turnos ininterruptos de revezamento não retira o direito à hora noturna reduzida, não havendo incompatibilidade entre as disposições contidas nos arts. 73, § 1º, da CLT e 7º, XIV, da Constituição Federal.

de trabalho, exponham os empregados a agentes nocivos à saúde, acima dos limites de tolerância fixados em razão da natureza e da intensidade do agente e do tempo de exposição aos seus efeitos".

A CLT divide as atividades insalubres conforme o risco ao qual o trabalhador fica exposto (art. 192). Se o risco é mínimo, o adicional será de 10%; se o risco é médio, o adicional será de 20%; se o risco é alto, o adicional será de 40%.

Além do adicional, o trabalho em condições insalubres gera para o empregador obrigações de cunho previdenciário, quais sejam, o <u>seguro de acidente de trabalho — SAT</u>, que pode ser de 1%, 2% ou 3% sobre a folha salarial do trabalhador conforme o grau de insalubridade a que esteja submetido seja mínimo, médio ou máximo, e o <u>financiamento da redução de tempo de serviço para aposentadoria especial</u>, que aumenta os encargos do empregador em 6%, 9% ou 12%, conforme o trabalhador possa se aposentar com 25, 20 ou 15 anos de contribuição (Lei n. 8.212/91, art. 22).

Ocorre que a partir de janeiro de 2010 passou a incidir sobre o SAT o Fator Acidentário de Prevenção — FAP, que multiplica a alíquota do SAT por 0,5% a 6%, a depender da situação da empresa quanto à incidência de doenças dos seus empregados, identificada pelo Nexo Técnico Epidemiológico Previdenciário (NTEP)[52] em relação ao seu segmento econômico.

O art. 190 da CLT impõe ao Ministério do Trabalho o dever de, por normas administrativas, identificar as atividades insalubres, os agentes causadores da insalubridade, o grau de exposição do trabalhador ao risco, bem como as medidas necessárias para proteção desse trabalhador exposto a risco.

As atividades insalubres são regulamentadas pela Norma Regulamentadora n. 15, mas conhecida pela sigla NR-15, publicada pela Portaria n. 3.214/78 do Ministério do Trabalho. De acordo com a NR-15, os agentes insalubres podem ser *físicos* (calor, frio, pressão), *químicos* (poeira, gases) ou *biológicos* (vírus, bactérias).

Para condenação do empregador ao pagamento do adicional de insalubridade não basta a constatação pelo perito da existência de agente insalubre,

---

(52) "O NTEP, a partir do cruzamento das informações de código da Classificação Internacional de Doenças — CID-10 e do código da Classificação Nacional de Atividade Econômica — CNAE aponta a existência de uma relação entre a lesão ou agravo e a atividade desenvolvida pelo trabalhador. A indicação de NTEP está embasada em estudos científicos alinhados com os fundamentos da estatística e epidemiologia. A partir dessa referência, a Medicina pericial do INSS ganha mais uma importante ferramenta auxiliar em suas análises para conclusão sobre a natureza da incapacidade ao trabalho apresentada, se de natureza previdenciária ou acidentária.
O NTEP foi implementado nos sistemas informatizados do INSS, para concessão de benefícios, em abril de 2007 e de imediato provocou uma mudança radical no perfil da concessão de auxílios-doença de natureza acidentária: houve um incremento da ordem de 148%. Esse valor permite considerar a hipótese de que havia um mascaramento na notificação de acidentes e doenças do trabalho" (Disponível em: <www.previdencia.gov.br>).

sendo necessário que tal agente conste da relação trazida pela NR-15, conforme art. 190 da CLT e Súmula n. 448 do TST[53].

O adicional de insalubridade tem como base de cálculo o salário mínimo, conforme consta do art. 192 da CLT. Ocorre que, em 30.4.2008, o STF aprovou a Súmula Vinculante n. 4, a qual veda a vinculação do salário para qualquer fim: *"salvo nos casos previstos na Constituição, o salário mínimo não pode ser usado como indexador de base de cálculo de vantagem de servidor público ou de empregado, nem ser substituído por decisão judicial".*

A Súmula Vinculante n. 4 do STF nada mais fez do que repetir o que consta no art. 7º, inc. IV, da CF, o qual, desde 1988, não permite que o salário mínimo seja atrelado a qualquer finalidade que não seja a de garantir renda mínima aos trabalhadores.

Diante da decisão do STF, concluiu-se pela não recepção do art. 192 da CLT pelo Texto Constitucional, de maneira que a base de cálculo do adicional de insalubridade não poderia mais ser o salário mínimo. Entretanto, o STF não indicou qual índice deveria ser utilizado, a partir de então, para cálculo do referido adicional.

Na tentativa de solucionar a questão, o TST deu nova redação à Súmula n. 228, citando como base de cálculo do adicional de insalubridade o "salário básico" do trabalhador, o que, ao menos em tese, resolveria o problema e beneficiaria aqueles que têm direito ao mencionado adicional:

> Súmula n. 228 do TST. ADICIONAL DE INSALUBRIDADE. BASE DE CÁLCULO (redação alterada na sessão do Tribunal Pleno em 26.6.2008) — Res. n. 148/2008, DJ 4 e 7.7.2008 — Republicada DJ 8, 9 e 10.7.2008. A partir de 9 de maio de 2008, data da publicação da Súmula Vinculante n. 4 do Supremo Tribunal Federal, o adicional de insalubridade será calculado sobre o salário básico, salvo critério mais vantajoso fixado em instrumento coletivo.

Verificando-se, contudo, a parte final da Súmula Vinculante n. 4 do STF, é possível encontrar a seguinte expressão: *"nem ser substituído por decisão judicial"*, o que significa que o TST, por Súmula, não poderia criar uma nova base de cálculo para o adicional de insalubridade, pois somente lei ordinária poderia fazê-lo.

---

(53) ATIVIDADE INSALUBRE. CARACTERIZAÇÃO. PREVISÃO NA NORMA REGULAMENTADORA N. 15 DA PORTARIA DO MINISTÉRIO DO TRABALHO N. 3.214/78. INSTALAÇÕES SANITÁRIAS. (conversão da Orientação Jurisprudencial n. 4 da SBDI-1 com nova redação do item II) — Res. n. 194, DEJT divulgado em 21, 22 e 23.5.2014. I — Não basta a constatação da insalubridade por meio de laudo pericial para que o empregado tenha direito ao respectivo adicional, sendo necessária a classificação da atividade insalubre na relação oficial elaborada pelo Ministério do Trabalho. II — A higienização de instalações sanitárias de uso público ou coletivo de grande circulação, e a respectiva coleta de lixo, por não se equiparar à limpeza em residências e escritórios, enseja o pagamento de adicional de insalubridade em grau máximo, incidindo o disposto no Anexo 14 da NR-15 da Portaria do MTE n. 3.214/78 quanto à coleta e industrialização de lixo urbano.

Foi o que constatou a Confederação Nacional da Indústria, quando propôs junto ao STF a Reclamação Constitucional n. 6.266, cuja relatoria foi destinada à Ministra Carmen Lúcia. Em 15.7.2008, o então Presidente do STF, Ministro Gilmar Mendes, concedeu medida liminar suspendendo os efeitos da Súmula n. 228 do TST, impedindo, portanto, sua aplicação.

Diante do imbróglio, o STF, adotando posicionamento da Ministra Carmen Lúcia, vem consolidando em seus julgados a aplicação do salário mínimo como base de cálculo até que venha lei ordinária regulamentando a questão. É o que a Corte Constitucional Alemã chama de *declaração de inconstitucionalidade sem a pronúncia de nulidade* (cf. MENDES, 1999).

(d) <u>adicional de periculosidade</u>

O adicional de periculosidade também tem base constitucional no art. 7º, inc. XXIII e, em conformidade com o art. 193 da CLT (com redação dada pela Lei n. 12.740/12), são consideradas atividades ou operações perigosas *"aquelas que, por sua natureza ou métodos de trabalho, impliquem risco acentuado em virtude de exposição permanente do trabalhador a: I — inflamáveis, explosivos ou energia elétrica; II — roubos ou outras espécies de violência física nas atividades profissionais de segurança pessoal ou patrimonial"*.

A Lei n. 12.997/14 introduziu o § 4º no art. 193, reconhecendo como perigosas as atividades de trabalhador em motocicleta.

O Ministério do Trabalho regulamentou o adicional de periculosidade por meio da NR-16, publicada em 1978 pela Portaria n. 3.214 do MTE.

O art. 193, § 1º, da CLT assegura ao trabalhador que exerce suas atividades em condições perigosas adicional de 30%, o qual deverá ser calculado sobre o salário do empregado. A base de cálculo do adicional de periculosidade, de acordo com o mesmo dispositivo legal, é o <u>salário</u> sem os acréscimos resultantes de *gratificações, prêmios* ou *participações nos lucros da empresa*.

A Súmula n. 191 do TST, entretanto, tem redação um pouco divergente do acima disposto: *"o adicional de periculosidade incide apenas sobre o salário básico e não sobre este acrescido de outros adicionais. Em relação aos eletricitários, o cálculo do adicional de periculosidade deverá ser efetuado sobre a totalidade das parcelas de natureza salarial"*.

Francisco Ferreira Jorge Neto e Jouberto de Quadros Pessoa Cavalcante (2013:555-556) entendem que o entendimento da Súmula n. 191 do TST não pode prevalecer, pois contraria a redação do art. 193, § 1º, da CLT, o qual exclui da base de cálculo do adicional de periculosidade apenas *gratificações, prêmios* ou *participações nos lucros da empresa*. Tal entendimento é seguido por Luciano Martinez (2013:399) e Valentim Carrion (2013:230). Em <u>sentido contrário</u> Carla Teresa Martins Romar (2013:389) e Sergio Pinto Martins (2013:276).

Tem direito ao adicional de periculosidade o empregado exposto permanentemente ou que, de forma intermitente, sujeita-se a condições de risco. Indevido, apenas, quando o contato dá-se de forma eventual, assim considerado o fortuito, ou o que, sendo habitual, dá-se por tempo extremamente reduzido (Súmula n. 364 do TST).

O empregado exposto à radiação ionizante tem direito ao adicional de periculosidade, conforme entendimento exposto pelo TST na OJ n. 345 SDI-1/TST:

> A exposição do empregado à radiação ionizante ou à substância radioativa enseja a percepção do adicional de periculosidade, pois a regulamentação ministerial (Portarias do Ministério do Trabalho ns. 3.393, de 17.12.1987, e 518, de 7.4.2003), ao reputar perigosa a atividade, reveste-se de plena eficácia, porquanto expedida por força de delegação legislativa contida no art. 200, *caput*, e inciso VI, da CLT. No período de 12.12.2002 a 6.4.2003, enquanto vigeu a Portaria n. 496 do Ministério do Trabalho, o empregado faz jus ao adicional de insalubridade.

(e) adicional de transferência

Em conformidade com o art. 469, § 3º, da CLT, todo empregado transferido para local de trabalho diverso e que, para tal mister, necessite mudar seu domicílio tem direito ao recebimento de adicional de transferência, que será de 25% calculado sobre a remuneração do trabalhador.

Tal transferência só é possível se houver anuência do empregado, com exceção dos ocupantes de cargo de confiança e daqueles empregados cuja necessidade de transferência tem previsão contratual (CLT, art. 469, *caput* e § 1º) e, em qualquer caso, demonstração da real necessidade do serviço, ou seja, deve o empregador demonstrar que a transferência não tem caráter punitivo, mas origina-se de uma necessidade da empresa (Súmula n. 43 do TST).

Como já dito, não há transferência sem alteração de domicílio (CLT, art. 469, *caput*). Além disso, o adicional somente é devido, nos termos da parte final do § 3º do art. 468 da CLT, "enquanto durar essa situação", do que se conclui que o adicional de transferência só é devido na transferência provisória (OJ n. 113 da SDI-1/TST).

O adicional de transferência tem natureza salarial, integrando a remuneração do trabalhador para todos os efeitos, inclusive para cálculo de férias e 13º salário (CARRION, 2013:418).

16.4.3. Comissões

Conforme Mauricio Godinho Delgado (2007:744), as comissões consistem em "parcelas contraprestativas pagas pelo empregador ao empregado em decorrência de uma produção alcançada pelo obreiro no contexto do contrato, calculando-se, variavelmente, em contrapartida a essa produção".

Carla Teresa Martins Romar (2013:332) ressalta tratarem as comissões de modalidade de salário pago por unidade de obra ou serviço, e, por sua natureza salarial, refletirão em férias, 13º salário, FGTS, contribuições previdenciárias, aviso-prévio, descanso semanal remunerado, horas extras e verbas rescisórias.

As comissões podem ser *puras*, ou seja, o empregado recebe unicamente a remuneração variável, ou *mistas*, recebendo o empregado uma parte da remuneração variável e outra fixa.

O art. 466 da CLT garante ao empregado direito às comissões sobre as vendas quando "ultimada a transação", o que ocorre se o empregador não recusar a proposta por escrito em 10 dias, ou 90 dias, se o empregador situa-se fora do Brasil (Lei n. 3.207/57, art. 3º).

A cessação das relações de trabalho não prejudica a percepção das comissões e percentagens devidas (CLT, art. 466, § 2º).

O empregador não pode descontar do empregado eventuais prejuízos com mercadorias não pagas ou devolvidas, vedada, portanto, a existência da cláusula *star del credere* nos contratos de empregados comissionistas. É o posicionamento de Mauricio Godinho Delgado (2009:694-695), Carla Teresa Martins Romar (2013:336) e Francisco Ferreira Jorge Neto e Jouberto de Quadros Pessoa Cavalcante (2013:569).

O art. 7º da Lei n. 3.207/57 prevê que o empregador tem direito de estornar as comissões que já houver pago ao empregado se ocorrer a insolvência do comprador. Entretanto, tal atitude *só é possível em caso de insolvência do comprador*, conforme interpretação restritiva do dispositivo feita pelo TST no PN n. 97: *"ressalvada a hipótese prevista no art. 7º da Lei n. 3.207/57, fica vedado às empresas o desconto ou estorno das comissões do empregado, incidentes sobre mercadorias devolvidas pelo cliente, após a efetivação de venda"*.

Por se tratar de verba de natureza salarial aplica-se a ela o princípio da *irredutibilidade*, previsto no art. 7º, VI, da CF. Carla Teresa Martins Romar (2013:333) ressalva que, por se tratar de verba tipicamente variável, a irredutibilidade atinge não o valor final pago ao empregado, mas os parâmetros de cálculo das comissões.

Enfim, é preciso dizer que, por se tratar de empregado, ainda que comissionista puro, o trabalhador tem direito ao recebimento de valor nunca inferior ao salário mínimo vigente ou ao piso profissional da categoria, conforme art. 78 da CLT e art. 1º da Lei n. 8.716/93.

16.4.4. Gratificações

Segundo José Cairo Júnior (2013:457), as gratificações são "acréscimos salariais pagos pelo empregador ao empregado sem que haja imposição legal nesse sentido, mas tendo como causa determinante condições especiais de trabalho, como tempo de serviço, o exercício de determinadas funções etc.".

Originalmente, as gratificações eram valores pagos ao empregado pelo empregador pela chamada *mera liberalidade*, isto é, sem que o trabalhador tenha de cumprir qualquer tarefa ou alcançar qualquer objetivo para merecê-las.

As gratificações terão natureza salarial quando <u>previamente ajustadas</u> entre empregado e empregador, tácita ou expressamente, haja vista que geram ao empregado expectativa de pagamento, caracterizando habitualidade. É o que se depreende da redação do art. 457, § 1º, da CLT. Passam, portanto, a integrar a remuneração do trabalhador para todos os efeitos.

Porém, se pagas, como já dito, por mera liberalidade, ou seja, sem ajuste prévio e sem expectativa de novo pagamento, as gratificações não serão consideradas de natureza salarial, não integrando a remuneração do trabalhador.

OBS.: <u>GRATIFICAÇÃO DE FUNÇÃO</u> — a gratificação de função, por exemplo, para ocupante de cargo de confiança (CLT, art. 62, parágrafo único), possui natureza salarial, integrando, portanto, a remuneração do trabalhador para todos os fins, podendo, no entanto, ser suprimida, se o trabalhador deixar de ocupar a função. Porém, em conformidade com a Súmula n. 372 do TST, se o adicional for pago por período superior a 10 anos, não pode mais ser suprimido, ainda que o empregado não ocupe mais a função designada pelo empregador.

16.4.5. Gratificação de Natal — décimo terceiro salário

Algumas gratificações, em virtude da habitualidade com que eram pagas, acabaram tornando-se obrigatórias, como é o caso da gratificação de Natal, instituída pela Lei n. 4.090/62 e regulamentada pelo Decreto n. 57.155/65, ambos recepcionados pelo art. 7º, inc. VIII, da CF.

Tem como origem o pagamento que as empresas costumeiramente faziam a seus empregados ao final de cada ano para realização das compras de Natal, conforme esclarecem Sergio Pinto Martins (2013:291) e José Cairo Júnior (2013:458).

Assim, ao fim de cada ano, o trabalhador recebe um valor equivalente à remuneração recebida no mês de dezembro, se fixa, ou a média das remunerações obtidas ao longo do ano, se variável. Por isso, tal gratificação foi apelidada de 13º salário, nomenclatura esta, inclusive, adotada pela CF.

A fração igual ou superior a 15 dias deve ser considerada como mês integral para o cálculo do 13º salário, conforme art. 1º, § 2º, da Lei n. 4.090/62.

A Lei n. 4.749/65 alterou a forma de pagamento do 13º salário, possibilitando a quitação em duas parcelas, sendo uma paga entre os meses de fevereiro e novembro, e a segunda até o dia 20 de dezembro.

A primeira parcela do 13º salário pode ser paga ao empregado por oportunidade das férias, desde que faça o requerimento no mês de janeiro do correspondente ano, como prevê a Lei n. 4.749/65, art. 2º, § 2º.

Em caso de resilição contratual, o empregado tem direito à proporcionalidade do 13º salário, caso o rompimento ocorra antes do final do ano, inclusive na hipótese de pedido de demissão (Súmula n. 157 do TST).

16.4.6. Gorjetas

Segundo Amauri Mascaro Nascimento (2007:905), gorjeta significa "a entrega de dinheiro, pelo cliente de uma empresa, ao empregado desta que o serviu, como testemunho da satisfação pelo tratamento recebido", e está prevista no art. 457 da CLT.

As gorjetas, ao contrário das demais parcelas recebidas pelo empregado, não são pagas pelo empregador, mas por terceiros, podendo ser oferecidas espontaneamente pelos clientes do empregador ao empregado, ou cobradas na nota de serviço, pertencendo, de qualquer forma, ao trabalhador (CLT, art. 457, § 3º).

Mauricio Godinho Delegado (2007:686) afirma que as gorjetas possuem natureza estritamente remuneratória, de maneira que integram a remuneração, mas não acarretam reflexos em outras verbas salariais. É o entendimento exposto pelo TST na Súmula n. 354:

> As gorjetas, cobradas pelo empregador na nota de serviço ou oferecidas espontaneamente pelos clientes, integram a remuneração do empregado, não servindo de base de cálculo para as parcelas de aviso-prévio, adicional noturno, horas extras e repouso semanal remunerado.

Sergio Pinto Martins (2013:289) esclarece que as gorjetas não incidem sobre o aviso-prévio porque este é calculado sobre o salário do mês da rescisão e não sobre a remuneração; sobre as horas extras e o repouso semanal remunerado, pois calculados sobre a remuneração do empregado, já tendo sido contempladas as gorjetas; sobre o adicional noturno, pois é calculado sobre o valor da hora de trabalho e já contempla as gorjetas.

Valentim Carrion (2013:379) escreve que as gorjetas integram a remuneração e não o salário, conforme prevê o art. 457 da CLT, de maneira que não refletem em aviso-prévio, adicional noturno, horas extras e repouso semanal remunerado, pois tais verbas têm por base de cálculo o salário *stricto sensu*.

As gorjetas, entretanto, acarretam reflexos em férias, 13º salário, FGTS e contribuições previdenciárias, haja vista que tais verbas possuem como base de cálculo a remuneração do trabalhador.

Carlos Henrique da Silva Zangrando (2008:816-817) critica o posicionamento do TST, entendendo que as gorjetas deveriam incidir em todas as verbas de natureza salarial, não se justificando a diferenciação feita pela Súmula n. 354: "Em suma, estamos diante da situação contraditória, em que a gorjeta se integra ao salário para alguns fins, e não para outros, a despeito de possuir a natureza jurídica salarial, da mesma forma que a gratificação natalina, o adicional noturno, as horas extras e o repouso semanal remunerado".

OBS.: GUELTAS — as gueltas, assim como as gorjetas, são valores pagos ao empregado por terceiros. Ao contrário das gorjetas, no entanto, não são pagas por clientes do empregador, mas pelos fornecedores dele. Luciano Martinez (2012:414) escreve que o sistema de gueltas é "comumente utilizado em agências de viagens, lojas de eletrodomésticos, farmácias e drogarias para incentivar a venda de produtos e serviços de determinado fornecedor". Possuem natureza salarial e integram a remuneração do trabalhador para todos os efeitos[54].

16.4.7. Prêmios

De acordo com José Cairo Júnior (2013:461), o prêmio "consiste em uma verba salarial não prevista em lei. Decorre, assim, de ajuste particular (contrato individual de trabalho), regulamento empresarial, sentença normativa, convenção ou acordo coletivo de trabalho".

---

(54) Informativo n. 81 do TST — GUELTAS. BONIFICAÇÕES PAGAS POR TERCEIROS EM VIRTUDE DO CONTRATO DE TRABALHO. NATUREZA JURÍDICA SALARIAL. SÚMULA N. 354 DO TST E ART. 457, § 3º, DA CLT. APLICAÇÃO POR ANALOGIA. Assim como as gorjetas, as gueltas — bonificações pagas ao empregado pelo fabricante do produto comercializado pelo empregador — decorrem diretamente do contrato de trabalho, integrando a remuneração do empregado, nos termos da Súmula n. 354 do TST e do art. 457, § 3º, da CLT, aplicados por analogia. Na espécie, em virtude de contrato de trabalho celebrado com empresa atacadista de produtos farmacêuticos e correlatos, a reclamante percebia, habitualmente, valores "extrarecibo" decorrentes de bonificações pagas por laboratórios a título de incentivo pela venda de medicamentos. Tal verba tem nítido caráter salarial, pois o incentivo dado ao empregado beneficia diretamente o empregador, em razão do incremento nas vendas e da repercussão no lucro do empreendimento. Com esses fundamentos, a SBDI-I, por unanimidade, não conheceu dos embargos interpostos pela reclamada, mantendo a decisão turmária que determinara a integração dos valores pagos por terceiros para fins de incidência nas férias mais 1/3, nos 13ºˢ salários e no FGTS mais 40%. Ressalvou entendimento o Ministro Alexandre Agra Belmonte. TST-E-RR-224400-06.2007.5.02.0055, SBDI-I, rel. Min. João Oreste Dalazen, 8.5.2014.

Ao contrário das gratificações, que são pagas por liberalidade do empregador, os prêmios são condicionados ao cumprimento de certas condições pelo empregado, por exemplo, assiduidade, meta de vendas, aposentadoria etc.

Importante ressaltar que os prêmios pagos com habitualidade possuem natureza salarial.

16.4.8. Parcelas não salariais

A remuneração do trabalhador ainda pode ser composta por parcelas que não possuem natureza salarial. José Cairo Júnior (2013:464) divide tais verbas em três grupos:

> (i) pela sua própria natureza: ajuda de custo e reembolso de despesas (desde que não excedam a 50% do salário do empregado — CLT, art. 457, § 2º, da CLT);

> (ii) por determinação legal: salário-família, vale-transporte, vale-cultura, participação nos lucros e resultados — PLR, FGTS, abono do PIS, indenização por tempo de serviço, abono de férias inferior a 20 dias e diárias inferiores a 50% do salário;

> (iii) resultado da conversão da obrigação de fazer ou não fazer em pecúnia: férias indenizadas e aviso-prévio indenizado.

16.5. *Salário-utilidade ou salário* in natura

Para Carla Teresa Martins Romar (2013:353), salário-utilidade "é a prestação *in natura* que o empregador, por força do contrato de trabalho ou do costume, atribui ao empregado em retribuição dos trabalhos prestados". Tem previsão expressa no art. 458 da CLT:

> Além do pagamento em dinheiro, compreende-se no salário, para todos os efeitos legais, a alimentação, habitação, vestuário ou outras prestações *in natura* que a empresa, por força do contrato ou do costume, fornecer habitualmente ao empregado. Em caso algum será permitido o pagamento com bebidas alcoólicas ou drogas nocivas.

Assim, permite a CLT que o empregador pague parte da remuneração do empregado oferecendo a ele bens ou serviços, lembrando que o rol do art. 458 da CLT é meramente exemplificativo, de maneira que, além de alimentação, habitação e vestuário, outros bens ou serviços podem ser considerados utilidades.

A Convenção n. 95 da OIT, da qual o Brasil é signatário (Decreto n. 41.721/57), possibilita o pagamento de prestações *in natura* aos trabalhadores, exigindo que: "(a) as prestações em espécie sejam apropriadas ao uso pessoal do trabalhador e de sua família e redundem em benefícios aos mesmos; (b) o valor atribuído a estas prestações seja justo e razoável" (art. 4º).

O art. 82, parágrafo único, da CLT determina que o trabalhador receba sua remuneração, pelo menos, 30% em dinheiro, o que permite concluir que o empregador pode converter a remuneração em utilidades até o limite de 70%.

Em se tratando de alimentação, o limite máximo aceitável é de 20% do salário do trabalhador, enquanto para habitação, aceita-se o limite de 25%, conforme prevê o art. 458, § 3º, da CLT. Para *trabalhadores rurais*, os limites previstos em lei são de 25% para alimentação, que deve ser "sadia e farta", e de 20% para moradia, previsão do art. 9º, § 2º, da Lei n. 5.889/73.

Para que o bem ou serviço fornecido pelo empregador seja considerado salário são necessários alguns requisitos:

> (a) <u>habitualidade:</u> a prestação só poderá ter natureza salarial se houver repetição no tempo, ou seja, for fornecida constantemente ao longo do contrato de trabalho, não caracterizando salário se não criar no empregado expectativa de repetição;

> (b) <u>vantagem para o trabalhador:</u> a prestação oferecida pelo empregador deve representar um ganho para o trabalhador, pois, caso não fosse oferecida, o trabalhador teria de adquiri-la às próprias expensas (ROMAR, 2013:353);

> (c) <u>não ser indispensável para o trabalho:</u> a prestação só terá natureza salarial se fornecida *pelo trabalho*, ou seja, como retribuição pelo serviço prestado e sem nenhum ônus para o empregado; se fornecida *para o trabalho*, ou seja, for necessária para que o empregado execute suas funções, não terá natureza salarial.

Algumas parcelas, no entanto, por expressa disposição do art. 458, § 2º, da CLT, têm a natureza salarial excluída, ainda que sejam fornecidas *pelo trabalho*, quais sejam:

> I — vestuários, equipamentos e outros acessórios fornecidos aos empregados e utilizados no local de trabalho, para a prestação do serviço;

> II — educação, em estabelecimento de ensino próprio ou de terceiros, compreendendo os valores relativos a matrícula, mensalidade, anuidade, livros e material didático;

> III — transporte destinado ao deslocamento para o trabalho e retorno, em percurso servido ou não por transporte público;

IV — assistência médica, hospitalar e odontológica, prestada diretamente ou mediante seguro-saúde;

V — seguros de vida e de acidentes pessoais;

VI — previdência privada;

VII — o valor correspondente ao vale-cultura.

A Súmula n. 367, inc. I, do TST traz ainda algumas prestações que não possuem natureza salarial: "a habitação, a energia elétrica e veículo fornecidos pelo empregador ao empregado, quando indispensáveis para a realização do trabalho, não têm natureza salarial, ainda que, no caso de veículo, seja ele utilizado pelo empregado também em atividades particulares".

Cigarros, drogas nocivas e *bebidas alcoólicas*, em nenhuma hipótese, podem ser considerados salário *in natura*, tendo em vista sua prejudicialidade à saúde do trabalhador, conforme dispõem o art. 458 da CLT e a Súmula n. 367, inc. II, do TST.

16.6. Sistema de garantias salariais

16.6.1. Proteções jurídicas quanto ao valor do salário

(a) irredutibilidade salarial

O princípio da irredutibilidade salarial é previsto pela CF no art. 7º, inc. VI, como direito fundamental de todo trabalhador: "irredutibilidade do salário, salvo o disposto em convenção ou acordo coletivo".

Assim, a CF garante ao trabalhador o direito de não ter seu salário reduzido por ato unilateral do empregador, mas possibilita a redução por força de negociação coletiva. Nessa esteira, o art. 503 da CLT não foi recepcionado, pois permite que o empregador reduza, *sponte propria*, os salários dos empregados em caso de dificuldades financeiras.

Mauricio Godinho Delgado (2007:755) salienta ser pacífico, na doutrina e na jurisprudência, que o princípio da irredutibilidade se refere ao valor nominal do salário, não havendo, assim, garantias de proteção ao valor real do salário.

Valor nominal refere-se à representação quantitativa do salário. É a representação algébrica da remuneração do trabalhador. Valor real refere-se ao poder aquisitivo do salário, ou seja, à ação da inflação junto aos rendimentos do trabalhador e à consequente redução do poder de compra.

A redução pode atingir o salário de forma <u>direta</u>, quando o empregador promove a diminuição do valor do salário do empregado, por exemplo, um trabalhador que recebe R$ 1.000,00 e passa a receber R$ 900,00[55].

A redução pode ainda ser <u>indireta</u>, oportunidade em que o empregador mantém o valor do salário do empregado, mas altera as condições periféricas que contribuem na construção da remuneração, por exemplo, quando o empregado recebe por hora e o empregador diminui a jornada de trabalho[56].

De qualquer forma, direta ou indireta, se promovidas unilateralmente, as reduções salariais são ilegais, exigindo, para tanto, a participação do sindicato da categoria e só sendo admitidas em situações excepcionalíssimas, pois se trata de alteração lesiva ao trabalhador, ferindo frontalmente a regra do art. 468 da CLT.

(b) <u>correção salarial</u>

Até o surgimento do Plano Real (1994), os governos tentavam, por meio de lei, fixar índices de correção do valor real do salário, repondo as perdas causadas pela inflação, o que se chamou de correção salarial automática ou "gatilho salarial".

Contudo, em 1995, a Medida Provisória n. 1.053 pôs fim ao critério de correção automática por índices fixados em lei, possibilitando a livre negociação dos salários e sua correção por força de negociação coletiva.

A correção salarial é um direito fundamental do trabalhador, assegurado pelo art. 7º, inc. IV, da CF.

(c) <u>patamar salarial mínimo</u>

O patamar salarial mínimo pode ser classificado em três espécies: (i) *salário mínimo legal*; (ii) *salário mínimo profissional*; e (iii) *salário normativo ou convencional*.

O *salário mínimo legal* está previsto no art. 7º, inc. IV, da CF: "salário mínimo, fixado em lei, nacionalmente unificado, capaz de atender a suas necessidades vitais básicas e às de sua família com moradia, alimentação, educação, saúde, lazer, vestuário, higiene, transporte e previdência social, com reajustes periódicos que lhe preservem o poder aquisitivo, sendo vedada sua

---

(55) <u>OJ N. 325 SDI-1/TST</u> — AUMENTO SALARIAL CONCEDIDO PELA EMPRESA. COMPENSAÇÃO NO ANO SEGUINTE EM ANTECIPAÇÃO SEM A PARTICIPAÇÃO DO SINDICATO PROFISSIONAL. IMPOSSIBILIDADE (DJ 9.12.2003). O aumento real, concedido pela empresa a todos os seus empregados, somente pode ser reduzido mediante a participação efetiva do sindicato profissional no ajuste, nos termos do art. 7º, VI, da CF/88.

(56) <u>PN 78 TST</u> — PROFESSOR. REDUÇÃO SALARIAL NÃO CONFIGURADA (negativo). Não configura redução salarial ilegal a diminuição de carga horária motivada por inevitável supressão de aulas eventuais ou de turmas.

vinculação para qualquer fim". Ressalte-se que algumas unidades da Federação possuem pisos superiores ao mínimo nacional, com base na redação do *caput* do art. 7º da CF.

O *salário mínimo profissional* é fixado em lei e se refere a algumas categorias regulamentadas, por exemplo, médicos (Lei n. 3.999/61; Súmula n. 370 do TST) e engenheiros (Lei n. 4.950-A/66 e Súmula n. 370 do TST).

O *salário mínimo normativo* é fixado em sentença normativa, resultado do julgamento de um dissídio coletivo (CLT, art. 856); já o *salário mínimo convencional* é fixado em instrumento coletivo, que pode ser uma Convenção Coletiva de Trabalho ou um Acordo Coletivo de Trabalho.

16.6.2. Proteções jurídicas contra abusos do empregador

(a) tempo do pagamento

De acordo com o art. 459 da CLT, empregado e empregador podem estipular livremente a periodicidade do pagamento, *desde que não seja superior a um mês*, não se aplicando tal limitação a comissões, percentagens e gratificações. Assim, o empregador pode fazer o pagamento dos salários por semana ou por quinzena, desde que, entre um pagamento e outro, a diferença não seja superior a um mês de trabalho.

Acrescenta o parágrafo único do art. 459 da CLT que o pagamento da remuneração deve ser realizado, no máximo, até o 5º *dia útil do mês subsequente ao trabalhado*. A Súmula n. 113 do TST, referindo-se, inicialmente, aos bancários, considera o sábado como dia útil não trabalhado, de maneira que, se o 5º dia útil for sábado, o pagamento deverá ser feito na sexta-feira. A Instrução Normativa n. 1 da Secretaria de Relações de Trabalho estendeu tal regra para as demais categorias profissionais.

> OJ n. 159 da SDI-1/TST — DATA DE PAGAMENTO. SALÁRIOS. ALTERAÇÃO (inserida em 26.3.1999). Diante da inexistência de previsão expressa em contrato ou em instrumento normativo, a alteração de data de pagamento pelo empregador não viola o art. 468, desde que observado o parágrafo único do art. 459, ambos da CLT.
>
> Súmula n. 381 do TST — CORREÇÃO MONETÁRIA. SALÁRIO. ART. 459 DA CLT (conversão da Orientação Jurisprudencial n. 124 da SBDI-1) — Res. n. 129, DJ 20, 22 e 25.4.2005. O pagamento dos salários até o 5º dia útil do mês subsequente ao vencido não está sujeito a correção monetária. Se essa data limite for ultrapassada,

> incidirá o índice da correção monetária do mês subsequente ao da prestação dos serviços, a partir do dia 1º. (ex-OJ n. 124 da SBDI-1 — inserida em 20.4.1998)

Em conformidade com o Decreto-lei n. 368/68 (ROMAR, 2013:365), a empresa que possui salários atrasados há mais de 3 meses entra na chamada *mora contumaz* (art. 2º, § 1º), o que acarreta para ela uma série de proibições, quais sejam: (a) *pagar honorário, gratificação, pro labore ou qualquer outro tipo de retribuição ou retirada a seus diretores, sócios, gerentes ou titulares da firma individual*; (b) *distribuir quaisquer lucros, bonificações, dividendos ou interesses a seus sócios, titulares, acionistas, ou membros de órgãos dirigentes, fiscais ou consultivos*; (c) *ser dissolvida* (art. 1º).

O art. 2º do Decreto-lei n. 368/68 ainda veda que empresas em mora salarial sejam favorecidas com qualquer benefício de natureza fiscal, tributária ou financeira, por parte de órgãos da União, dos Estados ou dos Municípios, ou de que estes participem.

(b) lugar do pagamento

O pagamento deverá ser feito em dia útil e no local de trabalho, dentro do horário de trabalho ou imediatamente após o término deste, salvo quando o pagamento é realizado por meio de depósito em conta bancária, conforme dispõe o art. 465 da CLT.

Em relação ao trabalhador rural, o Precedente Normativo n. 65 do TST estabelece que "o pagamento do salário será efetuado em moeda corrente e no horário de serviço, para isso permitido o seu prolongamento até duas horas após o término da jornada de trabalho".

(c) meios de pagamento

O art. 463 da CLT dispõe que o pagamento deverá ser feito em moeda corrente nacional, vedada, portanto, a estipulação do salário em moeda estrangeira. São exceções a tal regra os técnicos estrangeiros contratados para trabalhar no Brasil (Decreto-lei n. 691/69) e os empregados brasileiros transferidos para trabalhar no exterior (Lei n. 7.064/85).

O pagamento deverá ser feito diretamente ao trabalhador, mediante a assinatura de recibo por parte do trabalhador, como exige o art. 464 da CLT. Entretanto, o parágrafo único do mesmo artigo autoriza o pagamento do salário *mediante depósito bancário em favor do trabalhador*, tendo o comprovante do depósito natureza de recibo. Tal disposição está em conformidade com a Convenção n. 95 da OIT.

O pagamento pode ser realizado em dinheiro ou em cheque. Essa última modalidade exige, porém, alguns cuidados por parte do empregador, previstas na Portaria n. 3.281/84 do Ministério do Trabalho e Emprego: (i) *o cheque deve ser de emissão do próprio empregador, não se admitindo o pagamento de salário com cheques de terceiros;* (ii) *o empregador deverá garantir ao empregado horário que permita desconto imediato do cheque e transporte, caso o acesso ao estabelecimento de crédito exija sua utilização;* (iii) *o empregador deverá garantir ao empregado condições de receber o salário sem atrasos.*

> PN 117 TST — PAGAMENTO DO SALÁRIO COM CHEQUE (positivo). Se o pagamento do salário for feito em cheque, a empresa dará ao trabalhador o tempo necessário para descontá-lo, no mesmo dia.

Além disso, o cheque emitido em favor do trabalhador deve ser da praça, não deve estar cruzado e deve ter a devida provisão de fundos.

Importante, ainda, salientar que o salário pode ser parcialmente pago em bens e serviços, como autoriza o art. 458 da CLT, limitada tal conversão a 70% da remuneração, pois no mínimo 30% da remuneração deve ser paga em espécie (CLT, art. 82, parágrafo único).

Por fim, cabe ressaltar que o art. 462 da CLT veda expressamente a prática do *truck system*, ou sistema de troca, que é a vinculação automática do salário a armazéns ou sistemas de fornecimento de mercadorias, seguindo normativa estabelecida na Convenção n. 95 da OIT.

(d) intangibilidade salarial

A intangibilidade salarial refere-se à impossibilidade de realização de descontos não autorizados no salário do empregado, conforme estabelece o art. 462 da CLT. Dessa forma, o empregador só pode promover retenções salariais se autorizado por lei, por instrumentos coletivos ou pelo próprio trabalhador.

A retenção indevida do salário do trabalhador configura crime (CF, art. 7º, inc. X), enquadrando-se a conduta no art. 168 do CP.

Como exemplos de *descontos autorizados por lei* podem ser citados os adiantamentos salariais (CLT, art. 462), imposto de renda (CTN, arts. 121 c/c 45), contribuição previdenciária (Lei n. 8.212/91) e contribuição sindical (CLT, art. 578).

Em relação aos descontos *autorizados por instrumentos coletivos*, são exemplos a contribuição assistencial, a contribuição associativa e a contribuição confederativa. Importante salientar que o TST entende que tais contribuições somente podem ser descontadas dos empregados devidamente associados ao sindicato:

OJ N. 17 DA SDC/TST — CONTRIBUIÇÕES PARA ENTIDADES SINDICAIS. INCONSTITUCIONALIDADE DE SUA EXTENSÃO A NÃO ASSOCIADOS. (inserida em 25.5.1998). As cláusulas coletivas que estabeleçam contribuição em favor de entidade sindical, a qualquer título, obrigando trabalhadores não sindicalizados, são ofensivas ao direito de livre associação e sindicalização, constitucionalmente assegurado, e, portanto, nulas, sendo passíveis de devolução, por via própria, os respectivos valores eventualmente descontados.

No mesmo sentido, o STF já havia se manifestado quanto à contribuição confederativa por meio da Súmula n. 666: *"a contribuição confederativa de que trata o art. 8º, IV da Constituição, só é exigível dos filiados ao respectivo sindicato"*.

Existe ainda a possibilidade de o *empregado autorizar a realização de descontos*, por exemplo, referentes a seguros de vida, previdência privada, planos de saúde, prestação alimentícia, entre outros, lembrando que tais descontos não podem ultrapassar 70% da remuneração do trabalhador, conforme OJ n. 18 da SDC/TST.

Interessante a redação da Súmula n. 342 do TST:

DESCONTOS SALARIAIS. ART. 462 DA CLT (mantida) — Res. n. 121, DJ 19, 20 e 21.11.2003. Descontos salariais efetuados pelo empregador, com a autorização prévia e por escrito do empregado, para ser integrado em planos de assistência odontológica, médico-hospitalar, de seguro, de previdência privada, ou de entidade cooperativa, cultural ou recreativo-associativa de seus trabalhadores, em seu benefício e de seus dependentes, não afrontam o disposto no art. 462 da CLT, salvo se ficar demonstrada a existência de coação ou de outro defeito que vicie o ato jurídico.

O art. 462, § 1º, da CLT autoriza, ainda, que o empregador promova descontos salariais em caso de danos causados pelo empregado, *"desde que esta possibilita tenha sido acordada ou na ocorrência de dolo do empregado"*. Assim, há que se analisar se a conduta do trabalhador foi culposa, o que somente possibilidade o desconto dos danos com autorização do trabalhador, ou se foi dolosa, quando o desconto pode ser feito *ex officio* pelo empregador, independentemente da concordância do trabalhador.

OJ n. 251 da SDI-1/TST — DESCONTOS. FRENTISTA. CHEQUES SEM FUNDOS (inserida em 13.3.2002). É lícito o desconto salarial referente à devolução de cheques sem fundos, quando o frentista não observar as recomendações previstas em instrumento coletivo.

PN n. 14 do TST — DESCONTO NO SALÁRIO (positivo). Proíbe-se o desconto no salário do empregado dos valores de cheques não compensados ou sem fundos, salvo se não cumprir as resoluções da empresa.

> PN n. 118 do TST — QUEBRA DE MATERIAL (positivo). Não se permite o desconto salarial por quebra de material, salvo nas hipóteses de dolo ou recusa de apresentação dos objetos danificados, ou ainda, havendo previsão contratual, de culpa comprovada do empregado.

Quanto ao trabalhador rural, a Lei n. 5.889/73 autoriza os seguintes descontos: (i) moradia, até o limite de 20%; (ii) alimentação, até o limite de 25%; (iii) adiantamentos em dinheiro.

16.6.3. Proteções jurídicas contra discriminações na relação de emprego

O art. 5º da CF garante que "todos são iguais perante a lei, sem distinção de qualquer natureza, garantindo-se aos brasileiros e aos estrangeiros residentes no País a inviolabilidade do direito à vida, à liberdade, à igualdade, à segurança e à propriedade". Trata-se do princípio constitucional da isonomia, o qual garante tratamento igual a todos os que se encontrarem nas mesmas condições, vedando discriminações injustificáveis, ou seja, que não encontrem amparo no ordenamento jurídico.

O princípio da isonomia é levado pela CF para as relações de trabalho, haja vista que o art. 7º veda *"diferença de salários, de exercício de funções e de critério de admissão por motivo de sexo, idade, cor ou estado civil"* (inc. XXX), proibindo ainda a *"discriminação no tocante a salário e critérios de admissão do trabalhador portador de deficiência"* (inc. XXXI) e a *"distinção entre trabalho manual, técnico e intelectual ou entre os profissionais respectivos"* (inc. XXXII).

A CLT também possui dispositivos que impedem discriminações na relação de emprego. O art. 3º, parágrafo único, afirma que *"não haverá distinções relativas à espécie de emprego e à condição de trabalhador, nem entre o trabalho intelectual, técnico e manual"*. O art. 5º veda a diferença salarial em razão do sexo: *"a todo trabalho de igual valor corresponderá salário igual, sem distinção de sexo"*. Já o art. 6º proíbe a distinção *"entre o trabalho realizado no estabelecimento do empregador, o executado no domicílio do empregado e o realizado a distância, desde que estejam caracterizados os pressupostos da relação de emprego"*.

A regra, no entanto, não é absoluta, pois algumas discriminações são toleradas pela legislação. O art. 384 da CLT prevê que a mulher tem direito a um intervalo de 15 minutos antes de iniciar eventual prorrogação da jornada de trabalho, o que foi considerado pelo TST e recepcionado pelo Texto Constitucional:

RECURSO DE REVISTA. TRABALHO DA MULHER. PRORROGAÇÃO DE JORNADA. INTERVALO PARA DESCANSO. ART. 384 DA CLT. I — Conquanto homens e mulheres, à luz do inciso I do art. 5º da Constituição, sejam iguais em direitos e obrigações, é forçoso reconhecer que elas se distinguem dos homens, sobretudo em relação às condições de trabalho, pela sua peculiar identidade biossocial. II — Inspirado nela é que o legislador, no art. 384 da CLT, concedeu às mulheres, no caso de prorrogação da jornada normal, um intervalo de quinze minutos antes do início do período de sobretrabalho, cujo sentido protetivo, claramente discernível na *ratio legis* da norma consolidada, afasta, a um só tempo, a pretensa agressão ao princípio da isonomia e a avantajada ideia de *capitis deminutio* em relação às mulheres. III — Aliás, a se levar às últimas consequências o que prescreve o inciso I do art. 5º da Constituição, a conclusão então deveria ser no sentido de se estender aos homens o mesmo direito reconhecido às mulheres, considerando a penosidade inerente ao sobretrabalho, comum a ambos os sexos, e não a que preconizam aqui e acolá o princípio da isonomia, expresso também no tratamento desigual dos desiguais na medida das respectivas desigualdades, prestar-se como fundamento para a extinção do direito consagrado no art. 384 da CLT. IV — Nesse sentido, consolidou-se a jurisprudência desta Corte, no julgamento do Processo n. TST-IIN-RR-1.540/2005-046-12-00.5, ocorrido na sessão do Pleno do dia 17.11.2008, em acórdão da relatoria do Ministro Ives Gandra da Silva Martins Filho. V — Recurso provido. (Processo: RR n. 42400-97.2009.5.04.0221 Data de Julgamento: 1º.12.2010, Relator Ministro: Antônio José de Barros Levenhagen, 4ª Turma, Data de Publicação: DEJT 17.12.2010)

Outro exemplo que pode ser citado é a vedação de trabalho noturno, perigoso ou insalubre para menores de 18 anos, previsto nos arts. 404 e 405 da CLT.

EQUIPARAÇÃO SALARIAL

A equiparação salarial está prevista no art. 461 da CLT:

Art. 461. Sendo idêntica a função, a todo trabalho de igual valor, prestado ao mesmo empregador, na mesma localidade, corresponderá igual salário, sem distinção de sexo, nacionalidade ou idade. (Redação dada pela Lei n. 1.723, de 8.11.1952)

§ 1º Trabalho de igual valor, para os fins deste Capítulo, será o que for feito com igual produtividade e com a mesma perfeição técnica, entre pessoas cuja diferença de tempo de serviço não for superior a 2 (dois) anos. (Redação dada pela Lei n. 1.723, de 8.11.1952)

§ 2º Os dispositivos deste artigo não prevalecerão quando o empregador tiver pessoal organizado em quadro de carreira, hipótese em que as promoções deverão obedecer aos critérios de antiguidade e merecimento. (Redação dada pela Lei n. 1.723, de 8.11.1952)

§ 3º No caso do parágrafo anterior, as promoções deverão ser feitas alternadamente por merecimento e por antiguidade, dentro de cada categoria profissional. (Incluído pela Lei n. 1.723, de 8.11.1952)

§ 4º O trabalhador readaptado em nova função por motivo de deficiência física ou mental atestada pelo órgão competente da Previdência Social não servirá de paradigma para fins de equiparação salarial. (Incluído pela Lei n. 5.798, de 31.8.1972)

A Súmula n. 6 do TST traz informações complementares a respeito do tema:

EQUIPARAÇÃO SALARIAL. ART. 461 DA CLT (redação do item VI alterada na sessão do Tribunal Pleno realizada em 14.9.2012). Res. n. 185, DEJT divulgado em 25, 26 e 27.9.2012

I — Para os fins previstos no § 2º do art. 461 da CLT, só é válido o quadro de pessoal organizado em carreira quando homologado pelo Ministério do Trabalho, excluindo-se, apenas, dessa exigência o quadro de carreira das entidades de direito público da administração direta, autárquica e fundacional aprovado por ato administrativo da autoridade competente. (ex-Súmula n. 6 — alterada pela Res. n. 104, DJ 20.12.2000)

II — Para efeito de equiparação de salários em caso de trabalho igual, conta-se o tempo de serviço na função e não no emprego. (ex-Súmula n. 135 — RA n. 102, DJ 11.10.1982 e DJ 15.10.1982)

III — A equiparação salarial só é possível se o empregado e o paradigma exercerem a mesma função, desempenhando as mesmas tarefas, não importando se os cargos têm, ou não, a mesma denominação. (ex-OJ da SBDI-1 n. 328 — DJ 9.12.2003)

IV — É desnecessário que, ao tempo da reclamação sobre equiparação salarial, reclamante e paradigma estejam a serviço do estabelecimento, desde que o pedido se relacione com situação pretérita. (ex-Súmula n. 22 — RA n. 57, DO-GB 27.11.1970)

V — A cessão de empregados não exclui a equiparação salarial, embora exercida a função em órgão governamental estranho à cedente, se esta responde pelos salários do paradigma e do reclamante. (ex-Súmula n. 111 — RA n. 102, DJ 25.9.1980)

VI — Presentes os pressupostos do art. 461 da CLT, é irrelevante a circunstância de que o desnível salarial tenha origem em decisão judicial que beneficiou o paradigma, exceto se decorrente de vantagem pessoal, de tese jurídica superada pela jurisprudência de Corte Superior ou, na hipótese de equiparação salarial em cadeia, suscitada em defesa, se o empregador produzir prova do alegado fato modificativo, impeditivo ou extintivo do direito à equiparação salarial em relação ao paradigma remoto.

VII — Desde que atendidos os requisitos do art. 461 da CLT, é possível a equiparação salarial de trabalho intelectual, que pode ser avaliado por sua perfeição técnica, cuja aferição terá critérios objetivos. (ex-OJ da SBDI-1 n. 298 — DJ 11.8.2003)

VIII — É do empregador o ônus da prova do fato impeditivo, modificativo ou extintivo da equiparação salarial. (ex-Súmula n. 68 — RA n. 9, DJ 11.2.1977)

IX — Na ação de equiparação salarial, a prescrição é parcial e só alcança as diferenças salariais vencidas no período de 5 (cinco) anos que precedeu o ajuizamento. (ex-Súmula n. 274 — alterada pela Res. n. 121, DJ 21.11.2003)

X — O conceito de "mesma localidade" de que trata o art. 461 da CLT refere-se, em princípio, ao mesmo município, ou a municípios distintos que, comprovadamente, pertençam à mesma região metropolitana. (ex-OJ da SBDI-1 n. 252 — inserida em 13.3.2002)

A equiparação salarial é possível sempre que um empregado, chamado de *equiparando*, ganha menos que outro empregado, chamado de *paradigma*, apesar de possuírem idêntica função, de trabalharem para o mesmo empregador, na mesma localidade e o trabalho de ambos ter igual valor, como descreve o art. 461 da CLT.

Além dos elementos acima citados, a CLT ainda exige que entre equiparando e paradigma não haja diferença de tempo de serviço superior a 2 anos (art. 461, § 1º). A Súmula n. 6 do TST, no inc. II, esclarece que a diferença de dois anos deve ser apurada em relação ao tempo na função, e não ao tempo no serviço.

Exemplificativamente, o empregado A, contador, entrou na empresa X em 2001, e o empregado B, administrador de empresas, em 2011. Porém, ambos foram promovidos à coordenadoria de departamento: A, em 2012, e B em 2013. O empregado A ganha R$ 8.000,00 e o empregado B recebe R$ 4.500,00. Nessa hipótese, a equiparação salarial é possível, pois, apesar de A estar há 12 anos na empresa, e B há apenas 2, a diferença de tempo na função entre eles é menor do que dois anos, o que se amolda à regra do art. 461, § 1º, da CLT.

Importante salientar, ainda, que o empregado readaptado não serve de paradigma (CLT, art. 461, § 4º). O processo de readaptação se dá quando o empregado, por força de acidente de trabalho ou doença profissional, não consegue mais exercer as funções para as quais foi contratado sem, contudo, estar inválido, podendo ser aproveitado em outras atividades que se amoldem à nova condição desse trabalhador.

O processo de readaptação não permite a redução do salário do empregado, de maneira que esse trabalhador, após ser readaptado em um setor da empresa, tenha remuneração superior àqueles que exercem a mesma função que ele, o que, *em tese*, possibilitaria pedido de equiparação salarial. Para evitar tal situação, o legislador preferiu vedar a utilização do empregado readaptado como paradigma, pois, caso contrário, inviabilizaria o processo de readaptação e prejudicaria milhares de trabalhadores com doenças ocupacionais.

(a) idêntica função

Primeiramente, é preciso diferenciar cargo de função.

Cargo é o posto de trabalho ocupado pelo empregado na empresa; *função* é o conjunto de atribuições inerentes ao cargo ocupado. Segundo Carla Teresa Martins Romar (2013:378), "cargo, ocupa-se; função, exerce-se".

Assim, o que é importante para que a equiparação salarial seja possível é que equiparando e paradigma exerçam as mesmas funções, independentemente do cargo que ocupem, em atenção ao princípio da primazia da realidade sobre a forma. Tanto que a Súmula n. 6 do TST, no inc. III, afirma que *"a equiparação salarial só é possível se o empregado e o paradigma exercerem a mesma função, desempenhando as mesmas tarefas, não importando se os cargos têm, ou não, a mesma denominação"* (sem grifos no original).

Cumpre salientar que a expressão "idêntica" do dispositivo legal deve ser entendida restritivamente, ou seja, equiparando e paradigma devem *exercer exatamente a mesma função*, sob pena de inviabilizar a equiparação. Luciano Martinez (2012:446) alerta para a hipótese de a função exigir habilitação técnica, o que impossibilita a equiparação, conforme OJ n. 296 da SDI-1/TST:

> EQUIPARAÇÃO SALARIAL. ATENDENTE E AUXILIAR DE ENFERMAGEM. IMPOSSIBILIDADE (DJ 11.8.2003). Sendo regulamentada a profissão de auxiliar de Enfermagem, cujo exercício pressupõe habilitação técnica, realizada pelo Conselho Regional de Enfermagem, impossível a equiparação salarial do simples atendente com o auxiliar de enfermagem.

(b) trabalho de igual valor

O art. 461, § 1º, da CLT esclarece que trabalho de igual valor é "o que for feito com igual *produtividade* e com a mesma *perfeição técnica* (sem grifos no original)". Ao dizer isso, a CLT afirma que, para dois trabalhadores ganharem remunerações idênticas, não basta que exerçam as mesmas funções, mas também é preciso que o resultado do trabalho de ambos seja o mesmo, realizado com a mesma qualidade, sob pena de se remunerar um trabalho bem feito da mesma forma que um trabalho mal feito.

Carlos Henrique da Silva Zangrando (2008:791) diferencia *produção* de *produtividade*: para o autor, produção "é o ato por meio do qual o empregado realiza a tarefa inerente à sua função, disponibilizando, para tanto, um determinado tempo, sem observar-se a qualidade do produto"; já produtividade "é o rendimento do empregado na realização dos serviços".

Quanto à perfeição técnica, o que pretendeu o legislador é avaliar o resultado final do trabalho de equiparando e paradigma, pois a equiparação só será possível se, ao final, o trabalho de ambos possuir a mesma qualidade. Ora, se a qualidade do trabalho do paradigma é superior à do equiparando, não há justificativa para que ambos ganhem igual salário. Agora, se o resultado do trabalho de ambos for igual, a diferença salarial seria clara afronta ao princípio da isonomia salarial previsto no art. 7º, inc. XXXII, da CF.

(c) mesma localidade

De acordo com o art. 461 da CLT, a equiparação salarial só será possível se equiparando e paradigma exercerem idêntica função na *mesma localidade*. A expressão, um tanto vaga, foi delimitada pela Súmula n. 6 do TST, no inc. X, como "mesmo município, ou a municípios distintos que, comprovadamente, pertençam à mesma região metropolitana".

A ideia trazida pelos dispositivos mencionados é que as *realidades socioeconômicas* mudam de município para município, dependendo da região do país a que pertençam. O custo de vida de um trabalhador na capital é sempre maior do que em uma cidade do interior, o que justificaria a diferença salarial entre eles, impossibilitando, pois, a equiparação salarial.

Sobre o tema escreve Carlos Henrique da Silva Zangrando (2013:791): "todos sabemos que existem diferenças regionais em nosso País, logo não se pode cogitar da igualdade salarial entre localidades diferentes. Não fere o princípio da isonomia a decisão de empresa de âmbito nacional em conceder níveis, reajustes ou benefícios salariais distintos para cada região geoeconômica do País".

Assim, a equiparação salarial poderá ser requerida se equiparando e paradigma prestarem serviços no mesmo município ou em municípios diversos nos quais a realidade socioeconômica seja semelhante, independentemente de pertencerem à mesma região metropolitana, como salienta Luciano Martinez (2012:448).

(d) mesmo empregador

A equiparação não é possível quando equiparando e paradigma prestam serviços a empregadores diferentes, haja vista que cada empregador adota sua própria política salarial. Existe discussão, entretanto, sobre a possibilidade de equiparação salarial para empregados de empresas pertencentes ao mesmo grupo econômico, na forma do art. 2º, § 2º, da CLT.

> Súmula n. 455 do TST. EQUIPARAÇÃO SALARIAL. SOCIEDADE DE ECONOMIA MISTA. ART. 37, XIII, DA CF/1988. POSSIBILIDADE. À sociedade de economia mista não se aplica a vedação à equiparação prevista no art. 37, XIII, da CF/1988, pois, ao admitir empregados sob o regime da CLT, equipara-se a empregador privado, conforme disposto no art. 173, § 1º, II, da CF/1988.

Prevalece na jurisprudência a possibilidade de equiparação salarial dentro do grupo econômico, tendo por base a teoria do empregador único constante na Súmula n. 129 do TST. Compartilham desse posicionamento Mauricio Godinho Delgado (2008:737), Carla Teresa Martins Romar (2013:379) e José Cairo Júnior (2013:497). Apresenta posicionamento contrário Carlos Henrique da Silva Zangrando (2008:790).

A Súmula n. 6 do TST, no inc. IV, acrescenta que, para fins de equiparação salarial, não é necessário que equiparando e paradigma estejam prestando serviços para o mesmo empregador ao mesmo tempo, de forma que é possível buscar a equiparação com colega que não mais se encontra na empresa, obviamente desde que o pedido se refira ao período em que o paradigma esteve na empresa.

> SÚMULA N. 159 TST — SUBSTITUIÇÃO DE CARÁTER NÃO EVENTUAL E VACÂNCIA DO CARGO (incorporada à Orientação Jurisprudencial n. 112 da SBDI-1) — Res. n. 129, DJ 20, 22 e 25.4.2005. I — Enquanto perdurar a substituição que não tenha caráter meramente eventual, inclusive nas férias, o empregado substituto fará jus ao salário contratual do substituído. (ex-Súmula n. 159 — alterada pela Res. n. 121, DJ 21.11.2003). II — Vago o cargo em definitivo, o empregado que passa a ocupá-lo não tem direito a salário igual ao do antecessor. (ex-OJ n. 112 da SBDI-1 — inserida em 1º.10.1997).

A cessão de empregados não exclui a equiparação salarial, embora exercida a função em órgão governamental estranho à cedente, se esta responde pelos salários do paradigma e do reclamante (Súmula n. 6 do TST, inc. V).

(e) inexistência de quadro de carreira

Para que ocorra a equiparação salarial é preciso que o empregador não possua pessoal organizado em quadro de carreira (CLT, art. 461, § 2º). O quadro de carreira (que não é obrigatório) traz toda a organização funcional da empresa, ou seja, a relação de todos os cargos, os níveis salariais e os requisitos para alcançar tais postos de trabalho.

A existência de quadro de carreira, portanto, justifica o desnível salarial entre empregados que, a princípio, tenham as mesmas funções, mas se encontram em níveis diferentes dentro do mencionado quadro.

O quadro de carreira só será válido se *homologado pelo Ministério do Trabalho e Emprego* (Súmula n. 6 do TST, inc. I) e se as *promoções obedecerem a critérios de antiguidade e merecimento* (CLT, art. 461, § 2º).

(f) demais requisitos:

(i) Vantagem pessoal do paradigma — a equiparação salarial é possível ainda que o paradigma receba determinada verba oriunda de decisão judicial, salvo quando a verba a ele concedida por sentença refira-se a *direito personalíssimo*, por exemplo, adicional de tempo de serviço, não podendo, portanto, ser computada para fins de equiparação.

(ii) Tese jurídica superada por jurisprudência de Corte Superior — não é possível a equiparação salarial quando o pedido do equiparando tem por base posicionamento que, à época do pedido, não é mais aceito pela jurisprudência. Ricardo Resende (2011:547) menciona o seguinte exemplo:

> Imagine-se a hipótese de um empregado que conseguiu a equiparação salarial a um colega enquanto vigente a Súmula n. 76 do TST, a qual previa a incorporação ao salário das horas extras habitualmente prestadas. Nos termos do item VI da Súmula n. 6, este empregado não pode ser invocado como paradigma em ação equiparatória ajuizada agora, pois a referida Súmula já foi cancelada.

(iii) Equiparação salarial em cadeia — a equiparação salarial em cadeia dá-se quando um empregado, vitorioso em ação de equiparação salarial, passa a servir de paradigma para outros empregados. De acordo com a redação da Súmula n. 6 do TST, inc. VI, tal equiparação somente é possível se os empregados que entraram posteriormente com ações demonstrarem a presença dos requisitos do art. 461 da CLT em relação ao chamado *paradigma remoto*, ou seja, com o empregado que serviu de base de equiparação para a primeira ação.

(iv) Ônus da prova — é do empregador o ônus da prova do fato impeditivo, modificativo ou extintivo da equiparação salarial (Súmula n. 6 do TST, inc. VIII).

(g) prescrição

Na ação de equiparação salarial, a prescrição é parcial e só alcança as diferenças salariais vencidas no período de 5 (cinco) anos que precedeu o ajuizamento (Súmula n. 6 do TST, inc. IX).

16.6.4. Proteções jurídicas contra credores do empregador

(a) solidariedade e subsidiariedade

O direito do trabalho, com o intuito de proteger o empregado, inspirando-se no direito civil e no direito empresarial, trouxe para a esfera laboral a possibilidade de atingir terceiros para a garantia dos créditos do empregado, por meio dos institutos da *solidariedade* e da *subsidiariedade*.

Como exemplos de responsabilização solidária podem ser citados o grupo econômico urbano (CLT, art. 2º, § 2º), o grupo econômico rural (Lei n. 5.889/73, art. 3º, § 2º) e o consórcio de empregadores (Lei n. 8.212/91, art. 25-A).

Em relação à responsabilização subsidiária, podem ser citados a terceirização (Súmula n. 331 do TST), o trabalho temporário (Lei n. 6.019/94) e a subempreitada (CLT, art. 455).

(b) falência e recuperação

A *recuperação extrajudicial* não afeta direitos trabalhistas, conforme previsão dos arts. 161, § 1º c/c 163, § 1º, da Lei n. 11.101/05. O plano de *recuperação judicial* (Lei n. 11.101/05, art. 54) poderá prever prazo superior a 1 ano para pagamento dos créditos de origem trabalhista, desde que o valor seja superior a 5 salários mínimos, quando o prazo máximo é de 30 dias.

Sobre o tema, Mauricio Godinho Delgado (2007:820) escreve que a Lei n. 11.101/05, "ignorando a filosofia e a determinação constitucionais, confere enfática prevalência aos interesses essencialmente econômicos, em detrimento dos interesses sociais. Arrogantemente, tenta inverter a ordem econômica do País".

No que se refere à *falência*, o art. 83 da Lei n. 11.101/05 deu especial relevância aos créditos trabalhistas, colocando-os em primeiro lugar na relação de credores, limitando-os, porém, a 150 salários mínimos por credor. Dessa forma, os créditos restantes do limite serão enquadrados como quirografários.

A Lei n. 6.024/74 também garante privilégio aos créditos trabalhistas na hipótese de *liquidação extrajudicial* das instituições financeiras, não se aplicando a limitação trazida pela Lei de Falência, e sendo os créditos trabalhistas executados na Justiça do Trabalho (OJ n. 143 da SDI-1/TST).

16.6.5. Proteções jurídicas contra credores do empregado

(a) impenhorabilidade do salário

O art. 649, inc. IV, do CPC, com redação dada pela Lei n. 11.382/06, prevê a impenhorabilidade do salário do trabalhador, o qual não pode sofrer constrições judiciais ou extrajudiciais. Existe apenas uma exceção prevista em lei: pensão alimentícia (CPC, art. 649, § 2º).

Tal restrição não se aplica somente ao salário, mas igualmente às demais parcelas de natureza remuneratória previstas no art. 457 da CLT. Alice

Monteiro de Barros (2007:808) entende que a impenhorabilidade estende-se aos benefícios da previdência social e ao seguro-desemprego.

Por fim, cabe ressaltar a impossibilidade de penhora do salário para pagamento de dívida de igual natureza salarial, entendimento esposado pelo TST na *OJ n. 153 da SDI-2*:

> MANDADO DE SEGURANÇA. EXECUÇÃO. ORDEM DE PENHORA SOBRE VALORES EXISTENTES EM CONTA SALÁRIO. ART. 649, IV, DO CPC. ILEGALIDADE. (DEJT divulgado em 3, 4 e 5.12.2008). Ofende direito líquido e certo decisão que determina o bloqueio de numerário existente em conta salário, para satisfação de crédito trabalhista, ainda que seja limitado a determinado percentual dos valores recebidos ou a valor revertido para fundo de aplicação ou poupança, visto que o art. 649, IV, do CPC contém norma imperativa que não admite interpretação ampliativa, sendo a exceção prevista no art. 649, § 2º, do CPC espécie e não gênero de crédito de natureza alimentícia, não englobando o crédito trabalhista.

(b) restrições à compensação

Compensação é uma das formas previstas na legislação (CC, art. 386) para solução das obrigações. Carlos Roberto Gonçalves (2012:638) a conceitua como sendo "meio de extinção das obrigações entre pessoas que são, ao mesmo tempo, credor e devedor uma da outra. Acarreta a extinção de duas obrigações cujos credores são, simultaneamente, devedores um do outro. É modo indireto de extinção das obrigações, sucedâneo do pagamento, por produzir o mesmo efeito deste".

A Súmula n. 18 do TST veda expressamente a compensação de créditos do empregado com outros de natureza não trabalhista: "a compensação, na Justiça do Trabalho, está restrita a dívidas de natureza trabalhista".

Em relação à compensação de créditos de natureza trabalhista, o art. 477, § 5º, da CLT permite a compensação dentro de limite de 1 mês de remuneração do empregado.

(c) critério de correção monetária

A correção monetária tem por objetivo a manutenção do poder aquisitivo do salário, isto é, do valor real da remuneração do trabalhador, repondo-se as perdas causadas pela inflação. No presente item, cabe a análise de duas Súmulas do TST que tratam do assunto sob diferentes ângulos: 187 e 211.

A *Súmula n. 187 do TST* expõe o seguinte entendimento: "*a correção monetária não incide sobre o débito do trabalhador reclamante*". Assim, se o trabalhador tem débitos para com o empregador, tais valores não serão corrigidos, nem sequer acrescidos de juros moratórios para fins de pagamento.

Em julgado da lavra da Desembargadora Irene Araium Luz, do TRT da 15ª Região, é possível verificar posicionamento diverso do trazido pela Súmula n. 187 do TST, entendendo a julgadora que devem ser expurgados do débito do empregado para com o empregador apenas os juros de mora, com base na redação do art. 883 da CLT, devendo, contudo, ser mantida a correção monetária, a fim de recompor o valor real do crédito do empregador[57].

Já a *Súmula n. 211 do TST* afirma que *"os juros de mora e a correção monetária incluem-se na liquidação, ainda que omisso o pedido inicial ou a condenação"*. Entende o TST, portanto, que, ainda que o trabalhador nada peça na inicial de reclamação trabalhista, tampouco o determine o magistrado na sentença, juros de mora e correção monetária tratam-se de *pedidos implícitos*, de maneira que deverão integrar os cálculos de liquidação dos débitos do empregador para com o trabalhador.

(d) inviabilidade da cessão do crédito salarial

De acordo com o art. 464 da CLT, o pagamento do salário deverá ser feito diretamente ao empregado, ainda que menor de 18 anos (CLT, art. 439), sob pena de o empregador não se desonerar de sua obrigação.

Dessa forma, é vedado ao empregado ceder seu crédito trabalhista a seus credores, e ao empregador fazer o pagamento a pessoa diversa que não o empregado. Carla Teresa Martins Romar (2013:373) escreve que *"a cessão de créditos trabalhistas, entre os quais o salário do empregado, não é admitida pelo ordenamento jurídico pátrio, sendo inválida qualquer autorização, ainda que expressa, do empregado ao empregador para que pague seu salário diretamente a um credor"*.

---

(57) DÉBITO DO TRABALHADOR. NÃO INCIDÊNCIA DE JUROS DE MORA, MAS APENAS DE CORREÇÃO MONETÁRIA. Em que pese o posicionamento em sentido contrário firmado no Enunciado n. 187 do C. TST, a correção monetária, por consistir em mera recomposição do valor real de determinada obrigação, também deve incidir sobre o débito do empregado para com o empregador, haja vista o que dispõe o art. 1º da Lei n. 6.899/81. Quanto aos juros de mora, existe disposição expressa no art. 883 da CLT, no sentido de que estes devem ser arcados, exclusivamente, pelo executado e incidem a partir da data do ajuizamento da ação apenas sobre a importância da condenação. Logo, não existe amparo legal para a incidência de juros de mora sobre o valor a ser compensado do crédito trabalhista devido ao empregado. E não poderia ser diferente, pois a demora processual na quitação do débito trabalhista, como fator determinante para a aplicação dos juros, só pode ser imputada a quem lhe deu causa, ou seja, ao empregador devedor (Processo TRT/15ª Região-Campinas — n. 01680-1999-028-15-00-6 — Agravo de Petição — Agravante: Ezequiel Moreira Ferreira — Agravado: Virgolino de Oliveira S.A. — Açúcar e Álcool — Agravado: Agropecuária Nossa Senhora do Carmo S.A. — Origem: 1ª Vara do Trabalho de Catanduva — Juíza Sentenciante: Conceição Aparecida Rocha de Petribu Faria).

CAPÍTULO 17

DURAÇÃO DO TRABALHO

17.1. Jornada

Segundo Mauricio Godinho Delgado (2007:832), jornada de trabalho é "o lapso diário em que o empregado se coloca à disposição do empregador em virtude do respectivo contrato. É, desse modo, a medida principal do tempo diário de disponibilidade do obreiro em face de seu empregador como resultado do cumprimento do contrato de trabalho que os vincula".

Para Arnaldo Süssekind (2003:795), a limitação do tempo de trabalho possui três fundamentos: (i) biológico, na tentativa de combater os problemas psicofisiológicos oriundos da fadiga e da racionalização do serviço; (ii) social, permitindo ao trabalhador conviver com a família e com os demais membros da coletividade em que está inserido; e (iii) econômico, pois restringe o desemprego e aumenta o rendimento na execução do trabalho.

É preciso, também, diferenciar os conceitos de *duração*, *jornada* e *horário*. Mauricio Godinho Delgado (2007:837) leciona que duração refere-se a períodos mais amplos, considerando distintos parâmetros de mensuração, por exemplo, dia, semana, mês e ano; jornada, do francês *jour* (dia), refere-se ao tempo diário que o empregado se coloca à disposição do empregador; já o horário é o lapso temporal entre o início e o fim de certa jornada laborativa.

A jornada de trabalho pode ser conceituada a partir de *duas correntes teóricas* (cf. ROMAR, 2013:279): *teoria do tempo efetivamente trabalhado* e *teoria do tempo à disposição do empregador*.

A <u>teoria do tempo efetivamente trabalhado</u> entende como jornada de trabalho unicamente os períodos do dia em que o empregado está realmente trabalhando. Tal teoria não consegue justificar, por exemplo, a existência de intervalos remunerados, tampouco das horas *in itinere*, as quais são computadas na jornada de trabalho do empregado, apesar de não haver efetiva prestação de serviço.

A <u>teoria do tempo à disposição do empregador</u>, como o próprio nome explica, entende como jornada de trabalho os períodos do dia em que o empregado está executando ordens, bem como aqueles em que se encontra aguardando ordens, ainda que não esteja efetivamente trabalhando. É a teoria adotada pelo legislador brasileiro, conforme se pode ver da redação do art. 4º da CLT.

Ao contrário da primeira, a segunda teoria consegue justificar a existência de intervalos remunerados bem como das horas *in itinere*, pois são considerados períodos em que o empregado não está prestando serviço, mas encontra-se à disposição do empregador, podendo ser convocado a trabalhar a qualquer momento. Como exemplo de utilização da teoria do tempo à disposição do empregador podemos citar a <u>Súmula n. 429 do TST</u>:

> TEMPO À DISPOSIÇÃO DO EMPREGADOR. ART. 4º DA CLT. PERÍODO DE DESLOCAMENTO ENTRE A PORTARIA E O LOCAL DE TRABALHO — Res. n. 174, DEJT divulgado em 27, 30 e 31.5.2011. Considera-se à disposição do empregador, na forma do art. 4º da CLT, o tempo necessário ao deslocamento do trabalhador entre a portaria da empresa e o local de trabalho, desde que supere o limite de 10 (dez) minutos diários.

17.1.1. Horas *in itinere*

Na composição da jornada de trabalho, além do tempo efetivamente trabalhado e do tempo à disposição (CLT, art. 4º), inclui-se o chamado *tempo de deslocamento*, que acrescenta à jornada de trabalho o período de traslado feito pelo empregado de sua casa até o local de trabalho, bem como no sentido inverso, quando retorna para casa no final do dia.

O art. 58, § 2º, da CLT traz os requisitos necessários para o cômputo das horas *in itinere* na jornada de trabalho do empregado: *"o tempo despendido pelo empregado até o local de trabalho e para o seu retorno, por qualquer meio de transporte, não será computado na jornada de trabalho, salvo quando, tratando-se de local de difícil acesso ou não servido por transporte público, o empregador fornecer a condução"*.

A Súmula n. 90 do TST acrescenta informações importantes para entendimento do dispositivo legal mencionado:

HORAS *IN ITINERE*. TEMPO DE SERVIÇO (incorporadas as Súmulas ns. 324 e 325 e as Orientações Jurisprudenciais ns. 50 e 236 da SBDI-1) — Res. n. 129, DJ 20, 22 e 25.4.2005

I — O tempo despendido pelo empregado, em condução fornecida pelo empregador, até o local de trabalho de difícil acesso, ou não servido por transporte público regular, e para o seu retorno é computável na jornada de trabalho. (ex--Súmula n. 90 — RA n. 80, DJ 10.11.1978)

II — A incompatibilidade entre os horários de início e término da jornada do empregado e os do transporte público regular é circunstância que também gera o direito às horas *in itinere*. (ex-OJ n. 50 da SBDI-1 — inserida em 1º.2.1995)

III — A mera insuficiência de transporte público não enseja o pagamento de horas *in itinere*. (ex-Súmula n. 324 — Res. n. 16, DJ 21.12.1993)

IV — Se houver transporte público regular em parte do trajeto percorrido em condução da empresa, as horas *in itinere* remuneradas limitam-se ao trecho não alcançado pelo transporte público. (ex-Súmula n. 325 — Res. n. 17, DJ 21.12.1993)

V — Considerando que as horas *in itinere* são computáveis na jornada de trabalho, o tempo que extrapola a jornada legal é considerado como extraordinário e sobre ele deve incidir o adicional respectivo. (ex-OJ n. 236 da SBDI-1 — inserida em 20.6.2001)

Primeiramente, o requisito a ser considerado para caracterização das horas *in itinere* é o *fornecimento de transporte pelo empregador*. Só há que se falar em jornada itinerária se, presentes os demais requisitos, o empregador oferecer meio de transporte para os empregados de casa para o trabalho e do trabalho para casa, ainda que o empregado pague para utilizar a condução (Súmula n. 320 do TST).

Em segundo lugar, para caracterização das horas *in itinere*, um requisito essencial é o chamado *local de difícil acesso*. O inc. I da Súmula n. 90 do TST trouxe um esclarecimento importante ao informar que a expressão "local de difícil acesso" faz referência ao <u>local de trabalho</u>, e não à residência do trabalhador. Caso assim não fosse, o empregador teria de verificar, individualmente, os empregados que teriam direito às horas de deslocamento de acordo com o local de residência de cada um, o que geraria, certamente, injustiças e descontentamentos.

Se o local for de fácil acesso, *mas não for servido por transporte público*, também é possível a caracterização da jornada itinerária, tendo em vista a conjunção alternativa "ou" utilizada pela CLT. De acordo com o inc. III da Súmula n. 90 do TST, não basta que o transporte público seja <u>insuficiente</u>, pois a "mera insuficiência de transporte público não enseja o pagamento de horas *in itinere*".

A Súmula n. 90 do TST, no inc. IV, ainda faz referência à hipótese de haver transporte público em parte do trecho de deslocamento para o trabalho, de maneira que só haverá incidência de horas *in itinere* no trecho não servido pelo transporte público.

Além disso, pode ocorrer que haja transporte público para o local de trabalho e para o retorno do trabalhador para casa, no entanto, em horários *incompatíveis com o início e término da jornada de trabalho*. É a hipótese trazida pelo inc. II da Súmula n. 90 do TST. Assim, em virtude da incompatibilidade entre os horários de chegada e saída do trabalhador e os horários em que o transporte público passa no ponto, o empregado tem de utilizar o transporte fornecido pelo empregador para cumprir seus horários de trabalho, de maneira que passa a ter direito às horas *in itinere*.

Ricardo Resende (2011:322) menciona, como exemplo, o seguinte caso:

> [...] um garçom que trabalha em uma churrascaria localizada em posto de abastecimento, às margens de uma rodovia, ainda no perímetro urbano da cidade. Imagine-se que, apesar de o local ser servido por transporte público regular, o último ônibus passa às 23h, sendo que o próximo somente passará às 5h do dia seguinte. Se o horário de trabalho do garçom se estende até às 2h e o empregador fornece condução para que ele volte para casa, ser-lhe-á devido o tempo *in itinere* referente ao deslocamento de volta (percurso trabalho/casa).

A Súmula n. 90 do TST, no inc. V, ainda acrescenta que, como as horas *in itinere* são acrescidas à jornada normal de trabalho do empregado, ao final da semana pode haver ultrapassagem do limite legal, o que daria ao trabalhador direito de acrescer tais horas do respectivo adicional de horas extras.

O art. 58, § 3º, da CLT permite que, no caso de <u>micro e pequenas empresas</u>, o tempo médio de deslocamento do trabalhador, bem como a forma de remuneração e sua natureza jurídica, sejam fixadas em acordo coletivo de trabalho ou em convenção coletiva de trabalho, seguindo o comando do art. 170, inc. IX, da CF.

<u>CLT, art. 238, § 3º</u> No caso das turmas de conservação da via permanente, o tempo efetivo do trabalho será contado desde a hora da saída da casa da turma até a hora em que cessar o serviço em qualquer ponto compreendido centro dos limites da respectiva turma. Quando o empregado trabalhar fora dos limites da sua turma, ser-lhe-á também computado como de trabalho efetivo o tempo gasto no percurso da volta a esses limites.

<u>CLT, art. 294.</u> O tempo despendido pelo empregado da boca da mina ao local do trabalho e vice-versa será computado para o efeito de pagamento do salário.

17.1.2. Critérios especiais de fixação de jornada

(a) tempo de prontidão

Conforme previsão do art. 244, § 3º, da CLT, está de prontidão o ferroviário que permanecer nas dependências da empresa ou da via férrea aguardando ordens. Trata-se, portanto, do trabalhador que fica à disposição do empregador no ambiente de trabalho, podendo ou não ser chamado a trabalhar durante a jornada comumente conhecida por "plantão".

Carla Teresa Martins Romar (2013:283) escreve que, apesar de prevista para os ferroviários, a jurisprudência tem aplicado analogicamente o instituto da prontidão a outras espécies de trabalhadores, por exemplo, os eletricitários, como fixado na Súmula n. 229 do TST.

A escala de prontidão será de, no máximo, 12 horas, e o valor da hora de prontidão corresponderá a 2/3 do valor da hora normal de trabalho.

(b) tempo de sobreaviso

O art. 244, § 2º, da CLT chama de sobreaviso o tempo em que o ferroviário permanecer em sua própria casa, aguardando a qualquer momento o chamado para o serviço. Assim como as horas de prontidão, o sobreaviso é estendido às demais categorias profissionais por analogia.

O TST mantinha entendimento de que a escala de sobreaviso somente se caracterizava quando o empregado permanecia aguardando ordens em sua própria casa, fazendo, pois, interpretação literal do disposto na CLT, como se pode notar da redação da OJ n. 49 da SDI-1/TST:

HORAS EXTRAS. USO DO *BIP*. NÃO CARACTERIZADO O "SOBREAVISO". O uso do aparelho *BIP* pelo empregado, por si só, não caracteriza o regime de sobreaviso, uma vez que o empregado não permanece em sua residência aguardando, a qualquer momento, convocação para o serviço.

Tal OJ, entretanto, foi cancelada pelo TST por meio da Resolução n. 175/11, e convertida na Súmula n. 428, que tem a seguinte redação:

SOBREAVISO. APLICAÇÃO ANALÓGICA DO ART. 244, § 2º, DA CLT (redação alterada na sessão do Tribunal Pleno realizada em 14.9.2012) — Res. n. 185, DEJT divulgado em 25, 26 e 27.9.2012.

I — O uso de instrumentos telemáticos ou informatizados fornecidos pela empresa ao empregado, por si só, não caracteriza o regime de sobreaviso.

II — Considera-se em sobreaviso o empregado que, à distância e submetido a controle patronal por instrumentos telemáticos ou informatizados, permanecer em regime de plantão ou equivalente, aguardando a qualquer momento o chamado para o serviço durante o período de descanso.

Diante do novo entendimento do TST, o empregado que conseguir demonstrar que, apesar de não estar em casa aguardando ordens, tinha sua liberdade de locomoção tolhida por ter de estar constantemente em contato com o empregador, por exemplo, por celular, pode ter a jornada de sobreaviso reconhecida[58].

(c) tempo residual à disposição

Tem previsão no art. 58, § 2º, da CLT: *"não serão descontadas nem computadas como jornada extraordinária as variações de horário no registro de ponto não excedentes de cinco minutos, observado o limite máximo de dez minutos diários"*.

O dispositivo contempla a hipótese de empresas que, obrigatória ou facultativamente, fazem controle de jornada dos empregados, por meios manuais ou eletrônicos (CLT, art. 74, § 2º), e leva em consideração a impossibilidade de todos os empregados registrarem o ponto ao mesmo tempo, lançando, portanto, uma tolerância diária de 10 minutos tanto em favor do empregado, quanto em favor do empregador.

> Súmula n. 366 do TST — CARTÃO DE PONTO. REGISTRO. HORAS EXTRAS. MINUTOS QUE ANTECEDEM E SUCEDEM A JORNADA DE TRABALHO (conversão das Orientações Jurisprudenciais ns. 23 e 326 da SBDI-1) — Res. n. 129, DJ 20, 22 e 25.4.2005. Não serão descontadas nem computadas como jornada extraordinária as variações de horário do registro de ponto não excedentes de cinco minutos, observado o limite máximo de dez minutos diários. Se ultrapassado esse limite, será considerada como extra a totalidade do tempo que exceder a jornada normal (ex-Ojs da SBDI-1 ns. 23 — inserida em 3.6.1996 — e 326 — DJ 9.12.2003).

17.1.3. Classificação da jornada de trabalho

A jornada de trabalho pode ser classificada *quanto à duração* e *quanto ao período*.

---

(58) HORAS DE SOBREAVISO. RESTRIÇÃO DA LIBERDADE DE LOCOMOÇÃO NÃO COMPROVADA. NÃO CARACTERIZAÇÃO. Para a configuração do sobreaviso, é necessária a comprovação de que o obreiro permaneceu à disposição do empregador além de sua jornada de trabalho, aguardando ser chamado para o serviço a qualquer momento, ficando limitada sua liberdade de locomoção. Não comprovada essa restrição, não há que se falar em pagamento de horas de sobreaviso (Proc. TRT/15ª Região n. 0002484-33.2011.5.15.0010 — Recursos Ordinários da Vara do Trabalho de Rio Claro — 1º Recorrente: Marcos Antonio Nicolini — 2º Recorrente: Nheel Química Ltda. — Relator(a): Luís Carlos Cândido Martins Sotero da Silva).

Quanto à duração divide-se em normal e extraordinária; quanto ao período, em diurna, noturna ou mista.

I — Quanto à duração

(a) *jornada normal*

A chamada jornada normal de trabalho é aquela que o empregado, ao ser contratado, obrigou-se a cumprir. Luciano Martinez (2012:298), sobre o tema, escreve que "sinaliza a existência de um trabalho que não goza de qualquer privilégio legal ou contratual capaz de reduzir a dimensão de sua duração".

A jornada normal subdivide-se em máxima, que é a jornada de 8 horas diárias e 44 horas semanais prevista no art. 7º, inc. XIII, da CF, e especial, prevista em lei para determinadas categorias profissionais:

(i) bancário — a jornada de trabalho do bancário é de 6 horas diárias e 30 horas semanais, conforme previsto no art. 224 da CLT. Pode ser estendida para 8 horas diárias, desde que não exceda 40 horas semanais (CLT, art. 225);

(ii) telefonista — a jornada de trabalho dos empregados em serviços de telefonia, telegrafia submarina e subfluvial radiotelegrafia e radiotelefonia é de 6 horas contínuas de trabalho por dia ou 36 horas semanais, conforme art. 227 da CLT, aplicando-se tal disposição também ao telefonista de mesa de empresa que não explora atividade de telefonia (Súmula n. 178 do TST);

(iii) professor — num mesmo estabelecimento de ensino não poderá o professor dar, por dia, mais de 4 aulas consecutivas, nem mais de 6 intercaladas, conforme art. 318 da CLT;

(iv) advogado empregado — o advogado empregado tem jornada de 4 horas diárias e 20 horas semanais, prevista no art. 20 da Lei n. 8.906/94 (EOAB), salvo dedicação exclusiva, quando a jornada pode ser estendida a 8 horas diárias e 44 horas semanais;

(v) turnos ininterruptos de revezamento — turnos nada mais são do que "grupos de trabalhadores que se sucedem no desempenho de suas atividades de tal sorte que a atividade empresarial não seja interrompida" (ROMAR, 2013:289).

Os turnos podem ser *fixos*, quando o empregado trabalha sempre no mesmo horário, ou *de revezamento*, ocorrendo alternância de horários segundo escalas de trabalho pré-definidas pelo empregador. Para os turnos ininterruptos de revezamento, por causa do maior desgaste do trabalhador, o art. 7º, inc. XIV, da CF estabelece jornada de 6 horas diárias.

Cumpre ressaltar que a concessão de intervalo intrajornada dentro de cada turno e de repouso semanal não descaracteriza o turno de revezamento com jornada de 6 horas diárias (Súmula n. 320 do TST). Além disso, por negociação coletiva, a jornada de 6 horas pode ser estendida até 8 horas, sem que a 7ª e a 8ª horas sejam consideradas extraordinárias (Súmula n. 423 do TST).

> OJ n. 274 da SDI-1/TST — TURNO ININTERRUPTO DE REVEZAMENTO. FERROVIÁRIO. HORAS EXTRAS. DEVIDAS (inserida em 27.9.2002). O ferroviário submetido a escalas variadas, com alternância de turnos, faz jus à jornada especial prevista no art. 7º, XIV, da CF/1988.
>
> OJ n. 275 da SDI-1/TST — TURNO ININTERRUPTO DE REVEZAMENTO. HORISTA. HORAS EXTRAS E ADICIONAL. DEVIDOS (inserida em 27.9.2002). Inexistindo instrumento coletivo fixando jornada diversa, o empregado horista submetido a turno ininterrupto de revezamento faz jus ao pagamento das horas extraordinárias laboradas além da 6ª, bem como ao respectivo adicional.
>
> OJ n. 420 da SDI-1/TST — TURNOS ININTERRUPTOS DE REVEZAMENTO. ELASTECIMENTO DA JORNADA DE TRABALHO. NORMA COLETIVA COM EFICÁCIA RETROATIVA. INVALIDADE. (DEJT divulgado em 28 e 29.6.2012 e 2.7.2012). É inválido o instrumento normativo que, regularizando situações pretéritas, estabelece jornada de oito horas para o trabalho em turnos ininterruptos de revezamento.

(vi) jornada a tempo parcial — trabalho a tempo parcial é aquele cuja duração não exceda a 25 horas semanais, como previsto no art. 58-A da CLT. O trabalhador em tempo parcial pode ter seu salário pago em proporção à jornada de trabalho realizada (CLT, art. 58-A, § 1º), inclusive se for remunerado com salário mínimo (OJ n. 358 da SDI-1/TST), sendo vedada a realização de horas extras (CLT, art. 59, § 4º). As férias também serão proporcionais (CLT, art. 130-A).

(vii) motorista profissional — introduzido na CLT pela Lei n. 12.619/12, o art. 235-C prevê que a jornada de trabalho do motorista profissional, não havendo previsão diversa em instrumento coletivo, será a máxima constitucional, admitindo-se a prorrogação por 2 horas diárias.

(b) *jornada extraordinária*

Extraordinária é o período trabalhado pelo empregado além da jornada normal de trabalho, que pode ser, como já visto, a máxima constitucional ou específica para determinada categoria profissional.

A CF prevê que as horas extraordinárias serão acrescidas de adicional mínimo de 50% sobre o valor da hora normal de trabalho, de maneira que o art. 59, § 1º, da CLT, que fixa percentual de 20%, não foi recepcionado pelo Texto Constitucional.

Para que a jornada de trabalho possa ser estendida além do limite legalmente imposto, o art. 59 da CLT exige acordo escrito de prorrogação de jornada, que pode ser individual ou coletivo, e permite apenas o acréscimo diário de 2 horas à jornada normal.

Entretanto, apesar do limite legal de 2 horas diárias, caso o empregado realize horas extras além do óbice do art. 59 da CLT, deverá recebê-las do empregador, conforme Súmula n. 376 do TST, atendendo ao *princípio da primazia da realidade*, norteador do direito do trabalho.

Para o cálculo da hora extra, deve-se descobrir o valor de 1 hora de trabalho do empregado e acrescê-la de 50%. O valor de uma hora descobre-se com a divisão da remuneração do trabalhador pelos seguintes divisores: jornada de 44 horas semanais — *divisor 220*; jornada de 40 horas semanais — *divisor 200* (Súmula n. 431 do TST); jornada de 6 horas diárias — *divisor 180*.

O art. 59, § 2º, da CLT prevê a possibilidade de prorrogação da jornada de trabalho sem o pagamento do respectivo adicional: acordo escrito, individual ou coletivo, de compensação de jornada e banco de horas.

A *compensação de jornada*, como já esclarecido, somente pode ser feita se houver acordo escrito entre empregado e empregador, o qual pode ser individual ou coletivo (cf. Súmula n. 85, I, TST), possuindo, inclusive, previsão no art. 7º, inc. XIII, da CF[59].

Adotado o regime de compensação, o empregador deverá compensar, ao longo da semana, as horas a mais trabalhadas pelo empregado, a fim de que não ultrapasse a jornada semanal do trabalhador. As horas não compensadas serão pagas com acréscimo do adicional de horas extras.

A realização de horas extras habituais descaracteriza o acordo de compensação, de maneira que as horas ainda não compensadas deverão ser pagas como extras e, em relação às já compensadas, deverá o empregador pagar apenas o respectivo adicional (Súmula n. 85, IV, TST).

O mero não atendimento das exigências legais para a compensação de jornada, inclusive quando encetada mediante acordo tácito, não implica a repetição do pagamento das horas excedentes à jornada normal diária, se não dilatada a jornada máxima semanal, sendo devido apenas o respectivo adicional (Súmula n. 85, III, TST).

> OJ n. 323 do SDI-1/TST — ACORDO DE COMPENSAÇÃO DE JORNADA. "SEMANA ESPANHOLA". VALIDADE (DJ 9.12.2003). É válido o sistema de compensação de horário quando a jornada adotada é a denominada "semana espanhola", que alterna a prestação

---

[59] **CLT, art. 413, inc. I** — a compensação da jornada de trabalho dos trabalhadores menores de 18 anos só pode ocorrer mediante negociação coletiva.

> de 48 horas em uma semana e 40 horas em outra, não violando os arts. 59, § 2º, da CLT e 7º, XIII, da CF/88 o seu ajuste mediante acordo ou convenção coletiva de trabalho.
>
> Súmula n. 444 do TST — JORNADA DE TRABALHO. NORMA COLETIVA. LEI. ESCALA DE 12 POR 36. VALIDADE. É válida, em caráter excepcional, a jornada de doze horas de trabalho por trinta e seis de descanso, prevista em lei ou ajustada exclusivamente mediante acordo coletivo de trabalho ou convenção coletiva de trabalho, assegurada a remuneração em dobro dos feriados trabalhados. O empregado não tem direito ao pagamento de adicional referente ao labor prestado na décima primeira e décima segunda horas.

Por seu turno, o *banco de horas* permite que o empregador realize a compensação das horas trabalhadas além do limite legal dentro do prazo de 12 meses, contados a partir da instituição do regime do banco de horas para o trabalhador, e não da realização de cada hora. Assim, ao final de 12 meses, o empregador deve somar as horas realizadas no período e compensá-las em folga, sob pena de pagá-las acrescidas de adicional de horas extras.

O banco de horas somente pode ser instituído por negociação coletiva (Súmula n. 85, V, TST). Caso o banco de horas tenha sido instituído de maneira irregular, as horas constantes do banco serão pagas como extras, exceto as já compensadas, a respeito das quais serão pagos apenas os respectivos adicionais de hora extra[60].

O art. 61 da CLT traz duas hipóteses que permitem que o empregador exija a realização de sobrejornada, sem a necessidade de acordo escrito com o trabalhador: *força maior* ou *serviços inadiáveis*.

A força maior ocorre em decorrência de fatos alheios à vontade do empregador e para os quais não tenha concorrido direta ou indiretamente, que

---

(60) HORAS EXTRAS. ACORDO DE COMPENSAÇÃO DE JORNADA NA MODALIDADE DE BANCO DE HORAS. VALIDADE. Para que o acordo de compensação no sistema de banco de horas produza regulares efeitos, é imprescindível que seja instituído por meio de negociação coletiva, que seja observado os demais requisitos previstos no art. 59, § 2º, da CLT, e também que conste, de forma clara e objetiva nos recibos de pagamento ou em outro documento idôneo, o devido balanço mensal das horas lançadas em débito e em crédito ao empregado, a fim de possibilitar a correta verificação do saldo e, por conseguinte, da regularidade do sistema de compensação adotado. Tais requisitos são cumulativos, de modo que a não observância de quaisquer deles implica invalidade do acordo. No caso dos autos, a reclamada comprovou o preenchimento de todos os requisitos necessários. Recurso do reclamante a que se nega provimento (Processo TRT 15ª Região n. 0001111-37.2012.5.15.0040 — Recurso Ordinário em Procedimento Sumaríssimo — Recorrente: Luiz Fernando Baldez — Recorrido: Anwal Engenharia Ltda. — ME — Origem: Vara do Trabalho de Cruzeiro — Juíza Sentenciante: Gislene Aparecida Sanches — Relator(a): Ana Paula Pellegrina Lockmann).

fica excluída se houve imprevidência do empregador (CLT, art. 501, *caput* e § 1º); serviços inadiáveis são aqueles que devem ser terminados no mesmo dia, sob pena de causar prejuízo manifesto ao empregador (cf. ROMAR, 2013:297).

Nas hipóteses de força maior ou de serviços inadiáveis, a jornada normal poderá ser prorrogada, no máximo, por 4 horas diárias, perfazendo o máximo de 12 horas de trabalho, como previsto no art. 61, § 2º, da CLT. Em qualquer caso, havendo prorrogação, o Ministério do Trabalho e Emprego deverá ser comunicado em até 10 dias da ocorrência (CLT, art. 61, § 1º).

> CLT, art. 61, § 3º recuperação da paralisação do serviço em razão de força maior ou de causas acidentais — Sempre que ocorrer interrupção do trabalho, resultante de causas acidentais, ou de força maior, que determinem a impossibilidade de sua realização, a duração do trabalho poderá ser prorrogada pelo tempo necessário até o máximo de 2 (duas) horas, durante o número de dias indispensáveis à recuperação do tempo perdido, desde que não exceda de 10 (dez) horas diárias, em período não superior a 45 (quarenta e cinco) dias por ano, sujeita essa recuperação à prévia autorização da autoridade competente.
>
> O art. 62 da CLT impossibilita a aplicação do regime de horas extras aos *empregados externos*, bem como aos *ocupantes de cargos de confiança*, tendo em vista que não possuem controle de jornada de trabalho pelo empregador.

II — Quanto ao período

Quanto ao período, a jornada de trabalho pode ser *diurna*, *noturna* ou *mista*. A lei conceitua apenas a jornada noturna, o que, por exclusão, permite delimitar as jornadas diurna e mista.

Para o trabalhador urbano, a jornada será noturna quando incluída no período compreendido entre as 22 horas de um dia as 5 horas do dia seguinte, conforme art. 73, § 2º, da CLT. Ademais, a hora de trabalho noturna é reduzida artificialmente para 52 minutos e 30 segundos (CLT, art. 73, § 1º), o que perfaz uma jornada de 7 horas diárias de trabalho.

Em relação ao trabalhador rural, o art. 7º da Lei n. 5.889/73 prevê que será noturna a jornada de trabalho compreendida entre as 21 horas de um dia e as 5 horas do dia seguinte para os empregados da *lavoura*, e das 20 horas às 4 horas do dia seguinte para os empregados da *pecuária*, sem redução fictícia da hora noturna.

O adicional noturno para os trabalhadores urbanos é de, no mínimo, 20% (CLT, art. 73) e para os trabalhadores rurais é de, no mínimo, 25% (art. 7º da Lei n. 5.889/73).

Dessa forma, podemos entender que será considerada <u>diurna</u> a jornada de trabalho compreendida entre as <u>5:01 horas e as 21:59 horas</u>, para trabalhadores <u>urbanos</u>; das <u>5:01 horas às 20:59 horas</u>, para os trabalhadores da <u>lavoura</u>, e das <u>4:01 horas às 19:59 horas</u> para os trabalhadores da <u>pecuária</u>.

A jornada de trabalho será <u>mista</u> quando tiver início no período diurno e avançar até o período considerado noturno, ou quando se iniciar no período noturno e se estender até o período diurno.

17.2. *Períodos de repouso*

17.2.1. Intervalos

Os períodos de repouso previstos em lei são os *intervalos* e as *férias*. Os intervalos dividem-se em <u>intrajornada</u> remunerados e não remunerados e <u>interjornadas</u> remunerados e não remunerados.

(a) <u>intervalos intrajornada não remunerados</u>

O art. 71 da CLT prevê que em qualquer trabalho contínuo cuja duração exceda de 6 horas é obrigatória a concessão de intervalo para repouso ou alimentação de 1 a, no máximo, 2 horas (turnos ininterruptos de revezamento — Súmula n. 360 do TST).

Se o trabalho contínuo for inferior a 6 horas, mas superior a 4 horas, o intervalo obrigatório será de 15 minutos, conforme previsto no art. 71, § 1º, da CLT.

O intervalo do art. 71 da CLT poderá ser reduzido se a empresa possuir refeitório e os empregados na estiverem sob o regime de horas extras, desde que haja autorização expressa do Ministério do Trabalho do Emprego (CLT, art. 71, § 3º). Não é possível, porém, a supressão do intervalo, ainda que por norma coletiva, por se tratar de regra de saúde ocupacional (Súmula n. 437, II, TST).

Tais intervalos não são computados na jornada de trabalho, em atenção ao disposto no art. 71, § 2º, da CLT, e, por essa razão, não são remunerados. Entretanto, caso não sejam concedidos pelo empregador, deverão ser remunerados acrescidos do adicional de horas extras (CLT, art. 71, § 4º).

Intervalo concedido parcialmente é o mesmo que intervalo não concedido, devendo ser pago integralmente ao trabalhador acrescido de 50%, conforme prevê a Súmula n. 437, inc. I, do TST.

> Súmula n. 437, IV, TST — Ultrapassada habitualmente a jornada de seis horas de trabalho, é devido o gozo do intervalo intrajornada mínimo de uma hora, obrigando o empregador a remunerar o período para descanso e alimentação não usufruído como extra, acrescido do respectivo adicional, na forma prevista no art. 71, *caput* e § 4º, da CLT.

O art. 5º da Lei n. 5.889/73 assegura ao trabalhador rural intervalo para jornada de trabalho superior a 6 horas diárias, o qual será concedido de acordo com os "usos e costumes da região".

O Decreto n. 73.626/74, que regulamenta a Lei n. 5.889/73, no art. 5º, § 1º, estabelece que o intervalo do trabalhador rural será de, no mínimo, 1 hora, e a não concessão, ainda que parcial, gera direito à indenização do intervalo acrescido de 50%, de acordo com a OJ n. 381 da SDI-1/TST:

> INTERVALO INTRAJORNADA. RURÍCOLA. LEI N. 5.889, DE 8.6.1973. SUPRESSÃO TOTAL OU PARCIAL. DECRETO N. 73.626, DE 12.2.1974. APLICAÇÃO DO ART. 71, § 4º, DA CLT. (cancelada em decorrência da aglutinação ao item I da Súmula n. 437) — Res. n. 186, DEJT divulgado em 25, 26 e 27.9.2012. A não concessão total ou parcial do intervalo mínimo intrajornada de uma hora ao trabalhador rural, fixado no Decreto n. 73.626, de 12.2.1974, que regulamentou a Lei n. 5.889, de 8.6.1973, acarreta o pagamento do período total, acrescido do respectivo adicional, por aplicação subsidiária do art. 71, § 4º, da CLT.

São ainda não remunerados os intervalos de 15 minutos anteriores ao início da prestação de trabalho em sobrejornada devidos à mulher (CLT, art. 384) e ao menor de 18 anos (CLT, art. 413).

(b) intervalos intrajornada remunerados

Importante salientar que os intervalos a seguir mencionados são remunerados, tendo em vista que são computados na jornada de trabalho do empregado como tempo à disposição do empregador, diferentemente dos intervalos vistos no item anterior.

Na sequência, os intervalos intrajornadas remunerados previstos na CLT:

(i) mecanografia (CLT, art. 72) — empregados que exercem de datilografia, escrituração, cálculo e digitação (atividade permanente de inserção de dados — Súmula n. 346 do TST) têm direito a 10 minutos de intervalo a cada 90 minutos de trabalho consecutivo;

(ii) serviços frigoríficos (CLT, art. 253) — empregados que trabalham em câmaras frigoríficas ou movimentando mercadorias do ambiente quente para o frio, e vice-versa, têm direito a 20 minutos de intervalo a cada 1 hora e 40 minutos de trabalho consecutivo. A Súmula n. 438 do TST estendeu o mesmo intervalo para quem trabalha em ambiente artificialmente frio, ainda que não labore em câmara frigorífica;

(iii) telefonia (CLT, art. 229) — para os empregados em serviços de telefonia, telegrafia submarina e subfluvial, radiotelegrafia e radiotelefonia, a cada 3 horas de trabalho contínuo, têm direito a um intervalo de 20 minutos;

(iv) minas de subsolo (CLT, art. 298) — para os trabalhadores em minas de subsolo a CLT prevê um intervalo de 15 minutos a cada 3 horas de trabalho consecutivo;

(v) amamentação (CLT, art. 396) — dois intervalos diários de 30 minutos para a lactante, devendo a empresa oferecer local adequado para a amamentação.

A Súmula n. 118 do TST acrescenta que o empregador poderá conceder outros intervalos além dos previstos em lei, os quais serão tempo à disposição e, portanto, remunerados.

(c) intervalos interjornadas não remunerados

Os intervalos interjornadas são aqueles que separam o fim de um dia de trabalho e o início de outro, ou o final de uma semana de trabalho e o início da outra. Serão *remunerados* quando computados na jornada de trabalho, e *não remunerados* quando não integrarem a jornada de trabalho do empregado.

Serão não remunerados os seguintes intervalos previstos na CLT:

(i) CLT, art. 66 — o art. 66 da CLT prevê intervalo mínimo de 11 horas consecutivas entre duas jornadas de trabalho, de maneira que um trabalhador que deixa o trabalho às 18:00 horas somente poderá retomar suas atividades a partir das 5:00 horas do dia seguinte;

(ii) CLT, art. 229 — para empregados com horários variáveis, como jornada diária de 7 horas, em serviços de telefonia, telegrafia submarina e subfluvial, radiotelegrafia e radiotelefonia, o intervalo interjornadas mínimo é de 17 horas;

(iii) CLT, art. 235, § 2º — o intervalo será de, no mínimo, 12 horas para operadores cinematográficos;

(iv) CLT, art. 235-C, § 3º — ao motorista profissional é assegurado um intervalo mínimo de 11 horas a cada 24 horas de trabalho;

(v) CLT, art. 245 — para cabineiros nas estações de tráfego intenso é assegurado intervalo interjornadas mínimo de 14 horas.

Caso tais intervalos sejam desrespeitados, as horas indevidamente trabalhadas serão pagas com acréscimo de 50%, conforme OJ n. 355 da SDI-1 do TST.

> Súmula n. 110 do TST — JORNADA DE TRABALHO. INTERVALO (mantida) — Res. n. 121, DJ 19, 20 e 21.11.2003. No regime de revezamento, as horas trabalhadas em seguida ao repouso semanal de 24 horas, com prejuízo do intervalo mínimo de 11 horas consecutivas para descanso entre jornadas, devem ser remuneradas como extraordinárias, inclusive com o respectivo adicional.

(d) intervalos interjornadas remunerados

O art. 67 da CLT, em conformidade com o art. 7º, inc. XV, da CF e com o art. 1º da Lei n. 605/49, prevê que todo empregado tem direito a um descanso semanal de 24 horas consecutivas (DSR), desde que não tenha, ao longo da semana, faltado ao trabalho de forma injustificada (Lei n. 605/49, art. 6º).

O art. 6º, § 1º, da Lei n. 605/49 entende serem motivos justificados, ou seja, que não autorizam a perda do DSR, além daqueles previstos no art. 473 da CLT, os seguintes: *a ausência do empregado devidamente justificada, a critério da administração do estabelecimento; a paralisação do serviço nos dias em que, por conveniência do empregador, não tenha havido trabalho; a ausência do empregado, até três dias consecutivos, em virtude do seu casamento; a falta ao serviço com fundamento na lei sobre acidente do trabalho; a doença do empregado, devidamente comprovada.*

Ressalte-se que a doença do empregado deve ser comprovada mediante a apresentação de atestado médico, seguindo a ordem prevista no art. 6º, § 2º, da Lei n. 605/49 (Súmula n. 15 do TST):

> A doença será comprovada mediante atestado de médico da instituição da Previdência Social a que estiver filiado o empregado, e, na falta deste e sucessivamente, de médico do Serviço Social do Comércio ou da Indústria; de médico da empresa ou por ela designado; de médico a serviço de representação federal, estadual ou municipal incumbido de assuntos de higiene ou de saúde pública; ou não existindo estes, na localidade em que trabalhar, de médico de sua escolha.

Por se tratar de norma de segurança e saúde ocupacionais, caso o empregado tenha faltas injustificadas ao longo da semana, perderá apenas o direito à remuneração do DSR, mas nunca o direito ao repouso.

O art. 7º, inc. XV, da CF estabelece que o DSR seja concedido, preferencialmente, aos domingos, o que significa que o empregador, diante da necessidade do serviço, poderá eleger outros dias da semana para concessão do mencionado repouso. O trabalho aos domingos é, portanto, possível, desde que haja prévia autorização do Ministério do Trabalho e Emprego (CLT, art. 68).

A Lei n. 10.101/00, no art. 6º, estabelece que *"o repouso semanal remunerado deverá coincidir, pelo menos uma vez no período máximo de três semanas, com o domingo, respeitadas as demais normas de proteção ao trabalho e outras a serem estipuladas em negociação coletiva".*

Outro intervalo interjornada remunerado é o feriado, regulado pela Lei n. 9.093/95. Da mesma forma que o DSR, os feriados são dias não trabalhados e remunerados, podendo ser instituídos unicamente por lei, de maneira que, não havendo previsão legal, pode o empregador exigir trabalho, como é o caso, por exemplo, do *dia da consciência negra*.

A Lei n. 12.519/11 estabeleceu no Brasil o *dia da consciência negra*, comemorado em 20 de novembro, por ocasião da morte de Zumbi dos Palmares. Entretanto, a mencionada lei não estabeleceu a data como feriado, de forma que cabe aos Estados ou aos Municípios, por leis próprias, determinarem se haverá ou não paralisação das atividades no dia da consciência negra, daí não ser um feriado nacional. Nos locais onde não for decretado feriado por lei estadual ou municipal o empregador poderá exigir trabalho.

Segundo a Lei n. 9.093/95, são feriados civis os declarados em lei federal, a data magna do Estado fixada em lei estadual e os dias de início e término do ano do centenário de fundação do Município, fixados em lei municipal, e feriados religiosos os dias de guarda, declarados em lei municipal, de acordo com a tradição local e em número não superior a quatro, incluída a Sexta-Feira da Paixão.

Caso o empregador exija trabalho em DSR ou feriado, poderá dar ao empregado folga compensatória em outro dia da mesma semana (OJ n. 410 da SDI-1/TST), ou efetuar o pagamento em dobro do dia trabalhado, na forma do art. 9º da Lei n. 605/49 e da Súmula n. 146 do TST.

17.2.2. Férias

(a) princípios

Amauri Mascaro Nascimento (*Iniciação ao direito do trabalho*, 2007b:319) enumera cinco princípios básicos que servem de parâmetro do direito do empregado às férias, quais sejam:

(i) anualidade para adquirir o direito — todo empregado terá direito a férias anuais após 12 meses de contrato, chamado de *período aquisitivo de férias*;

(ii) remunerabilidade — no período de férias o empregado tem assegurado o direito à remuneração, acrescida de 1/3 (CF, art. 7º, inc. XVII), e proporcional ao número de faltas injustificadas ao longo do período aquisitivo;

(iii) continuidade — as férias, na medida do possível, devem ser concedidas num único período, sendo o fracionamento medida excepcional;

(iv) proporcionalidade — as férias serão concedidas proporcionalmente ao número de faltas injustificadas do trabalhador ao longo do período aquisitivo (CLT, art. 130), serão pagas proporcionalmente quando o empregado é dispensado do trabalho antes do término do período aquisitivo.

(b) aquisição do direito

O art. 130 da CLT prevê período aquisitivo de 12 meses na mesma empresa. Assim, a cada 12 meses de duração do contrato de trabalho do empregado, ele adquire direito a férias, conforme art. 130 da CLT.

Importa salientar que são 12 meses de vigência do contrato e não de trabalho, haja vista que o período em que o empregado se encontra em férias entra no cômputo do período aquisitivo de novas férias (cf. ROMAR, 2013:314).

Como já esclarecido, a duração das férias adquiridas pelo empregado dependerá do número de faltas injustificadas ao longo do período aquisitivo. Não são faltas injustificadas de acordo com o art. 131 da CLT: I — *nos casos referidos no art. 473;* II — *durante o licenciamento compulsório da empregada por motivo de maternidade ou aborto, observados os requisitos para percepção do salário-maternidade custeado pela Previdência Social;* III — *por motivo de acidente do trabalho ou enfermidade atestada pelo Instituto Nacional do Seguro Social — INSS, excetuada a hipótese do inciso IV do art. 133;* IV — *justificada pela empresa, entendendo-se como tal a que não tiver determinado o desconto do correspondente salário;* V — *durante a suspensão preventiva para responder a inquérito administrativo ou de prisão preventiva, quando for impronunciado ou absolvido; e* VI — *nos dias em que não tenha havido serviço, salvo na hipótese do inciso III do art. 133.*

Assim, a duração das férias obedecerá ao disposto abaixo, conforme art. 130 da CLT:

FALTAS INJUSTIFICADAS	DIAS DE FÉRIAS
Até 5 faltas	30 dias
De 6 a 14 faltas	24 dias
De 15 a 23 faltas	18 dias
De 24 a 32 faltas	12 dias
Acima de 32 faltas	Sem férias

Caso o empregado trabalhe em regime de tempo parcial, suas férias seguem a proporcionalidade prevista no art. 130-A da CLT, conforme quadro abaixo:

NÚMERO DE HORAS TRABALHADAS	DIAS DE FÉRIAS
22 a 25 horas semanais	18 dias
20 a 22 horas semanais	16 dias
15 a 20 horas semanais	14 dias
10 a 15 horas semanais	12 dias
5 a 10 horas semanais	10 dias
Até 5 horas semanais	8 dias

Perderá o direito às férias (CLT, art. 133) o empregado que: *I — deixar o emprego e não for readmitido dentro de 60 (sessenta) dias subsequentes à sua saída; II — permanecer em gozo de licença, com percepção de salários, por mais de 30 (trinta) dias; III — deixar de trabalhar, com percepção do salário, por mais de 30 (trinta) dias, em virtude de paralisação parcial ou total dos serviços da empresa; e IV — tiver percebido da Previdência Social prestações de acidente de trabalho ou de auxílio-doença por mais de 6 (seis) meses, embora descontínuos.*

No período de férias ocorre a interrupção do contrato de trabalho, uma vez que não há trabalho, mas há remuneração e contagem de tempo de serviço.

OBS.: Convenção n. 132 da OIT — o Decreto n. 3.197/99, que introduziu no ordenamento jurídico brasileiro a Convenção n. 132 da OIT, prevê período aquisitivo de 6 meses e períodos de férias de, no mínimo, 3 semanas, o que, em tese, derrogaria os arts .130 e 130-A da CLT. Entretanto, o entendimento que tem prevalecido é que a Convenção não se aplica, pois, em sua totalidade, é menos benéfica do que a CLT, aplicando-se a teoria do conglobamento (cf. RESENDE, 2011:421-422).

(c) concessão das férias

O empregador deverá conceder férias ao empregado, em um só período, nos 12 meses subsequentes ao término do período aquisitivo, conforme art. 134 da CLT, iniciando-se, portanto, o chamado *período concessivo de férias*.

O art. 134 da CLT permite que, em casos excepcionais, as férias sejam concedidas em 2 períodos, desde que um deles não seja inferior a 10 dias corridos (§ 1º), vedada, entretanto, a divisão do período de férias para menores de 18 anos e maiores de 50 anos (§ 2º).

> PN 100 do TST — FÉRIAS. INÍCIO DO PERÍODO DE GOZO (positivo). O início das férias, coletivas ou individuais, não poderá coincidir com sábado, domingo, feriado ou dia de compensação de repouso semanal.

O empregado será comunicado das férias, por escrito, com antecedência mínima de 30 dias, mediante recibo (CLT, art. 135), sob pena de nulidade das férias. O período de gozo das férias será anotado na CTPS do empregado e no registro de empregados (CLT, art. 135, §§ 1º e 2º).

> PN 116 do TST — FÉRIAS. CANCELAMENTO OU ADIANTAMENTO (positivo). Comunicado ao empregado o período do gozo de férias individuais ou coletivas, o empregador somente poderá

> cancelar ou modificar o início previsto se ocorrer necessidade imperiosa e, ainda assim, mediante o ressarcimento, ao empregado, dos prejuízos financeiros por este comprovados.

Cabe ao empregador decidir a época adequada para concessão das férias, a fim de não prejudicar o bom andamento do serviço (CLT, art. 136), desde que o faça dentro do período concessivo previsto no art. 134 da CLT.

Os membros de uma mesma família que trabalham para o mesmo empregador no mesmo estabelecimento têm direito de gozar férias no mesmo período, desde que assim o requeiram e não haja prejuízo para o serviço (CLT, art. 136, § 1º). Já o empregado estudante menor de 18 anos tem direito de que suas férias coincidam com as férias escolares (CLT, art. 136, § 2º).

Se as férias forem concedidas fora do período concessivo, serão pagas em dobro (CLT, art. 137), ainda que apenas parte delas seja gozada fora do período correto (Súmula n. 81 do TST).

O valor relativo ao período de férias será pago até 2 dias antes de o empregado iniciar o gozo do repouso (CLT, art. 145), pois, caso desrespeitado tal prazo, ainda que gozadas as férias na época própria, deverão ser pagas em dobro (OJ n. 386 da SDI-1/TST)[61].

> Súmula n. 261 do TST — FÉRIAS PROPORCIONAIS. PEDIDO DE DEMISSÃO. CONTRATO VIGENTE HÁ MENOS DE UM ANO (nova redação) — Res. n. 121, DJ 19, 20 e 21.11.2003. O empregado que se demite antes de complementar 12 (doze) meses de serviço tem direito a férias proporcionais.

(d) abono de férias

O art. 143 da CLT faculta ao empregado a conversão de 1/3 das férias em dinheiro, o chamado *abono de férias*. Dessa forma, se o empregado tem direito a férias de 30 dias, poderá converter 10 dias em dinheiro, de forma que repousará 20 dias e receberá do empregador o salário de férias acrescido de 1/3 constitucional e mais 1/3 do abono de férias.

O abono de férias deverá ser requerido até 15 dias antes do término do período aquisitivo (CLT, art. 143, § 1º), sendo vedado para os empregados contratados em regime de tempo parcial (CLT, art. 143, § 3º).

---

(61) **CLT, art. 142, §§ 4º e 5º** — salário-utilidade, adicional noturno, adicional de insalubridade, adicional de periculosidade e adicional de hora extra serão computados para cálculo das férias.

Ricardo Resende (2011:436) salienta a importância de não se confundir o abono de férias com a figura da *venda das férias*, situação em que o empregado, em dificuldades financeiras, aceita converter a totalidade de suas férias em dinheiro, ou seja, continua trabalhando no período destinado ao descanso, comportamento ilegal, pois o direito às férias é irrenunciável por se tratar de norma de ordem pública destinada à proteção da saúde do trabalhador.

(e) férias coletivas

Segundo Luciano Martinez (2012:371), as férias coletivas *"constituem uma prerrogativa dos empregadores que pode ser invocada, sem maiores restrições, nas situações de excesso de produção ou, por mera conveniência, em circunstâncias estratégicas que indiquem necessidade de paralisação de todas as atividades da empresa ou de determinados estabelecimentos ou setores desta"*.

As férias coletivas serão concedidas no interesse do empregador, desde que preenchidos certos requisitos, previstos nos arts. 139 e 140 da CLT, quais sejam:

(i) comunicação, por escrito, e com antecedência mínima de 15 dias, ao Ministério do Trabalho e Emprego e ao sindicato da categoria profissional;

(ii) devem ser concedidas em período único, podendo, excepcionalmente, ser fracionadas em 2 períodos, sendo que um deles não poderá ser inferior a 10 dias;

(iii) empregados com período aquisitivo incompleto têm direito a férias coletivas proporcionais, iniciando-se novo período aquisitivo.

As férias coletivas têm como característica o fato de "zerarem" o período aquisitivo dos empregados, mesmo aqueles que ainda não completaram os 12 meses necessários para gozar período completo de férias.

Assim, por exemplo, se um empregado tem apenas 6 meses dentro do período aquisitivo, tem direito a 15 dias de férias proporcionais, de forma que, se o empregador concede 15 dias de férias coletivas, o período aquisitivo desse empregado está "zerado", iniciando-se novamente; se o empregador concede 10 dias de férias coletivas, o mencionado empregado terá direito a 15 dias de férias coletivas a fim de "zerar" seu período aquisitivo; se o empregador concede 20 dias de férias coletivas, o empregado terá direito a 15 dias de férias coletivas e mais 5 dias de licença remunerada, tendo em vista que não poderá retornar ao trabalho por causa da paralisação das atividades. Abaixo um exemplo para facilitar a compreensão:

	PERÍODO AQUISITIVO INCOMPLETO	FÉRIAS PROPORCIONAIS
	6 meses	15 dias
FÉRIAS COLETIVAS DE 15 DIAS	O período aquisitivo do empregado fica "zerado", pois cumprirá integralmente as férias coletivas.	
FÉRIAS COLETIVAS DE 10 DIAS	O empregado terá de gozar 15 dias de férias coletivas a fim de "zerar" o período aquisitivo.	
FÉRIAS COLETIVAS DE 20 DIAS	O empregado gozará 15 dias de férias coletivas + 5 dias de licença remunerada, pois a atividade da empresa está paralisada.	

CAPÍTULO

DECADÊNCIA E PRESCRIÇÃO NO DIREITO DO TRABALHO

18

18.1. Decadência

Segundo Francisco Amaral (*apud* GONÇALVES, 2012:417), decadência é "a perda do direito potestativo pela inércia de seu titular no período determinado em lei. Seu objeto são os direitos potestativos de qualquer espécie, disponíveis ou indisponíveis, direitos que conferem ao respectivo titular o poder de influir ou determinar mudanças na esfera jurídica de outrem, por ato unilateral, sem que haja dever correspondente, apenas uma sujeição".

A decadência é, portanto, a ação do tempo sobre o direito em si, tendo em vista a inércia de seu titular diante de prazo previsto em lei ou em contrato.

São poucos os exemplos de prazos decadenciais que podem ser citados no direito do trabalho. O mais conhecido deles é o prazo de 30 dias para instauração do inquérito para apuração de falta grave, previsto no art. 853 da CLT.

Primeiramente, é preciso lembrar que o inquérito para apuração de falta grave tinha por função obter, por determinação judicial, a ruptura do contrato de trabalho do empregado que possuía estabilidade decenal, na forma do art. 492 da CLT.

Tendo em vista que a estabilidade decenal não foi recepcionada pela CF, o inquérito perdeu importância, aplicando-se, apenas, para alguns casos de estabilidade provisória no emprego: dirigente sindical (Súmula n. 379 do TST), representante do Conselho Curador do FGTS (Lei n. 8.036/90, art. 3º, § 9º), representante do Conselho Nacional da Previdência Social (Lei n. 8.213/91, art. 3º, § 7º) e membros de Comissão de Conciliação Prévia (CLT, art. 625-B, § 1º).

Assim, se o empregador constatar que um empregado ocupante de um dos cargos acima mencionados praticou falta grave (CLT, art. 482), deve ingressar com a medida judicial buscando a ruptura do contrato por justa causa dentro do prazo de 30 dias, sob pena de considerar-se a existência do chamado *perdão tácito*, e a consequente impossibilidade de punir o empregado.

> Súmula n. 62 do TST — ABANDONO DE EMPREGO (mantida) — Res. n. 121, DJ 19, 20 e 21.11.2003. O prazo de decadência do direito do empregador de ajuizar inquérito em face do empregado que incorre em abandono de emprego é contado a partir do momento em que o empregado pretendeu seu retorno ao serviço.
>
> Súmula n. 403 do STF — Decadência — Prazo para Instauração do Inquérito Judicial — Contagem — Suspensão, por Falta Grave, de Empregado Estável. É de decadência o prazo de trinta dias para instauração do inquérito judicial, a contar da suspensão, por falta grave, de empregado estável.

Outros dois exemplos de prazos decadenciais podem ser mencionados:

(a) prazo aberto ao empregado, durante o curso do contrato de trabalho, para proceder à opção retroativa pelos depósitos de FGTS relativos ao período anterior à CF de 1988;

Súmula n. 295 do TST — APOSENTADORIA ESPONTÂNEA. DEPÓSITO DO FGTS. PERÍODO ANTERIOR À OPÇÃO (cancelada) — Res. n. 152/08, DEJT divulgado em 20, 21 e 24.11.2008. A cessação do contrato de trabalho em razão de aposentadoria espontânea do empregado exclui o direito ao recebimento de indenização relativa ao período anterior à opção. A realização de depósito na conta do Fundo de Garantia do Tempo de Serviço, de que trata o § 3º do art. 14 da Lei n. 8.036, de 11.5.1990, é faculdade atribuída ao empregador.

OJ TRANSITÓRIA N. 39 DA SDI-1/TST — FGTS. OPÇÃO RETROATIVA. CONCORDÂNCIA DO EMPREGADOR. NECESSIDADE (conversão da Orientação Jurisprudencial n. 146 da SBDI-1) — DJ 20.4.2005. A concordância do empregador é indispensável para que o empregado possa optar retroativamente pelo sistema do Fundo de Garantia por Tempo de Serviço. (ex-OJ n. 146 da SDI-1 — inserida em 27.11.1998).

(b) prazos previstos em regulamento de empresa para opção por planos de dispensa incentivada ou por planos de aposentadoria incentivada, tendo em vista que, ao contrário da prescrição, a decadência pode ser prevista em instrumentos coletivos e no contrato de trabalho.

Salvo disposição legal em contrário, os prazos decadenciais não se interrompem, não se suspendem e nem podem ser interrompidos, conforme dispõe o art. 207 do CC.

18.2. Prescrição

Pablo Stolze Gagliano e Rodolfo Pamplona Filho (2012:497-498) escrevem que a prescrição "*é a perda da pretensão de reparação de direito violado, em virtude da inércia do seu titular, no prazo previsto pela lei. Neste caso, a obrigação jurídica prescrita converte-se em obrigação natural, que é aquela que não confere o direito de exigir seu cumprimento, mas, se cumprida espontaneamente, autoriza a retenção do que foi pago*".

O art. 189 do CC traz o conceito legislativo da prescrição: "*violado o direito, nasce para o titular a pretensão, a qual se extingue, pela prescrição, nos prazos a que aludem os arts. 205 e 206*".

Para Carla Teresa Martins Romar (2013:549) a prescrição tem por objetivo "*impedir a perturbação da ordem social*", tendo em vista evitar que "*indefinidamente no tempo possa ocorrer a revivescência de situações duvidosas que mantinham credor e devedor na incerteza de seu direito*".

Assim, enquanto a decadência atinge a própria materialidade do direito, a prescrição alcança a possibilidade de buscar a efetivação de um determinado direito, o que o CC de 1916 chamou de *direito de ação*, e o CC de 2002 chamou de *pretensão*. Prescrito, portanto, o direito de um trabalhador, não lhe compete mais buscar a tutela jurisdicional para garantia do direito atingido pela ação destrutiva do tempo, mas nada impede que o devedor cumpra a obrigação, vez que o núcleo do direito violado permanece intacto.

18.2.1. Causas impeditivas e suspensivas

Mauricio Godinho Delgado (2007:258) leciona aplicarem-se ao direito do trabalho as seguintes causas de *impedimento* ou *suspensão* previstas no CC:

> (a) incapacidade absoluta (CC, art. 198, inc. I), ressaltando que, para o direito do trabalho, não há diferenciação entre incapacidade absoluta e relativa, pois o art. 440 da CLT prevê que a prescrição não corre para os menores de 18 anos;

(b) ausência do país por parte do titular do direito, em serviço público da União, dos Estados e dos Municípios (CC, art. 198, inc. II);

(c) prestação de serviço militar em tempo de guerra (CC, art. 198, inc. III);

(d) recessos e feriados (CPC, arts. 175 e 179).

Aplica-se, ainda, ao direito do trabalho a regra do art. 200 do CC: "*quando a ação se originar de fato que deva ser apurado no juízo criminal, não correrá a prescrição antes da respectiva sentença definitiva*".

Cabe ressaltar que a mesma causa pode ser impeditiva ou suspensiva, dependendo do momento em que ocorre. Tomando como exemplo a incapacidade absoluta, se ao tempo da violação do direito, o titular já era absolutamente incapaz, contra ele não corre prescrição, sendo, portanto, uma causa de impedimento; se, contudo, o titular do direito torna-se absolutamente incapaz após ter seu direito violado (causa superveniente), o prazo prescricional para de correr, tratando-se, dessa forma, de causa suspensiva.

De qualquer maneira, ocorrendo impedimento ou suspensão do prazo prescricional, ao cessar a causa que impediu ou suspendeu a fluência da prescrição, a contagem do prazo prescricional volta a correr de onde parou.

18.2.2. Causas interruptivas

São causas interruptivas da prescrição aplicáveis ao direito do trabalho, ressaltando que a prescrição só pode ser interrompida uma única vez, por força da redação do art. 202 do CC:

(a) *por despacho do juiz, mesmo incompetente, que ordenar a citação, se o interessado a promover no prazo e na forma da lei processual* (CC, art. 202, inc. I): o ato do magistrado de receber a petição inicial e determinar a citação da parte contrária interrompe o prazo prescricional, ainda que o juiz seja absolutamente incompetente.

Há que se lembrar que a CLT não prevê a realização de tal ato pelo Juiz do Trabalho, determinando apenas que a secretaria da Vara do Trabalho expeça mandado de citação para o reclamado (CLT, art. 841). Dessa sorte, a simples propositura da ação diante da Vara do Trabalho, ainda que incompetente, interrompe a prescrição, entendimento exposto pelo TST na Súmula n. 268: "*PRESCRIÇÃO. INTERRUPÇÃO. AÇÃO TRABALHISTA ARQUIVADA (nova redação) — Res. n. 121, DJ 19, 20 e 21.11.2003. A ação trabalhista, ainda que arquivada, interrompe a prescrição somente em relação aos pedidos idênticos*".

(b) *protesto judicial* (CC, art. 202, inc. II): apresentado protesto judicial ocorre a interrupção do prazo prescricional, nos mesmos moldes do previsto na Súmula n. 268 do TST. É o entendimento do TST demonstrado na OJ n. 392 da SDI-1 do TST:

PRESCRIÇÃO. INTERRUPÇÃO. AJUIZAMENTO DE PROTESTO JUDICIAL. MARCO INICIAL. (DEJT divulgado em 9, 10 e 11.6.2010). O protesto judicial é medida aplicável no processo do trabalho, por força do art. 769 da CLT, sendo que o seu ajuizamento, por si só, interrompe o prazo prescricional, em razão da inaplicabilidade do § 2º do art. 219 do CPC, que impõe ao autor da ação o ônus de promover a citação do réu, por ser ele incompatível com o disposto no art. 841 da CLT.

(c) *qualquer ato judicial que constitua o devedor em mora* (CC, art. 202, inc. V): como interpelações, notificações, medidas preventivas etc.;

(d) *por qualquer ato inequívoco, ainda que extrajudicial, que importe reconhecimento do direito pelo devedor* (CC, art. 202, inc. VI): Carlos Henrique Bezerra Leite (2007:262) menciona como exemplo o "pedido formal de prazo, pelo devedor trabalhista ao empregado, para acerto de contas, assim como a referência em nota oficial de que está arregimentando recursos para pagar certo passivo especificado".

Ocorrendo interrupção do prazo prescricional, *a contagem é retomada do início do prazo*, e não de onde parou, como ocorre na suspensão e no impedimento.

18.2.3. Prazos prescricionais

A CF, no art. 7º, inc. XXIX, prevê o seguinte: *"ação, quanto aos créditos resultantes das relações de trabalho, com prazo prescricional de cinco anos para os trabalhadores urbanos e rurais, até o limite de dois anos após a extinção do contrato de trabalho".*

Trouxe o Texto Constitucional dois prazos prescricionais diversos: bienal e quinquenal. Com base nesses prazos, a jurisprudência construiu os conceitos de prescrição total e parcial.

A *prescrição bienal* será sempre total, tendo em vista que o escoamento do prazo de 2 anos para exigência de direitos não atendidos pelo empregador atinge a totalidade das pretensões do trabalhador, nada mais podendo reclamar a que título for. O prazo bienal só tem aplicação, contudo, para os contratos já encerrados, não havendo que se falar nele em contratos em andamento.

A *prescrição quinquenal* pode ser total ou parcial, dependendo se a obrigação não cumprida pelo empregador é de ato único ou de trato sucessivo, respectivamente. Ricardo Resende (2011:925) esclarece que o TST, diante da dificuldade de esclarecer o que significa ato único, preferiu diferenciar a prescrição total de acordo com o *"título jurídico instituidor da parcela"*, como se pode auferir da leitura da Súmula n. 294 do TST:

PRESCRIÇÃO. ALTERAÇÃO CONTRATUAL. TRABALHADOR URBANO (mantida) — Res. n. 121, DJ 19, 20 e 21.11.2003. Tratando-se de ação que envolva pedido de prestações sucessivas decorrente de alteração do pactuado, a prescrição é total, exceto quando o direito à parcela esteja também assegurado por preceito de lei.

Ricardo Resende (2011:926) ainda acrescenta que "a prescrição é total, fulminando a pretensão em relação a determinada parcela, inclusive em relação a efeitos futuros, sempre que esta parcela fundar-se em cláusula contratual (contrato de trabalho) ou regulamentar (regulamento de empresa), ou seja, não estiver também assegurada por preceito de lei".

Dessa forma, se o empregado recebia do empregador uma parcela prevista somente no regulamento de empresa, por exemplo, 14º salário, e a empresa deixa de pagar, e o empregado não reclama no prazo quinquenal, a prescrição será total, todas as parcelas não pagas estarão prescritas, não somente as anteriores aos últimos 5 (cinco) anos, tendo em vista que o 14º salário não tem previsão legal.

Se, entretanto, o empregador deixa de pagar os salários, a prescrição será parcial, vez que atingidas somente as parcelas anteriores aos últimos 5 anos de relação contratual, levando-se em conta que o salário está amparado por dispositivo legal.

IMPRESCRITIBILIDADE — As ações *meramente declaratórias* não são atingidas pela prescrição, conforme prevê o art. 11, § 1º, da CLT, tendo em vista que nelas se busca, apenas, a solução das chamadas *crises de certeza*, nos quais o autor quer saber se seu direito existe ou quer excluir o direito do adversário. Não se busca o cumprimento de uma obrigação, tampouco a constituição, modificação ou extinção de relação jurídica. O que existe é o reconhecimento judicial de uma situação empiricamente concebida.

FGTS — A prescrição para cobrança das parcelas do FGTS não depositadas pelo empregador era de 30 anos, conforme prevê o art. 23, § 5º, da Lei n. 8.036/90, respeitado, contudo, o prazo de 2 anos para propositura de eventual reclamação trabalhista caso o contrato de trabalho esteja encerrado, de acordo com a Súmula n. 362 do TST: "*FGTS. PRESCRIÇÃO (nova redação) — Res. n. 121, DJ 19, 20 e 21.11.2003. É trintenária a prescrição do direito de reclamar contra o não recolhimento da contribuição para o FGTS, observado o prazo de 2 (dois) anos após o término do contrato de trabalho*".

Entretanto, no ARE (Repercussão Geral no Recurso Extraordinário com Agravo) n. 709.212-DF, o STF julgou inconstitucional o prazo prescricional de 30 anos para cobrança dos depósitos fundiários não realizados.

Em seu voto, o Ministro Gilmar Mendes, relator do ARE, esclareceu que o FGTS é garantia constitucional dos trabalhadores urbanos e rurais, constante do art. 7º, inc. III, da CF, assim como o prazo prescricional de 5 (cinco) anos, previsto no inc. XXIX do mesmo dispositivo, de maneira que tal prazo também se aplica ao FGTS, não prevalecendo a prescrição trintenária prevista na Lei n. 8.036/90.

Dessa forma, para cobrança de depósitos fundiários não realizados, aplica-se o prazo geral: últimos 5 anos, respeitados os 2 anos do encerramento do contrato de trabalho[62].

ACIDENTE DE TRABALHO — Tem prevalecido no TST o posicionamento de que às ações envolvendo acidente do trabalho aplica-se a prescrição tipicamente trabalhista do art. 7º, XXIX, da CF, tendo em vista que o art. 7º, inc. XXVIII, da CF responsabiliza o empregador por danos ao empregado decorrentes de acidentes do trabalho, e que o art. 114 da CF autoriza a Justiça do Trabalho a julgar ações que tenham por objeto acidente de trabalho; entretanto, há corrente divergente que prega a aplicação ao caso do prazo prescricional do art. 205, § 3º, inc. V do CC (3 anos), por entenderem que o tema reparação de danos pertence exclusivamente ao direito civil.

INDENIZAÇÃO POR DANOS MORAIS — Quanto à indenização por danos morais, existem 3 correntes a respeito do tema. Prevalece no TST o posicionamento de que, se a ação referir-se a fato ocorrido antes da EC n. 45/04, o prazo prescricional aplicável será o do CC; se referir-se a fato posterior à EC n. 45/04, aplica-se a prescrição trabalhista do art. 7º, XXIX, da CF. As outras correntes são extremistas: uma entende pela aplicação da prescrição trabalhista a todos os casos, por força do art. 114, inc. VI, da CF, e outra entende pela aplicação do prazo prescricional do art. 205, § 3º, inc. V, do CC, por se tratar de matéria afeta ao direito civil[63].

---

(62) "**Modulação:** Para os casos cujo termo inicial da prescrição — ou seja, a ausência de depósito no FGTS — ocorra após a data do julgamento, aplica-se, desde logo, o prazo de cinco anos. Para aqueles em que o prazo prescricional já esteja em curso, aplica-se o que ocorrer primeiro: 30 anos, contados do termo inicial, ou cinco anos, a partir do julgamento" (FEIJÓ, 2014).

(63) PRESCRIÇÃO. INDENIZAÇÃO POR DANOS MORAIS E MATERIAIS. ACIDENTE DO TRABALHO. REGRA DE TRANSIÇÃO. AÇÃO TRABALHISTA AJUIZADA APÓS O PRAZO DE TRÊS ANOS CONTADOS DA VIGÊNCIA DO CÓDIGO CIVIL DE 2002. PRESCRIÇÃO TOTAL. Tratando-se de pedido de dano moral e/ou material decorrente de acidente do trabalho, esta Corte pacificou entendimento no sentido de que, quando a lesão for anterior à Emenda Constitucional n. 45/04, o prazo prescricional aplicável será o previsto no Código Civil de 2002, observada a regra de transição prevista no art. 2.028 desse mesmo diploma legal; bem assim que, quando a lesão for posterior à referida emenda, o prazo prescricional aplicável será o trabalhista, previsto no art. 7º, XXIX, da Constituição Federal. No caso concreto, o acidente do trabalho ocorreu em 28.11.2001, portanto anteriormente à Emenda Constitucional n. 45/04, sendo aplicável, assim, a prescrição civil. Verifica-se, ainda, não transcorrido mais da metade do prazo de vinte anos previsto no Código Civil de 1916, quando da entrada em vigor do atual Código Civil, em 11.1.2003. Desse modo, o prazo prescricional aplicável é o previsto no art. 206, § 3º, V, do Código Civil de 2002, qual seja de 3 (três) anos, contados do início da vigência do referido diploma. Sob tal óptica, portanto, tendo em vista a ocorrência do acidente do trabalho em novembro de 2001, o reclamante deveria ter ingressado com a ação até 11.1.2006, a fim de evitar o corte prescricional. Todavia, como o ajuizamento da reclamação se deu apenas em 12.12.2006, impõe-se concluir pela prescrição total da pretensão obreira. Recurso de revista não conhecido. 2. HORAS EXTRAS. COMPENSAÇÃO DE JORNADA. ATIVIDADE INSALUBRE. INSTRUMENTO NORMATIVO. Não há falar em violação dos arts. 59 e 60 da CLT quando o entendimento esposado pelo Regional converge com a diretriz traçada nos referidos dispositivos consolidados. Recurso de revista não conhecido (Processo: RR n. 132900-09.2006.5.04.0451 Data de Julgamento: 5.5.2010, Relatora Ministra: Dora Maria da Costa, 8ª Turma, Data de Publicação: DEJT 7.5.2010).

18.2.4. Contagem dos prazos prescricionais

A fluência dos prazos prescricionais *tem início a partir da lesão*, como determina o art. 189 do CC. Entretanto, à contagem dos prazos prescricionais aplica-se a regra do art. 132 do CC e do art. 775 da CLT, ou seja, *exclui-se o dia de início e inclui-se o dia de fim*, desprezando-se as frações de horas e minutos.

Outrossim, de acordo com o art. 132, § 1º, do CC, se o prazo prescricional terminar em feriado ou dia sem expediente forense, fica automaticamente prorrogado para o dia útil seguinte.

SALÁRIOS — O prazo prescricional para cobrança de salários não pagos nas épocas corretas tem início a partir da data em que o salário torna-se exigível, ou seja, no 5º dia útil do mês subsequente ao vencido, e não a partir do mês de aquisição, aplicando-se a regra do art. 775 da CLT. Desta forma, Ricardo Resende (2011:914) cita como exemplo o empregado que não recebeu o salário de janeiro/2011, a respeito do qual a prescrição operar-se-á em 5.2.2016, haja vista que o prazo prescricional iniciou-se em 5.2.2011, mês em que o salário de janeiro/2011 deveria ter sido pago.

13º SALÁRIO — O prazo prescricional para cobrança do 13º salário tem início em 20 de dezembro do ano de referência, tendo em conta que a mencionada verba somente pode ser exigida a partir da mencionada data.

FÉRIAS — A prescrição do direito de reclamar férias vencidas, em conformidade com o art. 149 da CLT, *tem início ao final do período aquisitivo*, pois é somente nessa oportunidade que as férias podem ser exigidas.

AVISO-PRÉVIO INDENIZADO — Tendo em vista que o aviso-prévio, mesmo que indenizado, integra-se ao tempo de serviço, o prazo prescricional para cobrança tem início ao final da projeção gerada pelo aviso-prévio no contrato de trabalho, em conformidade com o entendimento exposto pelo TST na OJ n. 83 da SDI-1: "*a prescrição começa a fluir no final da data do término do aviso-prévio*".

PERÍODOS DESCONTÍNUOS DE TRABALHO — Havendo mais de um contrato de trabalho entre as partes, e pretendendo o reclamante o acolhimento de pretensões relativas aos períodos descontínuos, o prazo prescricional tem início a partir da extinção do último contrato, de acordo com a Súmula n. 156 do TST: "*da extinção do último contrato começa a fluir o prazo prescricional do direito de ação em que se objetiva a soma de períodos descontínuos de trabalho*".

EXPURGOS INFLACIONÁRIOS DO FGTS — O prazo prescricional para o trabalhador reclamar os expurgos inflacionários do FGTS teve início com a publicação da Lei Complementar n. 101/01, a qual reconheceu o direito à reposição inflacionária dos depósitos fundiários realizados entre 1º.12.1988 e 28.2.1989, posição adotada pelo TST na OJ n. 344 da SDI-1/TST: "*o termo inicial do prazo prescricional para o empregado pleitear em juízo diferenças da multa do FGTS, decorrentes dos expurgos inflacionários, deu-se com a vigência da Lei Complementar n. 110, em 30.6.2001, salvo comprovado trânsito em julgado de decisão proferida em ação proposta anteriormente na Justiça Federal, que reconheça o direito à atualização do saldo da conta vinculada*".

18.2.5. Prescrição de ofício

A Lei n. 11.280/06 alterou a redação do art. 219, § 5º, do CPC e revogou o art. 194 do CC, possibilitando ao juiz reconhecer, de ofício, a existência de prescrição. Há discussão, porém, quanto à aplicabilidade do instituto no direito do trabalho.

No TST prevalece o posicionamento da não aplicabilidade da prescrição de ofício, tendo em vista que não caberia à Justiça do Trabalho beneficiar o devedor em detrimento do direito do trabalhador, sendo, portanto, incompatível com os princípios do direito do trabalho:

PRESCRIÇÃO. DECLARAÇÃO DE OFÍCIO PELO TRIBUNAL REGIONAL. ART. 219, § 5º, DO CPC. INCOMPATIBILIDADE COM O PROCESSO DO TRABALHO. A regra do art. 219, § 5º, do CPC, segundo o qual o juiz pronunciará, de ofício, a prescrição, não é aplicável no âmbito do processo do Trabalho, por ser incompatível com os princípios que regem o Direito do Trabalho. Recurso de Embargos de que se conhece e a que se nega provimento (Processo: E-ED-RR n. 1473-78.2010.5.12.0012 Data de Julgamento: 12.12.2013, Relator Ministro: João Batista Brito Pereira, Subseção I Especializada em Dissídios Individuais, Data de Publicação: DEJT 19.12.2013).

RECURSO DE REVISTA. PRESCRIÇÃO — ARGUIÇÃO DE OFÍCIO (por violação aos arts. 5º, LV, da Constituição Federal, 769 da Consolidação das Leis do Trabalho e 219, § 5º, do Código de Processo Civil, contrariedade à Súmula n. 393 do Tribunal Superior do Trabalho e divergência jurisprudencial). A aplicação do art. 219, § 5º, do Código de Processo Civil não é compatível com o direito processual do trabalho, em face da natureza alimentar dos créditos trabalhistas, bem como da observância do princípio da proteção ao hipossuficiente. Recurso de revista conhecido e desprovido. (Processo: RR n. 1311-76.2010.5.02.0072 Data de Julgamento: 11.12.2013, Relator Ministro: Renato de Lacerda Paiva, 2ª Turma, Data de Publicação: DEJT 19.12.2013)

PRESCRIÇÃO. PRONÚNCIA DE OFÍCIO. ART. 219, § 5º, DO CÓDIGO DE PROCESSO CIVIL. Não se harmoniza com os princípios que informam o Direito do Trabalho, em especial o princípio tuitivo, a pronúncia de ofício da prescrição, nos termos do art. 219, § 5º, do Código de Processo Civil, introduzido com a Lei n. 11.280/06. Tendo o ordenamento jurídico trabalhista sido construído com o fim de mitigar as desigualdades verificadas na relação jurídica entre empregador e empregado, não seria razoável atribuir ao magistrado o dever de, ingressando no âmbito da disponibilidade patrimonial do réu, declarar de ofício a prescrição, em desfavor do trabalhador — em regra, a parte economicamente desfavorecida na relação de emprego. Tal situação conduziria ao paradoxo de afirmar o Processo do Trabalho como instrumento de tutela dos interesses disponíveis do empregador, acentuando, ainda mais, o desequilíbrio existente entre as partes. Precedentes desta Corte superior. Recurso de revista conhecido e provido. (Processo: RR n. 1027-47.2011.5.12.0010 Data de Julgamento: 11.12.2013, Relator Desembargador Convocado: José Maria Quadros de Alencar, 1ª Turma, Data de Publicação: DEJT 13.12.2013)

Na mesma linha, o TST editou a Súmula n. 153: *"Não se conhece de prescrição não arguida na instância ordinária"*, esclarecendo que a prescrição deve ser mencionada em defesa na contestação ou no recurso ordinário, não podendo ser mais analisada em sede de recurso de revista caso não haja alegação anterior, deixando claro que não cabe ao TST reconhecer a prescrição de ofício.

Na doutrina, entretanto, existem posicionamentos favoráveis ao reconhecimento da prescrição *ex officio* pelo magistrado, entre os quais citamos Gustavo Felipe Barbosa Garcia (2013:1181-1182), Valentim Carrion (2013:105), Francisco Ferreira Jorge Neto e Jouberto de Quadros Pessoa Cavalcanti (2013:869), por entenderem que a norma do art. 219, § 5º, do CPC traz norma cogente ao determinar que o juiz *"pronunciará"* de ofício a prescrição, não cabendo, portanto, interpretações quanto à mencionada regra.

18.2.6. Prescrição intercorrente

Mauricio Godinho Delgado (2007:280) leciona que "intercorrente é a prescrição que flui durante o desenrolar do processo". Existe grande controvérsia quanto à aplicação do instituto no direito do trabalho.

O STF, por meio da *Súmula n. 327*, entende pela aplicação do instituto no direito do trabalho: "Direito Trabalhista — Admissibilidade — Prescrição Intercorrente. O direito trabalhista admite a prescrição intercorrente".

Já o TST, por seu turno, por força da *Súmula n. 114*, entende pela inaplicabilidade do instituto da prescrição intercorrente no direito do trabalho: "PRESCRIÇÃO INTERCORRENTE (mantida) — Res. n. 121, DJ 19, 20 e 21.11.2003. É inaplicável na Justiça do Trabalho a prescrição intercorrente".

> PRESCRIÇÃO INTERCORRENTE. A execução trabalhista poderá ser impulsionada de ofício pelo juiz, bem como promovida por qualquer das partes. Diante disso, esta Corte tem entendido ser inaplicável, em casos como este, a prescrição intercorrente, pois, não havendo ação de execução em âmbito trabalhista, esta constitui um mero incidente de natureza declaratória da fase cognitiva. Frise-se, por oportuno, que a jurisprudência desta Corte direciona-se para o seguinte entendimento: "Prescrição intercorrente. Execução. Inaplicável no processo do trabalho". Recurso de Revista conhecido e provido. (TST — Processo: RR — 11500-03.2004.5.20.0920. Data de Julgamento: 8.10.2008, Relator Ministro: José Simpliciano Fontes de F. Fernandes, 2ª Turma, Data de Publicação: DEJT 24.10.2008)

Alguns julgados do próprio TST e de alguns TRTs têm adotado posição intermediária, aplicando a prescrição de ofício unicamente em caso de inércia do trabalhador em promover os atos que lhe competem, não se aplicando o instituto quando não se localiza o devedor ou bens capazes de satisfazer a execução, com base no disposto na Lei n. 6.830/80 (Lei de Execução Fiscal), a qual se aplica subsidiariamente ao direito do trabalho, conforme prevê o art. 889 da CLT:

> AGRAVO DE INSTRUMENTO. RECURSO DE REVISTA. EXECUÇÃO. NÃO APLICAÇÃO DA PRESCRIÇÃO INTERCORRENTE. FALTA DE INTIMAÇÃO PESSOAL DO EXEQUENTE PARA REALIZAR O ATO QUE LHE CABIA. Hipótese em que o Tribunal Regional não decretou a prescrição intercorrente, em observância ao art. 267, III, e § 1º, do CPC, pelo fato de o exequente não ter sido intimado pessoalmente para apresentar a conta de liquidação. Inequívoca violação direta e literal do art. 5º, LIV, LV e LXXVIII, da Constituição Federal não configurada, ante a natureza infraconstitucional da controvérsia. Incidência do art. 896, § 2º, da CLT e da Súmula n. 266 do TST. Agravo de instrumento a que se nega provimento (TST — Processo: AIRR n. 4840-24.1996.5.15.0043. Data de Julgamento: 26.11.2008, Relator Ministro: Walmir Oliveira da Costa, 1ª Turma, Data de Publicação: DEJT 5.12.2008)

> PRESCRIÇÃO INTERCORRENTE. Evidenciado que os autos permaneceram paralisados em decorrência da inexistência de bens dos executados necessários para satisfação do crédito trabalhista, tal circunstância não retira do exequente o direito de prosseguir na execução tão logo localize bens penhoráveis. Incidência, na hipótese, do disposto no artigo 40 da Lei n. 6.830/80 (de aplicação subsidiária ao processo do trabalho), bem como o regramento contido no art. 878 da CLT. (TRT15 — 10ª Câmara (Quinta Turma) — 0286900-69.1999.5.15.0074 AP — Agravo de Petição — Vara do Trabalho de Lençóis Paulista 1ª — Agravante: Emerson Aparecido Nunes (Menor) — Agravado: Iran Rogério da Silva Borebi — ME — Agravado: Iran Rogério da Silva — Sentenciante: Adelina Maria do Prado Ferreira — Relator(a): Fabio Grasselli)

> PRESCRIÇÃO INTERCORRENTE. MANIFESTAÇÃO DO CREDOR. Ainda que se considere possível no processo do trabalho a declaração da prescrição intercorrente, é necessário que restem patentes a inércia e o desinteresse do exequente, devendo ser considerada a dificuldade natural do credor em dar impulso ao feito diante da árdua tarefa de encontrar o devedor e seus bens para apresentação em Juízo (TRT15 — 0025300-60.2005.5.15.0061 — Agravante: União — 1º Agravado: Editora Gráfica Jornal a Comarca Ltda. (cad. dívida ativa: 80.5.96 001104-04) — 2º Agravado: Paulo Alcides Jorge Júnior — Origem: 2ª Vara do Trabalho de Araçatuba — SP — Juiz Sentenciante: Alcione Maria dos Santos C. Gonçalves — Relator(a): Luiz Roberto Nunes)

O posicionamento intermediário é compartilhado por Mauricio Godinho Delgado (2007:261), João de Lima Teixeira Filho (2003:1485), Carla Teresa Martins Romar (2013:574) e Valentim Carrion (2013:106).

CAPÍTULO 19

SAÚDE E SEGURANÇA DO TRABALHADOR

19.1. Meio ambiente e meio ambiente do trabalho

João Manoel Grott (2008:61) escreve ter o meio ambiente "conceito vasto e amplo de interação dos elementos naturais, artificiais e culturais que devem propiciar condições saudáveis de vida em todas as suas formas".

A proteção ao meio ambiente ganhou relevância ao receber *status* constitucional, merecendo um capítulo próprio dentro do articulado da CF:

CAPÍTULO VI
DO MEIO AMBIENTE

Art. 225. Todos têm direito ao meio ambiente ecologicamente equilibrado, bem de uso comum do povo e essencial à sadia qualidade de vida, impondo-se ao Poder Público e à coletividade o dever de defendê-lo e preservá-lo para as presentes e futuras gerações.

§ 1º Para assegurar a efetividade desse direito, incumbe ao Poder Público:

I — preservar e restaurar os processos ecológicos essenciais e prover o manejo ecológico das espécies e ecossistemas;

II — preservar a diversidade e a integridade do patrimônio genético do País e fiscalizar as entidades dedicadas à pesquisa e manipulação de material genético;

III — definir, em todas as unidades da Federação, espaços territoriais e seus componentes a serem especialmente protegidos, sendo a alteração e a supressão permitidas somente através de lei, vedada qualquer utilização que comprometa a integridade dos atributos que justifiquem sua proteção;

IV — exigir, na forma da lei, para instalação de obra ou atividade potencialmente causadora de significativa degradação do meio ambiente, estudo prévio de impacto ambiental, a que se dará publicidade;

V — controlar a produção, a comercialização e o emprego de técnicas, métodos e substâncias que comportem risco para a vida, a qualidade de vida e o meio ambiente;

VI — promover a educação ambiental em todos os níveis de ensino e a conscientização pública para a preservação do meio ambiente;

VII — proteger a fauna e a flora, vedadas, na forma da lei, as práticas que coloquem em risco sua função ecológica, provoquem a extinção de espécies ou submetam os animais a crueldade.

§ 2º Aquele que explorar recursos minerais fica obrigado a recuperar o meio ambiente degradado, de acordo com solução técnica exigida pelo órgão público competente, na forma da lei.

§ 3º As condutas e atividades consideradas lesivas ao meio ambiente sujeitarão os infratores, pessoas físicas ou jurídicas, a sanções penais e administrativas, independentemente da obrigação de reparar os danos causados.

§ 4º A Floresta Amazônica brasileira, a Mata Atlântica, a Serra do Mar, o Pantanal Mato-Grossense e a Zona Costeira são patrimônio nacional, e sua utilização far-se-á, na forma da lei, dentro de condições que assegurem a preservação do meio ambiente, inclusive quanto ao uso dos recursos naturais.

§ 5º São indisponíveis as terras devolutas ou arrecadadas pelos Estados, por ações discriminatórias, necessárias à proteção dos ecossistemas naturais.

§ 6º As usinas que operem com reator nuclear deverão ter sua localização definida em lei federal, sem o que não poderão ser instaladas.

A defesa do meio ambiente também mereceu proteção constitucional, *sendo alçada à categoria de direito fundamental*, conforme dispõe o art. 5º da CF:

> LXXIII — qualquer cidadão é parte legítima para *propor ação popular que vise a anular ato lesivo* ao patrimônio público ou de entidade de que o Estado participe, à moralidade administrativa, *ao meio ambiente* e ao patrimônio histórico e cultural, ficando o autor, salvo comprovada má-fé, isento de custas judiciais e do ônus da sucumbência (sem grifos no original).

O que interessa mais de perto neste trabalho é a proteção ao meio ambiente do trabalho, que é parte integrante do meio ambiente e que, igualmente, mereceu tutela constitucional, como se vê da redação do art. 200, inc. VIII, da CF: "*Ao sistema único de saúde compete, além de outras atribuições, nos termos da lei: [...] VIII — colaborar na proteção do meio ambiente, nele compreendido o do trabalho*".

A CF, portanto, divide o meio ambiente em *físico ou natural, cultural, artificial* e *do trabalho*. O meio ambiente físico ou natural é constituído pela flora, fauna, solo, água, atmosfera e pelos ecossistemas (art. 225, § 1º, inc. I e VII).

O meio ambiente cultural é constituído pelo patrimônio artístico, arqueológico, paisagístico, manifestações populares e culturais além de todas as emanações que representem a cultura popular em variadas épocas (CF, art. 215, §§ 1º e 2º).

O meio ambiente artificial é formado pelo conjunto de edificações públicas ou privadas, principalmente urbanas (CF, arts. 5º, inc. XXIII, 21, inc. XX e 182).

Já o meio ambiente do trabalho, como define João Manoel Grott (2008:81), é "o conjunto de condições existentes no local de trabalho relativos à qualidade de vida do trabalhador", encontrando respaldo nos arts. 7º, inc. XXIII e 200 da CF.

O meio ambiente do trabalho, portanto, envolve todos os elementos que compõem o local de trabalho do indivíduo, agregando aspectos físicos, climáticos, comportamentais e quaisquer outros que façam parte do ambiente laboral, inclusive os psicológicos. Além disso, o *trabalhador é parte integrante do meio ambiente de trabalho*, o que o alça a categoria de bem a ser protegido a fim de garantir ao trabalhador melhor qualidade de vida.

Segundo Carla Teresa Martins Romar (2013:597), o meio ambiente do trabalho deve ser "seguro e saudável", a fim de prevenir a ocorrência de acidentes do trabalho ou doenças profissionais, oferecendo condições de saúde e segurança para o trabalhador.

Determinadas atividades profissionais expõem o trabalhador a *condições adversas de trabalho*, mais especificamente quando fica exposto a agentes insalubres ou perigosos ou a ambientes propícios à ocorrência de acidentes de trabalho. Também são condições adversas aquelas que causam o agravamento de doenças preexistentes.

Raimundo Simão de Melo (*apud* ROMAR, 2013:598-599) esclarece que o trabalho exercido em condições adversas pode gerar responsabilidades de diversas naturezas, quais sejam:

> (a) responsabilidade administrativa: o art. 161 da CLT autoriza o Ministério do Trabalho a aplicar multas, interditar estabelecimentos (total ou parcialmente), embargar obras, enfim, tomar todas as providências necessárias quando constatadas infrações às regras de saúde e segurança do trabalhador;

> (b) responsabilidade previdenciária: em caso de acidente de trabalho ou doença ocupacional, o trabalhador pode necessitar de *benefício previdenciário*, como auxílio-doença e auxílio-acidente, de *habilitação e reabilitação profissional*, de *aposentadoria por invalidez*, ou, em caso

de falecimento do trabalhador, de *pensão por morte* para a família, todos pagos pelo INSS, cujos prejuízos serão buscados pelo órgão previdenciário em ação regressiva contra o empregador;

(c) responsabilidade trabalhista: a existência de condições adversas demanda para o empregador o pagamento de aditivos salariais ao trabalhador, que são os adicionais de *insalubridade* (CLT, art. 192) e de *periculosidade* (CLT, art. 193), além da estabilidade provisória de trabalhadores afastados para recebimento de benefício previdenciário (Súmula n. 378 do TST) e operacionalização da Comissão Interna de Prevenção de Acidentes — CIPA (CLT, art. 163 e NR-5);

(d) responsabilidade penal: o acidente de trabalho pode enquadrar-se em condutas tipificadas no CP, como homicídio (art. 121), lesão corporal (art. 129) ou perigo (art. 132);

(e) responsabilidade civil: o art. 189 do CC impõe ao causador de um dano o dever de indenizar a vítima, de forma que, provada a responsabilidade do empregador pelos danos decorrentes do acidente de trabalho, poderá ser condenado a compensar financeiramente o empregado por eventuais danos materiais, morais ou estéticos.

19.2. Trabalho em condições perigosas

O trabalho em condições perigosas está previsto no art. 193 da CLT: *"Art. 193. São consideradas atividades ou operações perigosas, na forma da regulamentação aprovada pelo Ministério do Trabalho e Emprego, aquelas que, por sua natureza ou métodos de trabalho, impliquem risco acentuado em virtude de exposição permanente do trabalhador a: I — inflamáveis, explosivos ou energia elétrica; II — roubos ou outras espécies de violência física nas atividades profissionais de segurança pessoal ou patrimonial".*

Além dos elementos previstos no art. 193 da CLT, o TST considera como elemento perigoso a radiação ionizante ou qualquer substância radioativa a que esteja exposto o trabalhador, como prevê a Portaria/MTE n. 318/03. É o entendimento demonstrado na OJ n. 345 da SDI-1 do TST:

ADICIONAL DE PERICULOSIDADE. RADIAÇÃO IONIZANTE OU SUBSTÂNCIA RADIOATIVA. DEVIDO (DJ 22.6.2005). A exposição do empregado à radiação ionizante ou à substância radioativa enseja a percepção do adicional de periculosidade, pois a regulamentação ministerial (Portarias do Ministério do Trabalho ns. 3.393, de 17.12.1987, e 518, de 7.4.2003), ao reputar perigosa a atividade, reveste-se de plena eficácia, porquanto expedida por força de delegação legislativa contida no art. 200, *caput*, e inciso VI, da CLT. No período de

12.12.2002 a 6.4.2003, enquanto vigeu a Portaria n. 496 do Ministério do Trabalho, o empregado faz jus ao adicional de insalubridade.

A CF, no art. 7º, inc. XXIII, assegura aos empregados que laborem em condições perigosas o recebimento de um adicional salarial, o qual é definido pelo art. 193 da CLT em 30% sobre o salário contratual do trabalhador.

O § 1º do art. 193 da CLT exclui da base de cálculo do adicional de periculosidade as gratificações, os prêmios e a participação nos lucros e resultados. A exceção são os eletricitários, para os quais a base de cálculo do adicional de periculosidade atinge todas as verbas de natureza salarial, como esclarecem a Súmula n. 191 e a OJ n. 279 da SDI-1, ambas do TST.

O adicional de periculosidade não é devido no período de sobreaviso, vez que o empregado não está sujeito ao ambiente insalubre por estar em sua casa aguardando ordens (Súmula n. 132 do TST).

A Súmula n. 364 do TST esclarece que não tem direito ao adicional de periculosidade o trabalhador exposto ao agente perigoso de forma eventual, ou seja, esporádica, sem repetição prevista, ou se habitual, por tempo extremamente reduzido, o que só poderá ser aferido por meio de perícia realizada por médico ou engenheiro do trabalho (CLT, art. 195 e OJ n. 165 da SDI-1 do TST).

Entretanto, a mesma Súmula n. 364 do TST assegura o recebimento do adicional ao trabalhador exposto ao agente perigoso de forma intermitente, ou seja, com intervalos, mas com regularidade temporal.

O trabalhador que eventualmente tenha contato, ao mesmo tempo, com agentes insalubres e perigosos, não poderá cumular os dois adicionais, podendo optar pelo mais vantajoso, como dispõe o art. 193, § 2º, da CLT.

O trabalho em condições perigosas é regulamentado pela NR-16, anexo da Portaria n. 3.214/78 do Ministério do Trabalho e Emprego.

19.3. Trabalho em condições insalubres

O trabalho em ambiente insalubre é definido pelo art. 189 da CLT: "*Serão consideradas atividades ou operações insalubres aquelas que, por sua natureza, condições ou métodos de trabalho, exponham os empregados a agentes nocivos à saúde, acima dos limites de tolerância fixados em razão da natureza e da intensidade do agente e do tempo de exposição aos seus efeitos*".

O art. 192 da CLT, em atendimento ao disposto no art. 7º, inc. XXIII, da CF, atribui ao empregado que labora em condições insalubres o recebimento de adicional salarial, o qual sofre variações em razão da intensidade de exposição do trabalhador ao agente insalubre. Assim, o adicional será de 10%

para nível mínimo de exposição; 20% para nível médio de exposição; e 40% para nível máximo de exposição.

A NR-15, anexo da Portaria n. 3.214/78 do Ministério do Trabalho e Emprego, que regulamenta o trabalho em condições insalubres, distingue três espécies de agentes insalubres: *físicos*, como ruído, temperatura, intempéries etc.; *químicos*, como graxas, óleos, solventes etc.; e *biológicos*, como fungos, bactérias, vírus etc.

Cabe ressaltar que a existência de agentes insalubres, a classificação dos agentes eventualmente encontrados e a intensidade da exposição só poderão ser aferidos por meio de perícia realizada por médico ou engenheiro do trabalho (CLT, art. 195 e OJ n. 165 da SDI-1 do TST).

A base de cálculo do adicional de insalubridade continua sendo o salário mínimo previsto no art. 192 da CLT, por força da decisão proferida pelo STF na Reclamação Constitucional n. 6.266, de relatoria da Ministra Carmen Lúcia, tendo em vista que a Súmula Vinculante n. 4 vedou a utilização do salário mínimo como indexador de base de cálculo de verbas salariais, mas ainda não foi editada norma determinando a nova base de cálculo do mencionado adicional.

O adicional de insalubridade integra a remuneração do trabalhador, servindo de base de cálculo para as demais verbas de natureza salarial enquanto for percebido (Súmula n. 139 do TST), haja vista que pode ser retirado se o agente insalubre for *eliminado* (Súmula n. 80 do TST) ou se houver *reclassificação ou desclassificação* da insalubridade pela autoridade competente (Súmula n. 248 do TST).

Cumpre esclarecer, ainda, que não basta a constatação da existência de insalubridade por laudo pericial, sendo necessário que a atividade seja inscrita como insalubre em relação oficial elaborada pelo Ministério do Trabalho e Emprego (OJ n. 4 da SDI-1 do TST).

19.4. Acidentes do trabalho e responsabilidade do empregador

O conceito de acidente do trabalho pode ser encontrado no art. 19 da Lei n. 8.213/91: *"Acidente do trabalho é o que ocorre pelo exercício do trabalho a serviço da empresa ou pelo exercício do trabalho dos segurados referidos no inciso VII do art. 11 desta Lei, provocando lesão corporal ou perturbação funcional que cause a morte ou a perda ou redução, permanente ou temporária, da capacidade para o trabalho"*.

O conceito do art. 19 refere-se ao chamado acidente do trabalho típico. O art. 20 da mesma lei equipara ao acidente de trabalho: (a) *doença profissional*, assim entendida a produzida ou desencadeada pelo exercício do trabalho peculiar a determinada atividade e constante da respectiva relação elaborada pelo Ministério do Trabalho; e (b) *doença do trabalho*, assim entendida a adquirida ou desencadeada em função de condições especiais em que o trabalho é realizado e com ele se relacione diretamente, constante da relação elaborada pelo Ministério do Trabalho.

O art. 20, § 2º, da Lei n. 8.213/91 possibilita o reconhecimento de doenças não relacionadas pelo Ministério do Trabalho como acidentes do trabalho, desde que reste comprovado que ela guarda relação com a atividade profissional do empregado.

O art. 20, § 1º, da Lei n. 8.213/91 não considera como doença do trabalho: (a) a doença degenerativa; (b) a inerente a grupo etário; (c) a que não produza incapacidade laborativa; (d) a doença endêmica adquirida por segurado habitante de região em que ela se desenvolva, salvo comprovação de que é resultante de exposição ou contato direto determinado pela natureza do trabalho.

Equiparam-se ainda ao acidente de trabalho (Lei n. 8.213/91, art. 21):

I — o acidente ligado ao trabalho que, embora não tenha sido a causa única, haja contribuído diretamente para a morte do segurado, para redução ou perda da sua capacidade para o trabalho, ou produzido lesão que exija atenção médica para a sua recuperação;

II — o acidente sofrido pelo segurado no local e no horário do trabalho, em consequência de:

a) ato de agressão, sabotagem ou terrorismo praticado por terceiro ou companheiro de trabalho;

b) ofensa física intencional, inclusive de terceiro, por motivo de disputa relacionada ao trabalho;

c) ato de imprudência, de negligência ou de imperícia de terceiro ou de companheiro de trabalho;

d) ato de pessoa privada do uso da razão;

e) desabamento, inundação, incêndio e outros casos fortuitos ou decorrentes de força maior;

III — a doença proveniente de contaminação acidental do empregado no exercício de sua atividade;

IV — o acidente sofrido pelo segurado ainda que fora do local e horário de trabalho:

a) na execução de ordem ou na realização de serviço sob a autoridade da empresa;

b) na prestação espontânea de qualquer serviço à empresa para lhe evitar prejuízo ou proporcionar proveito;

c) em viagem a serviço da empresa, inclusive para estudo quando financiada por esta dentro de seus planos para melhor capacitação da mão de obra, independentemente do meio de locomoção utilizado, inclusive veículo de propriedade do segurado;

d) no percurso da residência para o local de trabalho ou deste para aquela, qualquer que seja o meio de locomoção, inclusive veículo de propriedade do segurado.

Nos períodos destinados à refeição ou descanso, ou por ocasião da satisfação de outras necessidades fisiológicas, no local do trabalho ou durante este, o empregado é considerado no exercício do trabalho (Lei n. 8.213/91, art. 21, § 1º).

Não é considerada agravação ou complicação de acidente do trabalho a lesão que, resultante de acidente de outra origem, se associe ou se superponha às consequências do anterior (Lei n. 8.213/91, art. 21, § 2º).

A constatação da ocorrência de acidente do trabalho depende da demonstração pericial do nexo de causalidade entre o trabalho e a incapacidade decorrente do fato, chamado de Nexo Técnico Epidemiológico Previdenciário — NTEP (art. 21-A da Lei n. 8.213/91).

A empresa deverá comunicar o acidente à Previdência Social até o primeiro dia útil após a ocorrência e, em caso de morte do trabalhador, de imediato à autoridade competente, sob pena de multa, nos termos do art. 22 da Lei n. 8.213/91. O documento hábil a atender a tal determinação é a Comunicação de Acidente de Trabalho — CAT, cuja cópia deve ser fornecida ao empregado ou a seus dependentes e ao sindicato da categoria profissional (art. 22, § 1º).

Se o empregador não emitir a CAT, podem formalizá-la o próprio acidentado, seus dependentes, a entidade sindical competente, o médico que o assistiu ou qualquer autoridade pública (art. 22, § 2º), o que não exime o empregador do pagamento da multa (art. 22, § 3º).

O acidente do trabalho, além das consequências já delineadas, pode gerar para o empregador dever de reparar danos materiais, morais, estéticos e físicos sofridos pelo empregado, na forma do art. 7º, inc. XXVIII, da CF e do art. 186 do CC.

A polêmica, nesse caso, reside na delimitação da responsabilidade civil do empregador quanto aos danos advindos de acidentes do trabalho, ou seja, se a responsabilidade seria *objetiva*, na forma do art. 927, parágrafo único, do CC, ou *subjetiva*, em atendimento ao disposto no art. 7º, inc. XXVIII, da CF.

Carla Teresa Martins Romar (2013:612-614) destaca quatro correntes doutrinárias a respeito do tema, quais sejam:

(i) <u>Teoria da responsabilidade subjetiva do empregador</u>: defende a supremacia do Texto Constitucional que exige a apuração da culpa *lato sensu* do empregador nos casos de acidentes do trabalho, como se lê da redação do art. 7º, inc. XXVIII, descartando-se, portanto, a aplicação da regra do art. 927, parágrafo único, do CC.

(ii) <u>Teoria da responsabilidade objetiva do empregador</u>: toma por base a assunção dos riscos da atividade pelo empregador prevista no art. 2º da CLT, chamada de *teoria do risco*, aplicando-se, portanto, a regra do art. 927, parágrafo único, do CC.

(iii) <u>Teoria da responsabilidade subjetiva com culpa presumida do empregador</u>: também defende a prevalência da regra do art. 7º, inc. XXVIII, da CF em relação à regra do art. 927, parágrafo único, do CC, tendo em vista a superioridade hierárquica da norma constitucional. Entretanto, como é responsabilidade do empregador tomar as medidas necessárias para proteção da incolumidade física de seus empregados, presumir-se-ia a ocorrência do acidente por culpa do empregador, cabendo a este fazer prova de que o acidente ocorreu mesmo tendo ele tomado todas as medidas necessárias para proteção do trabalhador.

(iv) <u>Teoria da responsabilidade objetiva do empregador que exerce atividade de risco</u>: para essa teoria, reconhecer-se-ia a responsabilidade objetiva do empregador, na forma do art. 927, parágrafo único, do CC, quando a atividade por ele desenvolvida for considerada de risco, ou seja, na qual a possibilidade de ocorrência de acidentes do trabalho é maior, ou, nas palavras de Carla Teresa Martins Romar (2013:613), é mais "evidente e provável".

A jurisprudência do TST tem se firmado com base na última teoria, entendendo que a norma constitucional do art. 7º, inc. XXVIII, não afasta a aplicação da regra do art. 927, parágrafo único, do CC, principalmente em face dos princípios do Direito do Trabalho, como o da norma mais favorável e o da condição mais benéfica[64].

---

(64) RECURSO DE REVISTA. 1. ACIDENTE DE TRABALHO — RESPONSABILIDADE DO EMPREGADOR. Em caso de responsabilidade objetiva, tendo em vista o exercício de atividade de risco na execução do contrato de trabalho, despicienda a análise da culpa *lato sensu* do empregador, bastando a demonstração do dano e do nexo causal. A hipótese dos autos, de qualquer sorte, recai também em responsabilidade subjetiva. Recurso de revista não conhecido. 2. DANO MATERIAL — INDENIZAÇÃO — PENSÃO. O recurso de revista se concentra na avaliação do direito posto em discussão. Assim, em tal via, já não são revolvidos fatos e provas, campo em que remanesce soberana a instância regional. Diante de tal peculiaridade, o deslinde do apelo considerará apenas a realidade que o acórdão atacado revelar (Súmula n. 126 do TST). Recurso de revista não conhecido. Recurso de

O julgado acima, citado de maneira exemplificativa, demonstra a aplicação da teoria da responsabilidade objetiva quando resta demonstrada a execução de atividade de risco pelo empregador, a qual exigiria, em tese, maiores cuidados com a saúde do trabalhador, não havendo, portanto, justificativa para apuração de culpa por parte do empregador.

revista conhecido e provido (TST — Processo: RR n. 135400-84.2005.5.04.0030 Data de Julgamento: 5.5.2010, Relator Ministro: Alberto Luiz Bresciani de Fontan Pereira, 3ª Turma, Data de Publicação: DEJT 21.5.2010).

CAPÍTULO 20

DIREITO COLETIVO DO TRABALHO

20.1. Direito coletivo e sindical — breves apontamentos históricos

Segundo Mauricio Godinho Delgado (2007:1325), sindicatos são *"entidades associativas permanentes, que representam os trabalhadores vinculados por laços profissionais e laborativos comuns, visando tratar de problemas coletivos das respectivas bases representadas, defendendo seus interesses trabalhistas e conexos, com o objetivo de lhes alcançar melhores condições de labor e vida"*.

Mirta Gladys Lerena Manzo de Misailidis (2005) salienta que a organização em grupos é natural do ser humano. As primeiras organizações de trabalhadores têm origem na antiguidade (476-1453), em meio ao regime de escravidão, primeiro sistema de produção utilizado pelo homem.

Durante a Idade Média surgem outras organizações, dessa vez de servos, responsáveis pela produção de alimentos nos feudos, e os artesãos, responsáveis pelos produtos manufaturados, todos, porém, subordinados ao senhor feudal. Surgem as primeiras *corporações de ofício*, as quais regulavam as atividades profissionais da época.

Carlos Roberto de Oliveira (2006:63), a respeito das corporações de ofício, escreve que *"a estrutura artesanal de produção montada nas corporações corresponde, portanto, a uma estratégia feudal, de origem rural, que mantinha o trabalhador atado aos proprietários das oficinas, mesmo que fosse dado a ele o direito de associação e de reunião"*.

A Lei *Le Chapelier*, editada durante o governo revolucionário francês, em 1791, pôs fim às corporações de ofício, proibindo a união de trabalhadores e trazendo para o Estado a regulação das atividades profissionais.

O trabalho assalariado ganha ênfase na Inglaterra, após a Revolução Industrial, como esclarece José Cairo Júnior (2014:914). As condições de trabalho eram as piores possíveis, e o ambiente era de exploração da mão de obra. Nesse ambiente de exploração e concentração de trabalhadores, crescem os ideais de classe, surgindo os movimentos operários.

> O grande número de indústrias contribuiu para o rápido aparecimento das coalizões de trabalhadores com interesses em comum, que se encontravam sujeitos às condições subumanas de trabalho e provocavam desequilíbrio entre aquelas pessoas que eram detentoras do capital e aquelas que só possuíam sua força de trabalho como patrimônio (proletário), fato que ficou conhecido como *questão social*. (CAIRO JÚNIOR, 2014:914)

Prevaleciam as ideias liberalistas da Revolução Francesa e ganhava força o conflito entre capital e trabalho. Não havia normas protetoras oriundas do Estado, já que o liberalismo pregava a não interferência estatal nas relações individuais.

Cumpre ressaltar que os trabalhadores reuniam-se secretamente, em associações sob a forma de clubes e entidades de socorros mútuos, a fim de burlar as normas que proibiam a criação de associações de trabalhadores com a finalidade de combater a exploração da mão de obra.

Por volta do século XIX, as entidades embrionárias dos sindicatos passaram a ser toleradas na Europa, principalmente na França, Bélgica e Alemanha, países que revogaram suas legislações internas que proibiam a associação de trabalhadores (CAIRO JÚNIOR, 2014).

A partir do final do século XIX e início do século XX seguiu-se a fase de reconhecimento do direito de livre sindicalização sem intervenção estatal. Modelos desse novo sistema foram o Trade Unions Act, de 1871, na Inglaterra, Lei Waldek-Rousseau, de 1884, na França, e Clayton Act, de 1914, nos Estados Unidos.

A Constituição mexicana de Querétaro, de 1917, e a Constituição alemã de Weimar, de 1919, elevaram à norma constitucional o direito de livre associação de trabalhadores para defesa de seus interesses.

A liberdade sindical foi contemplada pela Declaração Universal dos Direitos do Homem, de 1948, e pela Convenção n. 87 da OIT, sendo ratificada por mais de 120 países (CAIRO JÚNIOR, 2014:915), solidificando o sindicalismo como realidade e a não intervenção estatal como uma necessidade.

BRASIL. A economia brasileira baseou-se, por cerca de 300 anos, na exploração do trabalho escravo, que só teve fim em 1888. Os primeiros explorados foram os índios, utilizados para o trabalho e para a guerra.

Em 1872, surgiram as primeiras formas associativas, com a denominação de Ligas Operárias, Uniões de Profissionais e Associações de Resistência. Essas formas associativas corresponderam a um período que não era propriamente sindical e, sim, *mutualista,* na medida em que o trabalho livre concorria com o trabalho coletivo (MISAILIDIS, 2005).

As primeiras ideias associativas surgiram com os imigrantes, principalmente os italianos, que tentavam aplicar ideais corporativistas, pois eram corajosos para enfrentar o capital e politizados para colocarem-se em posição de negociar (MISAILIDIS, 2005).

O fim da escravatura e a proclamação da República introduziram mudanças significativas na vida do país e nas relações sociais, sendo que as mais importantes foram o trabalho livre assalariado, o surgimento das primeiras indústrias urbanas e o aparecimento dos primeiros sindicatos.

Os primeiros sindicatos brasileiros foram influenciados pelos ideais anarquistas[65], socialistas reformistas[66] e trabalhistas[67]. O anarcossindicalismo foi a força ideológica mais influente no movimento operário nas primeiras décadas do século XX, introduzido pelos trabalhadores estrangeiros, procedentes da Itália e da Espanha.

No 1º Congresso Operário, realizado no Rio de Janeiro em 1906, fizeram-se presentes 43 entidades sindicais. Apesar de ser realizado num centro de tendência trabalhista, prevaleceram entre os sindicatos os ideais anarquistas, que deram origem, em 1908, à Confederação Operária Brasileira — COB (MISAILIDIS, 2005).

---

(65) O anarquismo buscava a abolição da propriedade privada, o afastamento do poder estatal e o fim do capitalismo. Escreve Rainer Sousa: "Conforme já salientado, os anarquistas concordavam que toda instituição dotada de poderes impedia o alcance da liberdade. Dessa forma, o Estado, a Igreja e muitos costumes são criticados na condição de verdadeiros entraves para o alcance de um mundo regido por pessoas livres. Paralelamente, as diferenças que identificam as classes sociais também seriam combatidas por meio da extinção das propriedades privadas. Em uma sociedade desprovida de Estado, a produção e o gerenciamento das riquezas seriam estipulados por meio de ações cooperativistas. Nesse contexto, todos alcançariam condições de possuírem uma vida minimamente confortável e ninguém teria sua força de trabalho explorada em benefício de um terceiro. Logo, a violência e a miséria dariam lugar para um novo mundo regido pela felicidade da ampla maioria" (*Anarquismo*. Disponível em: <http://www.brasilescola.com/sociologia/anarquismo.htm>. Acesso em: 24.7.2014).
(66) O socialismo reformista busca, por meio de lei, regulamentar a ação dos sindicatos, aproximando-os da ação do Estado, como esclarece Mirta Gladys Lerena Manzo de Misailidis (2005).
(67) Corrente ideológica que buscava a conciliação entre capital e trabalho, segundo Mirta Gladys Lerena Manzo de Misailidis (2005).

O 2º Congresso Operário, de 1912, demonstrou o afastamento dos ideais anárquicos e a maior influência do poder estatal, o que ficou claro quando da escolha do Presidente da República, Hermes da Fonseca, como presidente do congresso (MISAILIDIS, 2005).

Um dos maiores nomes do sindicalismo brasileiro foi Edgar Leuenroth, jornalista paulista que se iniciou no sindicalismo em 1903, aderindo às teorias anarquistas (MISAILIDIS, 2005).

As primeiras greves operárias do século XX objetivavam aumento de salários, limitação da jornada de trabalho de menores de 14 anos e do trabalho noturno da mulher, e melhores condições de trabalho e de vida. Os anos de 1917, 1918 e 1919 foram os mais violentos e de mais forte repressão policial e patronal, período chamado de fase heroica do sindicalismo, como leciona Mirta Gladys Lerena de Misailidis (2005).

Em razão da repressão contra os líderes sindicais, chegou ao fim a COB, e seus dirigentes acabaram adotando as ideias comunistas, surgindo, em 1921, o Partido Comunista Brasileiro — PCB, o qual foi colocado na ilegalidade em 1922, assim permanecendo até 1945.

O medo do progresso dos ideais comunistas e anarquistas levou o Estado a promover uma política intervencionista, que teve seu auge em 1930, com a chegada de Getúlio Vargas ao poder. Em 1931, pelo Decreto n. 19.770, o governo federal transformou os sindicatos em órgãos de colaboração do Estado, adotando o modelo fascista italiano. Dessa forma, os sindicatos estavam atrelados ao Estado, dependendo de autorização para funcionarem e de subsídio para se manterem.

Ainda em 1930, por força do Decreto n. 19.443, o governo Vargas criou o *Ministério do Trabalho, Indústria e Comércio*, chefiado por Lindolfo Collor, órgão responsável por controlar a atividade sindical (CAIRO JÚNIOR, 2014).

Os sindicatos passaram pelo ponto máximo da repressão a partir do golpe militar de 1964, período em que vários direitos assegurados pela Constituição foram suprimidos pelo regime ditatorial então vigente, inclusive o de associação para fins pacíficos.

No final da década de 1970 surgiu o chamado *novo sindicalismo*, que desafiou o regime miltar e a repressão policial, promovendo grandes movimentos paredistas, como a greve na Scania, em 1978 (MISAILIDIS, 2005).

Em 1981, o Congresso da Classe Trabalhadora (CONCLAT) pregava ideais de liberdade política, redução de jornada, liberdade sindical e autonomia sindical. O Congresso reuniu mais de 5.000 delegados de diferentes sindicatos. Como resultado do Congresso surgiu a Central Única dos Trabalhadores — CUT, em 1983.

Em oposição à CUT surgiu, em 1986, a Central Geral dos Trabalhadores — CGT, cuja presidência era disputada por Rogério Magri e Joaquim de Andrade. Eleito Magri, Andrade, com outros dissidentes, fundou uma segunda CGT, que ganhou espaço com a desastrosa atuação de Magri como Ministro do Trabalho do governo Collor.

Em 1991, para substituir a CGT de Magri, surgiu a Força Sindical, liderada por Luiz Antonio de Medeiros, moderada e aberta ao diálogo com os empresários.

20.2. O direito sindical nas Constituições brasileiras

A *Carta de 1824*, no art. 179, inc. XXIV, assegurou a liberdade de trabalho, abolindo, entretanto, no inc. XXV do mesmo artigo, as corporações de ofício:

> XXIV. Nenhum gênero de trabalho, de cultura, indústria, ou comércio pôde ser proibido, uma vez que não se oponha aos costumes públicos, á segurança, e saúde dos Cidadãos.
>
> XXV. Ficam abolidas as Corporações de Ofícios, seus Juízes, Escrivães e Mestres (CAIRO JÚNIOR, 2014:918)

A *Constituição de 1891* fez referência apenas ao direito de exercício de qualquer profissão e de associação e reunião livre e sem armas, não regulando diretamente a relação capital-trabalho então existente.

José Cairo Júnior (2014:919) esclarece que a *Constituição de 1934* foi "a primeira a conter normas específicas sobre Direito Coletivo do Trabalho e inovou no sentido de permitir a pluralidade sindical". Lembra, ainda, o autor que no mesmo documento foi criada a Justiça do Trabalho, não chegando, entretanto, a ser efetivamente instalada, o que só aconteceu na vigência da Constituição de 1946.

A *Constituição de 1937*, imposta por Vargas durante o chamado Estado Novo, estabeleceu a *unicidade sindical* e sujeitou a criação e funcionamento do sindicato à autorização do Estado. Além disso, considerou a greve e o *lockout* como condutas antissociais e incompatíveis com os interesses da produção nacional. A Justiça do Trabalho permeneceu vinculada ao Poder Executivo.

A *Constituição de 1946* trouxe como novidades a *legalização do direito de greve*, bem como a *inclusão da Justiça do Trabalho como órgão do Poder Judiciário*.

Já a *Constituição de 1967* e a *Emenda Constitucional n. 1/69* proibiram a greve no serviço público e nas atividades essenciais.

A *Constituição de 1988* ampliou a liberdade sindical, bem como a atuação dos sindicatos, proibindo a intervenção do Estado na atividade dos sindicatos, a não ser que se tornem ilegais, bem como atribuindo aos sindicatos legitimidade para defesa dos interesses individuais e coletivos dos trabalhadores. Manteve, entretanto, a unicidade sindical e a contribuição sindical obrigatória.

20.3. Princípios constitucionais relativos à atividade sindical

A Constituição de 1988, em seu art. 8º, traz os seguintes princípios aplicáveis à atividade sindical:

(a) *não interferência estatal*: não cabe ao Poder Público interferir na autorização, organização e funcionamento das entidades sindicais, as quais devem ser reguladas por estatutos próprios votados pelos membros da categoria. Assim, o Capítulo I do Título V da CLT, sob o nome "Da Instituição Sindical", não foi recepcionado pela CF.

(b) *unicidade sindical*: o art. 8º, inc. II, da CF repetiu a previsão do art. 516 da CLT e vedou a criação de mais de um sindicato da mesma categoria profissional dentro da mesma base territorial: *"é vedada a criação de mais de uma organização sindical, em qualquer grau, representativa de categoria profissional ou econômica, na mesma base territorial, que será definida pelos trabalhadores ou empregadores interessados, não podendo ser inferior à área de um Município".*

(c) *defesa de interesses coletivos ou individuais*: o art. 8º, inc. III, da CF autoriza os sindicatos a promoverem a defesa dos interesses dos membros da categoria profissional, econômica ou diferenciada que representarem, podendo fazê-lo de maneira individual ou coletiva, por exemplo, por força de ação civil pública ou mandado de segurança coletivo. A atuação não se resume à esfera judicial, alcançando também eventuais procedimentos administrativos.

(d) *contribuição sindical obrigatória*: é a principal fonte de renda do sindicato. Como o próprio nome diz, é paga obrigatoriamente por todos os empregadores e trabalhadores filiados ao sindicato, correspondendo, para os empregados, ao valor de um dia de trabalho por ano, como estabelecem os arts. 579 e 580 da CLT.

A contribuição paga pelos *empregadores* é distribuída da seguinte forma: 5% (cinco por cento) para a confederação correspondente; 15% (quinze por cento) para a federação; 60% (sessenta por cento) para o sindicato respectivo; e 20% (vinte por cento) para a "Conta Especial Emprego e Salário" (art. 589, inc. I, da CLT).

Já a contribuição paga pelos *empregados* é distribuída na forma do art. 589, inc. II, da CLT: 5% (cinco por cento) para a confederação correspondente; 10% (dez por cento) para a central sindical; 15% (quinze por cento) para a federação; 60% (sessenta por cento) para o sindicato respectivo; e 10% (dez por cento) para a "Conta Especial Emprego e Salário".

O art. 589, inc. II, da CLT foi alterado pela Lei n. 11.648/08, a qual reconheceu a legitimidade das Centrais Sindicais, atribuindo-lhes funções negociais, bem como destinação de recursos oriundos das contribuições sindicais obrigatórias dos trabalhadores.

A ADI n. 4.067, proposta pelo Partido Democratas (DEM), e de relatoria do Ministro Luís Roberto Barroso, busca o reconhecimento da inconstitucionalidade das alterações promovidas pela Lei n. 11.648/08 na CLT, e aguarda julgamento pelo Plenário do STF.

(e) *não obrigatoriedade de filiação*: há que se diferenciar filiação de associação. A filiação ocorre no momento em que empregado ou empregador passam a fazer parte de uma determinada categoria profissional ou econômica, decorrendo, portanto, do registro dos atos constitutivos da empresa e do registro do contrato de trabalho em CTPS.

Já a associação é uma faculdade atribuída a empregados e empregadores de usufruírem de benefícios oferecidos pelo sindicato, como convênios, assessoria jurídica, colônia de férias etc. Para tanto, haverá a cobrança, além da contribuição obrigatória, da chamada contribuição associativa, pagas mensalmente pelo associado e em valores estabelecidos pela entidade sindical.

A filiação decorre da lei, enquanto a associação decorre da manifestação de vontade.

De qualquer forma, a CF veda que a lei crie obstáculos tanto à filiação quanto à associação a entidades sindicais, inclusive quanto ao desligamento de tais entidades. Assim, empregados e empregadores não podem ser obrigados a se associarem se quiserem permanecer apenas filiados; igualmente, não podem ser obrigados a permanecerem filiados se não fazem mais parte da categoria à qual se vincula o sindicato.

(f) *participação obrigatória do sindicato em negociações coletivas*: diz o art. 8º, inc. IV, que "é obrigatória a participação dos sindicatos nas negociações coletivas de trabalho". Ensina José Cairo Júnior (2014:924) que "*os ajustes celebrados entre grupos de empregados e empregadores (contrato coletivo, convênio coletivo, acordo coletivo, convenção coletiva etc.) só serão válidos se forem firmados pelas organizações sindicais, que detêm essa prerrogativa*". A ideia é que o trabalhador, amparado pelo sindicato, tenha maior poder de negociação frente ao empregador, e receba a assessoria necessária para compreender as propostas e possa aceitá-las ou rejeitá-las com maior propriedade.

(g) *estabilidade provisória no emprego do dirigente sindical eleito*: o art. 8º, inc. VII, da CF dá caráter de direito fundamental ao que já era previsto pelo art. 543, § 3º, da CLT: "*é vedada a dispensa do empregado sindicalizado a partir do registro da candidatura a cargo de direção ou representação sindical e, se eleito, ainda que suplente, até um ano após o final do mandato, salvo se cometer falta grave nos termos da lei*".

A estabilidade provisória assegura ao dirigente sindical o livre exercício de suas atribuições legais, sem temer ser dispensado pelo empregador. Ressalte-se, ainda, que o dirigente sindical só pode ser dispensado por justa causa após decisão judicial transitada em julgado proferida em inquérito para apuração de falta grave, conforme disposto na Súmula n. 379 do TST.

20.4. Estrutura sindical brasileira

No que se refere à *organização interna* dos sindicatos, como já esclarecido nas linhas anteriores, os artigos da CLT que dispõem sobre tal assunto não foram recepcionados pelo Texto Constitucional. Assim, cabe aos próprios sindicatos, por meio de estatutos, disporem sobre sua organização, tocando em assuntos como cargos, competências, mandato e eleições.

Há que se ressaltar, entretanto, que o TST, por força da *Súmula n. 369*, considerou recepcionado pela CF o art. 522 da CLT para fins de estabilidade provisória no emprego. O citado artigo estabelece que a diretoria do sindicato seja formada por no mínimo 3 e, no máximo, 7 membros, além de 3 membros no Conselho Fiscal, o que, claramente, atinge o princípio da não intervenção estatal previsto no art. 8º da CF.

Entrementes, a finalidade do texto sumulado é *coibir os abusos na fixação do número de diretores da entidade sindical*, com a única intenção de atingir a todos com a estabilidade provisória no emprego. Trata-se de decisão de *política judiciária*, pois o art. 522 da CLT, claramente, não foi recepcionado pela CF. Escreve Mauricio Godinho Delgado (2014:1412):

> É que essa restrição da lei, em contraponto à garantia constitucional, pode praticamente inviabilizar a firme, ágil e eficaz atuação de certos sindicatos, em especial quando representativos de categorias numericamente densas ou que se localizem em extensa base territorial. Sendo inadequado o texto da lei ao comando da Constituição, prevalece o número fixado nos estatutos sindicais, exceto se houver exercício abusivo do direito de fixação desse número.

Assim, pode-se extrair que os sindicatos poderão estabelecer qualquer número de membros em sua diretoria, mas apenas 7 terão a estabilidade provisória prevista no art. 8º, inc. VII, da CF e art. 543, § 3º, da CLT.

Salutar o acréscimo de que os membros do Conselho Fiscal não possuem estabilidade provisória no emprego, como dispõe a OJ n. 365 da SDI-1 do TST: *"Membro de conselho fiscal de sindicato não tem direito à estabilidade prevista nos arts. 543, § 3º, da CLT e 8º, VIII, da CF/88, porquanto não representa ou atua na defesa de direitos da categoria respectiva, tendo sua competência limitada à fiscalização da gestão financeira do sindicato (art. 522, § 2º, da CLT)".*

Quanto à *organização externa*, o sindicalismo brasileiro estrutura-se em entidades de base, que são os sindicatos, e entidades de nível superior, que são as Federações e as Confederações, como previsto no art. 533 da CLT.

O art. 534 da CLT autoriza a criação de uma Federação a partir de uma base mínima de 5 sindicatos, localizando-se as Federações nas capitais dos Estados. Já o art. 535 autoriza a criação de uma Confederação a partir da união de 3 Federações, com sede na capital da República.

CONFEDERAÇÕES — formadas a partir de 3 Federações, organizam as atividades em nível nacional.

FEDERAÇÕES — formadas a partir de 5 sindicatos, organizam as atividades em nível estadual.

SINDICATOS — sustentam a estrutura.

Além disso, é preciso ressaltar que toda a estrutura sindical brasileira está embasada no conceito de categoria, que pode ser *profissional*, *econômica* ou *diferenciada*. Maria Inês Moura S. A. da Cunha (2011:266) escreve que *"em nosso sistema deverá haver correspondência entre a categoria econômica e a categoria profissional. É o que a doutrina denomina paralelismo simétrico, de sorte que os trabalhadores agrupar-se-ão, em situação de emprego, tendo em vista o exercício de atividades conexas, idênticas ou semelhantes, na mesma atividade econômica"*.

O art. 511, § 1º, da CLT denomina *categoria econômica* a partir da *"solidariedade de interesses econômicos dos que empreendem atividades idênticas, similares ou conexas"*, referindo-se, portanto, aos empregadores, os quais se ligam de acordo com o ramo da economia em que se encontram.

O art. 511, § 2º, da CLT traz o conceito de *categoria profissional*, na qual se enquadram os trabalhadores: *"A similitude de condições de vida oriunda da profissão ou trabalho em comum, em situação de emprego na mesma atividade econômica ou em atividades econômicas similares ou conexas, compõe a expressão social elementar compreendida como categoria profissional"*.

Por seu turno, o art. 511, § 3º, da CLT traz o conceito de *categoria diferenciada*: *"Categoria profissional diferenciada é a que se forma dos empregados que exerçam profissões ou funções diferenciadas por força de estatuto profissional especial ou em consequência de condições de vida singulares"*. Trata-se, portanto, dos profissionais que têm sua atividade regulamentada por legislações próprias, sendo eles, em sua grande maioria, profissionais liberais, como advogados (Lei n. 8.906/94), médicos (Decreto n. 20.931/32) e engenheiros (Lei n. 5.194/66).

Sobre o tema, Amauri Mascaro Nascimento (2007:447) leciona que *"os engenheiros podem formar um sindicato por profissão. Reunirá todos os engenheiros de uma base territorial, não importando o setor de atividade econômica em que a sua empresa se situe. Nesse caso, decisiva, como critério de agrupamento, será a profissão, independentemente da categoria profissional na qual é exercida"*.

Bastante controverso é o enquadramento das *Centrais Sindicais* na estrutura sindical brasileira. Sobre o tema, escreve Maria Inês Moura S. A. da Cunha (2011:266-267):

> Mantido o resquício corporativista, uma vez que não eliminados da legislação institutos como a contribuição compulsória, a unicidade sindical e o poder normativo da Justiça do Trabalho, o sistema sindical brasileiro continuou composto de entidades de primeiro, segundo e terceiro graus. Assim, o sindicato, a federação e a confederação, ao contrário das centrais sindicais que tinham existência de fato e de direito, por serem associações civis, na realidade não integravam a estrutura sindical brasileira, embora atuassem na defesa dos interesses dos trabalhadores em questões relevantes, influenciando na elaboração de estratégias para o estabelecimento de políticas de combate à inflação, da manutenção dos níveis de emprego e de superação de perdas salariais, entre outras.

A Lei n. 11.648/08, no art. 1º, reconheceu a legitimidade das Centrais Sindicais para representar os trabalhadores em âmbito nacional, atribuindo a elas as seguintes prerrogativas: (i) *coordenar a representação dos trabalhadores por meio das organizações sindicais a ela filiadas*; e (ii) *participar de negociações em fóruns, colegiados de órgãos públicos e demais espaços de diálogo social que possuam composição tripartite, nos quais estejam em discussão assuntos de interesse geral dos trabalhadores.*

O art. 1º, parágrafo único, da Lei n. 11.648/08 entende serem Centrais Sindicais as entidades associativas de direito privado compostas por organizações sindicais de trabalhadores.

Para poderem exercer as prerrogativas mencionadas, as Centrais Sindicais devem preencher os requisitos do art. 2º da Lei n. 11.648/08, quais sejam: I — filiação de, no mínimo, 100 (cem) sindicatos distribuídos nas 5 (cinco) regiões do País; II — filiação em pelo menos 3 (três) regiões do País de, no mínimo, 20 (vinte) sindicatos em cada uma; III — filiação de sindicatos em, no mínimo, 5 (cinco) setores de atividade econômica; e IV — filiação de sindicatos que representem, no mínimo, 5% (cinco por cento) do total de empregados sindicalizados em âmbito nacional.

Além disso, a Lei n. 11.648/08 alterou a redação do art. 589, inc. II, da CLT, incluindo as Centrais Sindicais na divisão das receitas oriundas das contribuições sindicais obrigatórias dos empregados, estabelecendo a seguinte divisão: 5% (cinco por cento) para a confederação correspondente; 10% (dez por cento) para a central sindical; 15% (quinze por cento) para a federação; 60% (sessenta por cento) para o sindicato respectivo; e 10% (dez por cento) para a "Conta Especial Emprego e Salário".

Entretanto, a ADI n. 4.067, proposta pelo Partido Democratas (DEM), e de relatoria do Ministro Luís Roberto Barroso, busca o reconhecimento da inconstitucionalidade das alterações promovidas pela Lei n. 11.648/08 na CLT, e aguarda julgamento pelo Plenário do STF.

RECEITAS SINDICAIS. O sindicato mantém suas atividades custeadas por quatro fontes básicas de receita, além de outras que podem ser criadas por normas coletivas: (a) *contribuição sindical obrigatória*; (b) *contribuição confederativa*; (c) *contribuição assistencial*; e (d) *contribuição associativa*.

A *contribuição sindical obrigatória* é devida por todos os trabalhadores filiados ao sindicato (CF, art. 8º, inc. IV), e corresponde ao valor de *um dia de trabalho por ano*, como dispõe o art. 580 da CLT, devendo ser obrigatoriamente descontada do salário do trabalhador nas datas definidas por cada categoria e depositadas e recolhidas em guia própria junto à Caixa Econômica Federal (CLT, art. 586), a qual ficará incumbida da distribuição dos valores na proporção do art. 589, inc. II, da CLT.

A *contribuição confederativa*, instituída pelo art. 8º, inc. IV, da CF, como o próprio nome já diz, serve para sustentação do sistema confederativo, devendo ser fixada pela Assembleia Geral, que é, nas palavras de Amauri Mascaro Nascimento (*Iniciação ao direito do trabalho*, 2007b:455), "*o órgão soberano integrado pelos associados do sindicato, os quais participarão das deliberações submetidas à votação*".

Pode ser cobrada unicamente dos associados do sindicato, como dispõem a Súmula n. 666 do STF e o Precedente Normativo n. 119 do TST.

Também chamada de "taxa de reforço" ou "contribuição de fortalecimento sindical", entre outros nomes, a *contribuição assistencial* deve ser aprovada em instrumentos coletivos (CLT, art. 513, alínea *e*), sendo obrigatória apenas para os associados do sindicato, conforme Precedente Normativo n. 119 do TST.

Já a *contribuição associativa* é a "mensalidade" paga pelos trabalhadores associados ao sindicato (CLT, art. 548, inc. II), dando a eles direito de usufruir de benefícios oferecidos pela entidade, tais como assessoria jurídica gratuita, convênios médico e hospitalar, cursos de qualificação e de requalificação, casas de veraneio etc., os quais não são extensíveis aos trabalhadores unicamente filiados.

20.5. Negociação coletiva

20.5.1. Formas de composição

(a) Autocomposição: a autocomposição ocorre quando as próprias partes envolvidas no conflito conseguem chegar a bom termo por meio de seus próprios esforços, sem a necessidade de interferência de terceiros estranhos à relação jurídica. Como exemplos podem ser citados a *convenção coletiva de trabalho* e o *acordo coletivo de trabalho*.

(b) Heterocomposição: o prefixo *hetero*, de origem grega, quer dizer "diferente", "oposto". Assim, a heterocomposição é a solução do conflito por meio da interferência de terceiro estranho à relação jurídica originária, pois as partes interessadas não conseguem, por seus próprios ofícios, chegarem a bom termo. São exemplos a *arbitragem*, a *mediação* e a *sentença normativa*.

(c) Autotutela: é a solução da contenda pela utilização das próprias forças, de maneira unilateral. Mauricio Godinho Delgado (2007:1444) escreve que a autotutela se dá *"quando o próprio sujeito busca afirmar, unilateralmente, seu interesse, impondo-o à parte contrária"*. Como exemplos, a *greve* e o *lockout*, sendo que este último é vedado pela Lei de Greve.

20.5.2. Convenção coletiva de trabalho e acordo coletivo de trabalho

O art. 611 da CLT conceitua convenção coletiva de trabalho como sendo o *"acordo de caráter normativo, pelo qual dois ou mais Sindicatos representativos de categorias econômicas e profissionais estipulam condições de trabalho aplicáveis, no âmbito das respectivas representações, às relações individuais de trabalho".*

O acordo coletivo de trabalho, por seu turno, está descrito no § 1º do mesmo artigo: *"É facultado aos Sindicatos representativos de categorias profissionais celebrar Acordos Coletivos com uma ou mais empresas da correspondente categoria econômica, que estipulem condições de trabalho, aplicáveis no âmbito da empresa ou das acordantes respectivas relações de trabalho".*

Delimita-se, portanto, em primeiro lugar, a diferença entre os dois instrumentos coletivos: enquanto as convenções são celebradas entre o sindicato dos empregados e o sindicato patronal, os acordos coletivos envolvem o sindicato dos empregados e o empregador individualmente.

Cumpre ressaltar que a federação pode assumir a negociação coletiva em caso de inexistência de sindicato, assim como a confederação, se não houver federação, conforme dispõe o art. 611, § 2º, da CLT.

Finalizada a negociação coletiva, a convenção o acordo devem ser levados a registro no Ministério do Trabalho, como determina o art. 614 da CLT. Saliente-se que o registro serve unicamente para fins cadastrais e de controle do respeito ao princípio da unicidade sindical, como dispõe a Súmula n. 677 do STF[68].

Além disso, o registro do instrumento coletivo no Ministério do Trabalho serve de *marco inicial da vigência*. De acordo com o art. 614, § 1º, da CLT, os acordos e as convenções produzirão seus efeitos *3 dias após a realização da depósito das cópias* junto ao Ministério do Trabalho.

Os instrumentos coletivos, regra geral, são compostos pelas chamadas *cláusulas sociais* e pelas denominadas *cláusulas econômicas*.

As cláusulas sociais referem-se às condições de trabalho, saúde e segurança do trabalhador. Nesse ponto, negociam-se, por exemplo, jornada de trabalho, horário de trabalho, cesta básica, fornecimento de EPI, turnos de revezamento, seguro-saúde, seguro de vida e acidentes pessoais, em síntese, tudo o que se refira ao exercício da atividade profissional e à melhoria das condições de trabalho.

Já as cláusulas econômicas guardam referência com os aspectos financeiros da atividade profissional. Tratam, portanto, de piso salarial, adicionais, vale-refeição, vale-transporte, reajustes salariais, dentre outros aspectos que interfiram na remuneração do trabalhador.

---

(68) "Até que lei venha a dispor a respeito, incumbe ao Ministério do Trabalho proceder ao registro das entidades sindicais e zelar pela observância do princípio da unicidade."

Tal diferenciação ganha relevância quando se trata do prazo máximo de duração dos instrumentos coletivos. O art. 614, § 3º, da CLT estipula prazo máximo de 2 anos de vigência de acordos coletivos e convenções coletivas de trabalho.

Entretanto, como ressalta Mauricio Godinho Delgado (2014:1451), *"a prática juslaborativa, porém, tem demonstrado que as partes coletivas tendem, normalmente, a restringir essa duração a apenas um ano"*. Principalmente no concernente às cláusulas econômicas, pois as vicissitudes do cenário econômico brasileiro não permitem que elas vigorem por período muito longo, necessitando de revisitação, pelo menos, a cada ano.

Outra questão sobre a qual havia controvérsia guarda ligação com *aderência das cláusulas da convenção ou acordo ao contrato de trabalho do empregado*.

A jurisprudência do TST, por força da Súmula n. 277, com redação original dada pela Resolução n. 10/88 e mantida pela Resolução n. 121/03, adotou a teoria da *aderência limitada pelo prazo*, ou seja, as cláusulas coletivas incorporavam-se ao contrato de trabalho enquanto vigentes: *"Sentença normativa. Vigência. Repercussão nos contratos de trabalho. As condições de trabalho alcançadas por força de sentença normativa vigoram no prazo assinado, não integrando, de forma definitiva, os contratos"*.

A Súmula n. 277 teve sua redação alterada pela Resolução n. 161/09, passando a ter a seguinte redação:

Sentença normativa. Convenção ou acordo coletivos. Vigência. Repercussão nos contratos de trabalho.

I — As condições de trabalho alcançadas por força de sentença normativa, convenção ou acordos coletivos vigoram no prazo assinado, não integrando, de forma definitiva, os contratos individuais de trabalho.

II — Ressalva-se da regra enunciado no item I o período compreendido entre 23.12.1992 e 28.7.1995, em que vigorou a Lei n. 8.542, revogada pela Medida Provisória n. 1.709, convertida na Lei n. 10.192, de 14.2.2001.

Manteve-se o entendimento de que as cláusulas normativas tinham aderência limitada ao prazo de validade do instrumento coletivo, com exceção do período em que vigorou a Lei n. 8.542/92, a qual tratava da política nacional de salários e estabelecia limites mínimos e máximos para negociação salarial, sendo revogada pela Lei n. 10.192/01.

A Resolução n. 185/12 alterou novamente a redação da Súmula n. 277 do TST, atribuindo-lhe a seguinte redação:

CONVENÇÃO COLETIVA DE TRABALHO OU ACORDO COLETIVO DE TRABALHO. EFICÁCIA. ULTRATIVIDADE (redação alterada na sessão do Tribunal Pleno realizada em 14.9.2012) — Res. n. 185, DEJT divulgado em 25,

26 e 27.9.2012. As cláusulas normativas dos acordos coletivos ou convenções coletivas integram os contratos individuais de trabalho e somente poderão ser modificadas ou suprimidas mediante negociação coletiva de trabalho.

Além da alteração da redação, houve também mudança de entendimento. O TST passou a adotar a teoria da *aderência limitada por revogação*, a qual admite a ultratividade da norma coletiva de maneira relativa, isto é, aderir-se-iam aos contratos de trabalho até o surgimento de nova norma coletiva, evitando, assim, que algumas categorias tenham direitos suprimidos caso o novo instrumento coletivo não seja aprovado em prazo hábil a substituir instrumento existente antes do fim da vigência deste último.

20.6. Direito de greve

O direito de greve é assegurado pela CF, elevando-o à categoria de direito fundamental social nos termos do art. 9º, e regulamentado pela Lei n. 7.783/89 — Lei de Greve, a qual foi recepcionada pelo Texto Constitucional.

Para Amauri Mascaro Nascimento (2009:1318), trata-se a greve de "um direito individual de exercício coletivo", sendo claramente a utilização da autodefesa para a solução de conflitos trabalhistas.

Não obstante, a greve exerce uma pressão necessária que leva à reconstrução do direito do trabalho quando as normas vigentes não atendem às exigências do grupo social. Força o empregador a fazer concessões que não faria de outro modo. Obriga o legislador a se manter vigilante e reformular a ordem jurídica. Logo, apesar dos seus inconvenientes, a greve é necessária e compatível com as estruturas capitalistas (NASCIMENTO, 2009:1319).

A Lei n. 7.783/89, em seu art. 2º, conceitua greve como sendo "*a suspensão coletiva, temporária e pacífica, total ou parcial, de prestação pessoal de serviços a empregador*". Dessa forma, não se enquadram no conceito de greve, como salienta Amauri Mascaro Nascimento (2009:1325), a sabotagem, que é o protesto violento contra o empregador; a boicotagem, que é a redução do volume de trabalho, chamado comumente de "operação tartaruga"; e a ocupação de estabelecimento, que é a invasão de propriedade alheia.

É direito do empregador, assegurado pela Lei de Greve, ser comunicado com antecedência a respeito da paralisação: nas atividades comuns, a antecedência mínima é de 48 horas (art. 3º, parágrafo único); nas atividades essenciais, 72 horas (art. 13).

A greve deverá ser coordenada pela entidade sindical, na forma prevista no estatuto da entidade (art. 4º). Na ausência do sindicato, os trabalhadores poderão ser representados por *comissão de negociação*, eleita pelos trabalhadores grevistas (arts. 4º, § 2º e 5º).

Quanto aos grevistas (art. 6º), a Lei de Greve lhes assegura o direito de empregar meios pacíficos tendentes a persuadir ou aliciar os trabalhadores a aderirem à greve, de arrecadar fundos e de livre divulgação do movimento.

Além disso, os *contratos de trabalho dos grevistas ficam suspensos* enquanto durar a paralisação, de maneira que fica vedada a rescisão de quaisquer contratos de trabalho durante o movimento grevista, gerando, portanto, estabilidade provisória no emprego (art. 7º).

O art. 7º, parágrafo único, veda, ainda, a *contratação de trabalhadores substitutos para assumir os postos de trabalho dos grevistas*, considerando-se, portanto, como conduta antissindical do empregador, com exceção das atividades consideradas essenciais, se o funcionamento mínimo não for assegurado pelos grevistas (art. 9º, parágrafo único).

Durante a greve, o sindicato ou a comissão de negociação, mediante acordo com a entidade patronal ou diretamente com o empregador, *manterá em atividade equipes de empregados com o propósito de assegurar os serviços cuja paralisação resulte em prejuízo irreparável, pela deterioração irreversível de bens, máquinas e equipamentos*, bem como a manutenção daqueles *essenciais à retomada das atividades da empresa quando da cessação do movimento* (art. 9º).

São considerados <u>serviços ou atividades essenciais</u> (art. 10): *I — tratamento e abastecimento de água; produção e distribuição de energia elétrica, gás e combustíveis; II — assistência médica e hospitalar; III — distribuição e comercialização de medicamentos e alimentos; IV — funerários; V — transporte coletivo; VI — captação e tratamento de esgoto e lixo; VII — telecomunicações; VIII — guarda, uso e controle de substâncias radioativas, equipamentos e materiais nucleares; IX — processamento de dados ligados a serviços essenciais; X — controle de tráfego aéreo; XI — compensação bancária*.

A Lei de Greve determina que, nos serviços ou atividades essenciais, os sindicatos, os empregadores e os trabalhadores garantam, de comum acordo, durante a greve, a prestação dos serviços indispensáveis ao atendimento das necessidades inadiáveis da comunidade, sendo tais necessidades aquelas que, se não atendidas, colocam em perigo iminente a sobrevivência, a saúde ou a segurança da população (art. 11).

A Justiça do Trabalho poderá reconhecer o abuso do direito de greve caso o movimento não respeite as regras estabelecidas na legislação, ou permaneça a paralisação após a celebração de acordo ou convenção coletiva ou decisão proferida em dissídio coletivo de greve (art. 14), apurando-se as responsabilidades pelos atos praticados, ilícitos ou crimes cometidos, no curso da greve, conforme o caso, segundo a legislação trabalhista, civil ou penal (art. 15).

SERVIDORES PÚBLICOS. A CF, no art. 37, inc. VII, assegura aos servidores públicos civis da União, dos Estados e dos Municípios o direito de greve, mas remete o exercício de tal direito à regulamentação por lei específica, a qual, até a presente data, não foi editada. Entretanto, decidiu o STF no Mandado de Injunção n. 712-PA, por suprir a omissão legislativa determinando a aplicação da Lei de Greve aos servidores públicos até que lei específica venha regular a questão.

REFERÊNCIAS BIBLIOGRÁFICAS

ALEMÃO, Ivan. Comentários à lei do motorista profissional (Lei n. 12.619, de 30.4.2012). *Revista LTr*, ano 76, p. 526-543, maio 2012.

ALEXY, Robert. *Teoria dos direitos fundamentais*. Tradução de Virgílio Afonso da Silva. São Paulo: Malheiros, 2008.

BARROS, Alice Monteiro de. *Curso de direito do trabalho*. 3. ed. São Paulo: LTr, 2007.

BRASIL. Ministério do Trabalho e Emprego. *Nota Técnica n. 184, de 7 de maio de 2012*. Disponível em: <http://portal.mte.gov.br/data/files/8A7C812D36A2800001375095B4C91529/ Nota%20T%C3%A9cnica%20n%C2%BA%20184_2012_CGRT.pdf>. Acesso em: 19.12.2014.

_____ . Ministério da Previdência Social. *Nexo Técnico Epidemiológico Previdenciário — NTEP*. Disponível em: <http://www.previdencia.gov.br/a-previdencia/saude-e-seguranca-do-trabalhador/politicas-de-prevencao/nexo-tecnico-epidemiologico-previdenciario-ntep>. Acesso em: 19.12.2014.

_____ . Tribunal Superior do Trabalho. *Informativo do TST*. Disponível em: <http://www.tst.jus.br/informativo-tst>. Acesso em: 19.12.2014.

CAIRO JÚNIOR, José. *Curso de direito do trabalho*. 8. ed. Salvador: Juspodivm, 2013.

_____ . *Curso de direito do trabalho*. 9. ed. Salvador: Juspodivm, 2014.

CARRION, Valentim. *Comentários à consolidação das leis do trabalho*. 38. ed. São Paulo: Saraiva, 2013.

COELHO, Fábio Ulhoa. *Manual de direito comercial*. 16. ed. São Paulo: Saraiva, 2005.

CUNHA, Maria Inês Moura S. A. da. *Direito do trabalho*. 6. ed. São Paulo: Saraiva, 2011.

DELGADO, Mauricio Godinho. *Curso de direito do trabalho*. 6. ed. São Paulo: LTr, 2007.

_____ . *Curso de direito do trabalho*. 13. ed. São Paulo: LTr, 2014.

FEIJÓ, Carmen. STF altera entendimento sobre prescrição para cobrança de FGTS. *TST Notícias*. Disponível em: <http://www.tst.jus.br/noticia-destaque/-/asset_publisher/

NGo1/ content/stf-altera-entendimento-sobre-prescricao-para-cobranca-de-fgts>. Acesso em: 19.12.2014.

GAGLIANO, Pablo Stolze; PAMPLONA FILHO, Rodolfo. *Novo curso de direito civil.* 14. ed. São Paulo: Saraiva, 2012. v. 1: parte geral.

GARCIA, Gustavo Felipe Barbosa. *Curso de direito do trabalho.* 7. ed. Rio de Janeiro: Forense, 2013.

GONÇALVES, Carlos Roberto. *Direito civil esquematizado.* 2. ed. São Paulo: Saraiva, 2012. v. 1.

GROTT, João Manoel. *Meio ambiente do trabalho.* Curitiba: Juruá, 2008.

JORGE NETO, Francisco Ferreira; CAVALCANTI, Jouberto de Quadros Pessoa. *Direito do trabalho.* 7. ed. São Paulo: Atlas, 2013.

MARTINEZ, Luciano. *Curso de direito do trabalho.* 3. ed. São Paulo: Saraiva, 2012.

MARTINS, Sergio Pinto. *Direito do trabalho.* 29. ed. São Paulo: Atlas, 2013.

MISAILIDIS, Mirta Gladys Lerena Manzo de. Aulas proferidas no *Curso de Especialização em Direito do Trabalho e Direito Processual do Trabalho do Centro Universitário Eurípides de Marília/SP*, 2005.

NASCIMENTO, Amauri Mascaro. *Curso de direito do trabalho.* 22. ed. São Paulo: Saraiva, 2007a.

_____. *Curso de direito do trabalho.* 24. ed. São Paulo: Saraiva, 2009.

_____. *Iniciação ao direito do trabalho.* 33. ed. São Paulo: LTr, 2007b.

OLIVEIRA, Carlos Roberto de. *História do trabalho.* 5. ed. São Paulo: Ática, 2006.

RESENDE, Ricardo. *Direito do trabalho esquematizado.* São Paulo: Método, 2011.

RODRIGUEZ, Américo Plá. *Princípios de direito do trabalho.* Tradução de Wagner D. Giglio. São Paulo: LTr, 1996.

ROMAR, Carla Teresa Martins. *Direito do trabalho esquematizado.* São Paulo: Saraiva, 2013.

SILVA, Homero Batista Mateus da. *Curso aplicado de direito do trabalho.* 2. ed. Rio de Janeiro: Elsevier, 2011. v. 6.

_____. *Curso de direito do trabalho aplicado.* Rio de Janeiro: Elsevier, 2009. v. 3: Segurança e Medicina do Trabalho e trabalho da mulher e do menor.

SÜSSEKIND, Arnaldo; MARANHÃO, Délio; VIANNA, José de Segadas; TEIXEIRA FILHO, João de Lima. *Instituições de direito do trabalho.* 21. ed. São Paulo: LTr, 2003. v. 1.

ZANGRANDO, Carlos Henrique da Silva. *Curso de direito do trabalho.* São Paulo: LTr, 2008. v. 2.

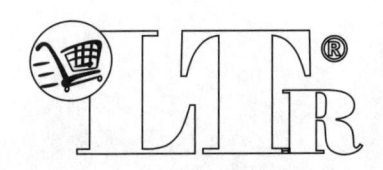

LOJA VIRTUAL
www.ltr.com.br

E-BOOKS
www.ltr.com.br